班主任工作新思维

主　编　钟发全　肖　凯

副主编　杨宏杰　冯　丽

编　委　张爱敏　肖克文　钟乐江　方友燕
　　　　秦大明　秦麒麟　牟永华　吴坤虎
　　　　黄　应　黄晓霞　杨风利　曹新燕

天津教育出版社

内容简介

这是一本开启做成功班主任之道的论著。全书六讲，围绕"命运、规则、组织、情感、活动、发展"六大关键词，提及了"四十八条"原规则、五十个经典案例、四十八篇反思、四十八则建议，旨在引领读者悟透班级工作始于"新思维"，成于班级管理的"新秩序"。全书概括性地指出了现行班主任管理的弊端和努力的方向，启迪读者于班级管理中开窍。它全然是一本关于提升班级管理质量的方法论。

图书在版编目（CIP）数据

班主任工作新思维 / 钟发全，肖凯主编. —天津：
天津教育出版社，2013.6
ISBN 978 - 7 - 5309 - 7255 - 7

Ⅰ.①班…　Ⅱ.①钟…　②肖…　Ⅲ.①班主任工作—
研究　Ⅳ.①G451.6

中国版本图书馆 CIP 数据核字（2013）第 117433 号

班主任工作新思维

出 版 人	胡振泰
主　编	钟发全　肖　凯
责任编辑	张　洁
出版发行	天津教育出版社
	天津市和平区西康路 35 号
	邮政编码 300051
经　销	全国新华书店
印　刷	北京燕鑫印刷有限公司
版　次	2013 年 7 月第 1 版
印　次	2013 年 7 月第 1 次印刷
规　格	16 开（787×1092 毫米）
字　数	298 千字
印　张	12
定　价	28.00 元

前　言

平凡的工作，于普通中可见伟岸。我们自始至终认为，班主任在班级管理中会抉择，会开拓，能将这平凡的工作做得不平凡，那才可称有真本领。

读一本书，其实就是读一个人，读作者的阅历，读作者的使命。《班主任工作新思维》，是"教育原规则研究团队"的第 26 本著作！每一本著作，我们都坚持对一些最基础的、本真的规律作探讨。笔者写了这么多年，一个团队写了这么多年，集中反映"草根精神"这一主题，我们的全部目的（包括这一本著述），是希望带给读者奋发向上的精神。

（一）

不知大家发现没有，天下班主任驶往成功的路径都不尽相同。这是为什么呢？其实，一切源于成功都具有不可复制性。只有勇于发现，勇于开发，勇于坚守，并朝向最擅长的点去努力，方才可能取得成功。

在这里，我们不能不说现今很多的经典理论在不知不觉中贻误人，甚至影响了一代人。诸如"木桶理论"中的"短板"思想，成人便不可再将其作为自我发展的支撑。笔者以近十年在教育教学中拼搏的历程作证，"木桶理论"实是严重地迷离着成年人的发展方向。在"短板"处求发展，在"长板"处求发展，两种不同的人生经营模式，不仅仅结果截然不同，更在于发展与奋斗的历程不同，个人的人生价值也不同。每天辛苦繁忙的朋友们，一个人发展方向走对了，"短板"又能影响到什么呢？哪怕于"短板"处投入的精力与体力再多，也永远不及立足于"长板"投入少而收获多。

本书的论述，莫不与以上例子如出一辙。亲爱的读者朋友，你的"长板"在哪？那便是你的新思维。

（二）

思维决定工作的格局，思维决定困境的出路。

鲁迅曾说："什么是路？就是从没路的地方践踏出来的，从只有荆棘的地方开辟出来的。"探索成功的密码，顺着无数成功者的足迹探寻，我们发现，新秩序是所有新思维的外在表现，一切变化依然指向秩序，只不过以更多无序作为遮掩，让人看不清发展至成功的本源罢了。班级管理如前行修路，我们的思维指向哪里，管理之路便延伸至哪里。多年的思考、行为、方式习以为常之后，换一种新思维是非常重要的。一本关于班主任工作新思维的论著，依然可称做是一本关于班级管理的方法论。需要大家理解的是，全书并没有为你提供现成的模式，更多的笔墨是希望能带给你启迪，而后寄托于后续的行动——改革吧，让新的思维催生出新的秩序,从而让优秀生存其间。

(三)

发展＝空间＋精神。

做班主任,习惯于主动寻找发展的空间,方能有回报。决定人生,关键点在于个人的定位和心理需求!投入班级管理,成为"另类";因为领旗,比别人多吃苦,但从不后悔,这近乎是无数优秀班主任工作与行为的写照。正如笔者,大脑只要想着或装着权与钱等,写作灵感便会渐渐地离我远去,人无发展和斗志,并无比浮躁,全然走下坡路。

本书成书,最大目标就是帮助大家实现思维的优化,打开自我封闭思维的格局。

积极寻找拓展自我成长的空间,关键在于能抓住关键事件突围。在全书中,围绕"命运、规则、组织、情感、活动、发展"六大关键词,提及了"四十八条"原规则,借此抛砖引玉,真希望能引领天下班主任建立起自己的自由王国。

尽信书,则不如无书。提醒大家不要尽信我们所言,倡导能从文字里找到不足,或悟出自己的门道,做一个真正有思想的人。倡导人们在行动中发现空白点,做好了解行情、打造旗号等事情,几乎等同于不但需要埋头拉车,还需抬头看路。

(四)

在此,依旧需要提及关于班主任职业的话题。瞧不起自己的职业,全因为缺少对自己准确的定位和不能准确审视自己奋斗的足迹。做班主任并不影响人生的价值体现,并不会给你原定的伟业拉后腿,而最为重要的是我们给自己的人生定了一个什么样的位。定位,就是理想。教师从踏上讲台那天开始,就应该有自己的理想。而现实是,很多教师只知道自己的职业,而没有自我的理想。瞧不起自我职业的教师,一个重要的原因就是没有理想。没有了理想,就没有前进的方向。做一个幸福的班主任,应该给自己人生明确的定位,明白自己真正需要什么。

什么是硬道理?发展才是硬道理。迷茫时更要走好眼前这几步;迷茫时只要找准了方向,走好了眼前这几步,便会不再迷茫。当下,关键的不是你要一下子走多少步,而是你要走好眼前的每一步。

(五)

读书,做事,关键在于开窍。

《班主任工作新思维》一书中的新思维,"新"在哪里?

"苟日新,日日新,又日新。"言班级之新,言管理之新,言改革之新,一本关于班主任阅读的书,就像团队出版的其它书一样,依然围绕"秩序"二字拉开了话匣子。

正如笔者立足于教育秩序搞研究十余年,一朝开窍便醒悟:教育改革,实质就是秩序的调整!秩序是一种自发运转的机制。在全书中,我们把改革命运的力量叫"秩序"。命运之思系建构一切秩序之首要。班主任工作依然如此,秩序顺了,一切便顺了;秩序乱了,一切便乱了。现今,我们最需要的就是找到适合自我管理与发展的秩序。

真希望我们的论述,能让班主任朋友们借此开窍。

(六)

《史记》上说:"运筹帷幄中,决胜千里外。"拥有新思维的智慧,重建命运秩序,是班级工作的本质。真不知是新思维带来新的秩序,还是新秩序带来新思维。全书每一文字全然如丘比特的利剑,指向新思维与新秩序共铸的"轴心"。一切全因为新思维往往起源于新秩序,并通过新秩序看清发展的本源。

全书有两条主线,一是唤醒班主任,二是促班主任唤醒学生。当然,这唤醒,是一种新思维的唤醒,被我们解说成了一个班级新文化新秩序建立的过程。

诸如,对规则的认识,当"规则"与"秩序"相融,彼此不分时,便能发现尽是"美"的闪现。我们的班级管理,很多方面都具有这一意义。

诸如,班级组织的良性发展,虽源于每一个学生的共同努力,但很多时候必须靠同学情去填补发展中的缝隙。班级组织意图的实现,打造强大的"军团",赋予班级组织新生力量,近乎考量着每一位班主任对"组织"一词的理解、开发与应用的能力。在本书中,我们研讨班级管理原规则,尤其把情感提到了建立新秩序的前沿,以期通过情感的营建,让学生更像"人"一样去发展,从而增强班级的凝聚力。

诸如,论建立新秩序下的班级情感,整个班级就会于无形中形成一股强大的力量,推动着班级积极向上发展。融合着情感的班级管理,它不应是单一的,必须进行转化。班主任应该结合班级的发展进程将情感转化为精神,将其打造成一种文化。一旦有了文化的浸润,任何一个学生,甚至是新入本班的学生,都会被同化。如此,我们的班级管理新秩序就算建成功了。

诸如,论班级活动是班级发展的生命线。一部班级发展史,就是活动的开展史。无思想不谈活动,无思想不组织活动,无思想的活动便少班级精神。缺乏思想,活动将反而成为班级工作的绊脚石。班主任唯有有效运用班级的一切元素,才能有序地,有计划地铸就班级特色。

……

真心希望读者朋友们能带着一种阳光的心态,在思、行、研之中破茧成蝶。

(七)

班级小社会,社会大班级。班级所带给学生的影响,最终将影响整个社会。新时期的班级管理,必须有新的气象,新的思维,新的方式,新的策略。"山也还是那座山,河也还是那条河,梁也还是那道梁"似的管理早已不适应新的发展态势了。建立新的管理秩序,应当成为班主任骨子里的追求。

（八）

草长莺飞，潮起潮落。如果你是我的老师，让我爱上你的班级，那才是你的本事。

本书能带给读者什么？

新思维的价值，新秩序的意义。

打破旧思维，建立新秩序。粥被熬糊了，乱搅只能是糊味乱窜，此时最有效的补救办法便是将锅底下的火给灭了。希望身为读者的您，带着冷静的头脑研读全书，更希望由此读出自己的见解和主张。但愿本书能引发读者朋友对班级工作新的思考、反省与转身。

（九）

肯定地说，真希望天下的教师都成为幸福的名师。

让我们因做班主任而幸福吧，让我们班主任工作因新秩序的建立而伟大，让我们因生成班主任工作新思维获得新生吧！

钟发全

二〇一三年二月

序:新思维创造新生活

郑立平

龟兔赛跑的故事,人人熟知,可近几年也出现了很多新的版本。

故事1:兔子输掉第一次比赛后,极为不服,就找到乌龟说,你趁我睡了觉,才赢得了比赛,这个胜利实在没有什么意义。于是龟兔又赛,结果自然是兔子获胜。

故事2:乌龟失败后,回家一想,就发现了比赛的问题。于是,又找到兔子,说:凭什么比赛非要按照你定的路线,这很明显是不公平竞争,这次我来定路线。龟兔再赛,面对水流湍急的小河,兔子只能望而兴叹,结果乌龟顺利夺冠。

故事3:乌龟和兔子不打不相识,两人不久成了好朋友。第四次比赛中,在陆上兔子就背着乌龟跑,在水中乌龟就驮着兔子游,两人互相帮助,同时达到终点。

故事4:谦虚的乌龟深知自己的不足,刻苦好学,于是很快学会驾驶技术,就买了一辆汽车。在第五次比赛中,兔子跑得虽快,但毕竟不如汽车,所以乌龟获胜。

故事5:乌龟利用汽车获胜,使兔子非常震惊。可不幸的是,一次车祸使它的一条腿残疾。但是,它没有悲观,没有沉沦,克服了重重困难,它拥有了自己专用的新一代多用途高性能汽车。所以第六次比赛中,兔子又胜。

……

故事1提醒我们,要积极创造条件充分发挥自己的优势,这是方法的创新;故事2告诫我们,规则常对事情的发展起着决定性的作用,这是制度的创新;故事3告诉我们,竞争也可以在合作双赢的形式下进行,这是理念的创新;故事4明确指出,新的手段、新的措施可以帮助我们取得跨越式的飞跃,这是技术的创新;故事5则进一步显示,克服生活中的不幸依然可以取得巨大的发展。这是自我的超越,自我的创新。

在法国,科学家法伯曾做过一个很有名的"毛毛虫实验"。他在一只花盆的边缘上摆放了一些毛毛虫,让它们首尾相接围成一个圈,与此同时在离花盆周围150毫米的地方布撒了一些它们喜欢的松针。由于这些虫子天生有一种"跟随他人"的习性,因此它们一只跟着一只,绕着花盆边一圈一圈地行走。时间慢慢地过去,一分钟、一小时、一天……毛毛虫就这样固执地兜圈子,一直走到底。在连续7天7夜之后,它们饥饿难当,精疲力竭,结果全部死亡了。在对这次实验进行总结时,法伯的笔记本里有这样一句话:"毛毛虫中如果有一只与众不同,它们就能马上改变命运,告别死亡。"可是,竟然没有一只虫子敢有与众不同的举动。虫子是低级动物,犯下此错并不可笑。可悲的是,在人类这种高级动物的身上,从众心理或是随大流的现象也比比皆是。

比赛还在继续,故事还在演绎,而创新的故事永远是人不断创新的思维。没有创新,就没有教育的发展。不知权变,危亡之道也。要生存、发展就要有创新,要创新就要与众不同,有独特的思维方式。

在整个中小学教育教学工作中,班主任工作无疑是非常重要的,而要成为一名合格的班主任是非常不容易的,特别是一些班主任的思维已经被经验固化。做班主任既是一门科学,又是一门艺术。说其是一门科学,是因为班主任工作不仅要借助教育学、心理学、管理学等相关学科的理论,而且正逐渐形成自己的理论支撑和学科建构。如果离开了严谨的科学态度和自觉的学科意识,班主任工作只能是一种低层次、重复性的事务性劳动,很容易使班主任滑落到班级保姆或班级警察的角色误区中。从孔子的因材施教到陶行知的生活教育,从苏格拉底的产婆术到卢梭的自然教育,古今中外无数教育大师的研究和实践都向我们证明,教育需要情感的关注,也需要高超的艺术,班主任工作更是直接基于心灵沟通的教育活动,失去创新就意味着失去生命的活力和发展的动力,只能止步于亦步亦趋的因袭和刻板呆滞的复制。

因此,我希望每一个班主任能从书中领悟到这样的思维:走出"师道尊严"的强权意识,开始和学生平等对话;走下"我为你好"的道德高点,开始与学生合作共赢;走出"管住学生"的简单思维怪圈,开始对学生终极关怀;走出"忙碌工作"的职业状态,开始打造精彩的教育生活。班主任是教师群体中的骨干力量,一个真正有梦想有追求的班主任,一定要透过成绩和分数的表象,关注其背后的人,用自己对生命的热爱和理解,与学生一起成长,从而实现"从追求'知识传递'到关注'生命成长'的思维转变,实现"从追求'生存自由'到建立'职业信仰'的精神转变",实现"从追求'个人专业成长'到引领'团队专业发展'的行为转变,实现"从追求'成名成家'到创造'教育幸福'的价值转变,用扎实的脚步从平庸走向优秀。

如何把学校德育工作的要求落实到班主任的日常工作中,如何积极主动地与其他课任教师相互配合,如何利用各种班会、时机、场合开展思想道德教育;如何加强班级的日常管理,维护班级良好的教学和生活秩序,如何发现学生的优点和不足,对学生的进步和失误及时给予适当地表扬鼓励和批评教育,如何做好学生的综合素质评价工作,科学公正地评价学生的操行,为学生后续发展提供一个积极的指导;如何倾听学生的心声,关注他们的烦恼,满足他们的合理需求,有针对性地进行教育和引导;如何了解学生在家庭和社会的表现,做好与家长和社会相互配合的工作……这一切,都需要班主任老师深入地学习、思考、实践,在学习中不断完善,在思考中不断深刻,在实践中不断创新。

面对这些新形势、新情况、新挑战,班主任肩负的责任更重,工作难度更大。大量的事实也明确地告诉我们,一个好教师不一定是一个好班主任,做好一个班主任确实需要付出太多的智慧和心血。而无论我们教什么学科,要想做得好一些,都绕不开学生的思想和心灵,班主任老师在这一点上,无疑具有得天独厚的优势;同时,我们也知道,无论我们教什么学科,其实都是为了育人,而学科知识只不过是育人的载体。在教师群体中,只有班主任最接近于真正的教育者。

因此,我希望每一个班主任能从书中领悟到这样的思维:班主任是促进教师专业发展的一条有效途径，它是和教学一样甚至更是重要的工作。作为一种职业，教师的合作伙伴主要是学生。要想实现我们的职业追求，达成培养良好习惯、塑造精神人格、唤醒发展潜能的目标，就必须去接近他，观察他，琢磨他，触动他，欣赏他，必须和学生保持一种密切而平等的融洽关系。每一个学生都是一朵花，每一朵花都是一个世界，每一个世界里都有太多的奥秘。一个教师，如果不经历班主任工作的打造和锤炼，是很难获得专业发展的。

当前，班主任的专业化发展依然存在着四个明显的误区：一是高消耗——班主任和学生时间投入量极大。从白天到黑夜，从校内到校外，班级管理成为拼体力、拼消耗的一种体力型劳动。教育本来是一个智慧型行业，班主任本来要做学生的精神领袖、人生导师，本来人们的经验越丰富、智慧越成熟，在班级工作中才越有风采、越优秀；可是，试看今天站在班主任岗位上的老师们，还有多少40岁的、50岁的？更不要谈什么60岁的老师！这不仅是班主任的痛苦，更是教育的悲哀！二是低产出——班主任和学生发展不全面、不健康。畸形发展成为不少地方学校教育的一种常态，许多班主任至今仍以教出几个竞赛尖子、几个清华北大生为骄傲，却轻视大多数学生的身心发展，忽视班级学生整体文明习惯的养成、个性品质的完善、创新精神的锤炼。机械地送走一茬又一茬，很少或根本就没有想到要为学生一生的幸福奠基！三是粗放式——对学生的管理、班级文化的培育、班级发展目标的达成，不全面、不到位、不科学。班集体建设工作不讲究规范化、精细化、科学化，从目标上讲，往往只管平日考核和学习成绩；从方法上讲，大都不管过程，只注重结果；从实质上讲，只教不育，教育和管理大多停留在表面，没有真正走进学生的内心。四是鄙视科学——班级教育的科学精神极其匮乏，对班集体和学生的发展规划缺乏辩证思维、科学思维、创新思维。现在依然有很多班主任顽固地相信时间加汗水，不尊重规律、不相信科学。殊不知，不尊重规律，不调查研究，不规划思考，不追求效益的"管"，只能导致班主任的忙乱、疲惫和班级管理的机械、武断。

许多班主任尽管付出了许许多多辛勤的汗水，可是却很少品尝到工作的幸福和快乐。这种现象比较普遍，它不仅反映出这些班主任思维方式的问题，也反映出他们在工作方式上也存在许多问题。跟跑操、搞卫生、填表格、看纪律、查晚睡……从早到晚跟着学生团团转，以至于班主任这个本来以做思想工作、塑造灵魂为主要任务的职业，变成了应付没完没了的事务，靠体力打拼的舞台。他们在自己的班级管理生涯中很少能够体验到职业的幸福感和快乐轻松。现在许多班主任忘记了自己是一个以知识、以头脑生活的人，从不或很少去"理"，他们感到身心疲惫的原因正是因为只想"管"，只会去管，实实在在地做了一个整天忙忙碌碌的体力劳动者。只能偶尔体验完成任务的轻松，而很少享受思考的乐趣。苏霍姆林斯基说，要想让教师品尝教育的乐趣，就要把他们引入教育科研；而班主任比其他教师有着天然的优势。相处的乐趣、思考的乐趣、写作的乐趣、实验的乐趣……教师和学生不是拼体力，而是斗智斗勇。现代教育观念明确指出：班主任的工作核心应是精神关怀，班主任应做学生的精神领袖。如何做学生的精神领袖，怎样引领和关怀学生的精神……这些崭新的工作而层次更高的工作需要我们进一步思考自己的角色和任务。

因此，我希望每一个班主任能从书中领悟到这样的思维：设计好班级的长期发展规划，努力塑造班级的精神和灵魂,根据每个孩子的特点为他制订出不同的发展倾向和目标;把学生的班级还给学生,做他们的精神领袖,当我们和心灵对话的时候,岂不轻松而快乐? 必须规划好自己的教育人生,要坚定一种信念——管理班级的最好方法是管理好自己,教育教学的最好方法是做学生的榜样! 用自己的成长,为学生树立标杆;用自己的人格,为学生树立一个可以仰望的身影!

素质教育的不断推进和深化,对教师的素质和能力提出了更高更新的要求。在这种大势和必然之下,作为骨干教师的班主任该走向何处? 是拿着所谓管理经验用了一年又一年,十几年甚至几十年几乎不变吗? 是拖着疲惫的身子依然满足着这样那样的要求吗? 现实告诉我们,最大限度地牺牲时间、牺牲家人、牺牲健康地去投入,是不值得提倡的。因为你忽视了自身生命的价值,而且当你满足于这种牺牲的时候,你同样失去了对科学教育方法的探索,这也会导致我们的学生缺乏对智慧人生的追寻。勤奋固然是一种美德,然而智慧亦是人类的一种美德。

因此,我希望每一个班主任更能从书中领悟到这样的思维:多读些教育哲学和教育心理学方面的书籍,认真学习教育专家们面对和处理问题时的那种大气、勇气和灵气,明确自己存在的成长障碍:是不是还没有找到自己的教育理想? 是不是发现、思考和解决问题的意识和方式还不健全? 是不是自己的理论素养还很缺乏、文化底蕴还很肤浅? 是不是自己的工作习惯还很不科学……坚守梦想,通过持续不断地读书、学习或培训努力去消除或减少这些障碍,从而实现更快更好地成长,打造幸福而完满的教育人生。

初读书稿,是在济南飞往广州的飞机上。钟老师嘱我为他要出版的这本专著作序,而恰逢我应邀去广州参加一次活动,于是打印了书稿,带在路上看。没想到,这一读,竟然读得思绪飞扬,欲罢不能,住宿后又读到凌晨,才好歹闭上眼睛,良久都沉浸在一种别样的氛围中。

此后,又忍不住断断续续读过几次,总被其中精彩的教育故事深深感动着,总被其中浓浓的教育真爱深深沉醉着,也总被其中闪烁的教育智慧深深折服着……虽涌动起更多的写作冲动,却愈不敢轻易动笔。

酝酿许久,草成此序;捧书在手,一生幸福。

2013 年 3 月 1 日夜于陋室

(郑立平,全国知名特级教师、全国知名班主任)

目　录

第一讲　秩序,班级师生命运之母 ………………………………………… 1

　第一节　经受批判的班主任 ……………………………………………… 2

　　1. 心力交瘁型 ……………………………………………………… 2

　　原规则:为学生付出是义务,得到学生回报是权益。 ……………… 3

　　2. 碌碌无为型 ……………………………………………………… 6

　　原规则:班级管理不守旧,从构建新秩序开始,工作才会有突破。 … 6

　第二节　派生明天的命运 ………………………………………………… 10

　　1. 尽全力了解学生 ………………………………………………… 10

　　原规则:只有作好了解的准备,学生才有真正发展的可能。 ……… 10

　　2. 不能过于理性 …………………………………………………… 13

　　原规则:在班级工作中,矫错纠偏的成本远远大于事先预防的成本。 … 13

　第三节　重启班级新秩序 ………………………………………………… 17

　　1. 开启教育实验 …………………………………………………… 17

　　原规则:教育的最高理想是让学生因有特殊的生存空间而感到自豪。 … 17

　　2. 让教育回归生活 ………………………………………………… 20

　　原规则:教育与生活的距离拉得越近,越能体悟教育所致的幸福。 … 20

　第四节　把控致使卓越的秩序 …………………………………………… 23

　　1. 勤于自我开发 …………………………………………………… 24

　　原规则:发展自我,是成功管理班级或使自我幸福的第一要务。 … 24

　　2. 借势打造品牌 …………………………………………………… 28

　　原规则:有人格魅力的班主任,易建立一个有序的班级。 ………… 28

第二讲　规则:班级秩序的原点 …………………………………………… 32

　第一节　源于班级奋斗目标 ……………………………………………… 33

　　1. 建立共同愿景 …………………………………………………… 33

　　原规则:任何一条规则只有具体化为师生的共同愿景,学生才会认可并遵守。 …… 33

　　2. 借用班规守心灵 ………………………………………………… 36

　　原规则:心理对规定的认同才会尽力维护,反之每个人都会避之不及。 …… 37

　第二节　共同协商订立班规 ……………………………………………… 40

　　1. 源于全体需求 …………………………………………………… 40

　　原规则:凡是班主任硬性规定的条款,尽是最难被学生接受的条款。 …… 41

2．敢于面向全体 ……………………………………………………… 44

原规则：班规的主要作用在于创造成长环境，促进学生自主发展。 …… 44

第三节 力促班规发挥作用 …………………………………………… 47

1．给予正能量 …………………………………………………… 47

原规则：班规的正能量产生的作用永远大于负能量的影响。 ………… 48

2．立足实战性 …………………………………………………… 51

原规则：班规中融入监督机制和激励机制，才更有实战性。 ………… 51

第四节 班规效力与君子协定 ………………………………………… 54

1．要求型与约定型 ……………………………………………… 54

原规则：变要求为约定，是从手把手教到逐渐放手的过程。 ………… 54

2．做好班级协议 ………………………………………………… 57

原规则：不平等的条约意味着协议本身就不合理，这样的教育还没开始就注定要失败。

…………………………………………………………………… 57

第三讲 组织，班级新秩序的支架 ………………………… 61

第一节 重建班级组织结构 …………………………………………… 62

1．打造组织助手 ………………………………………………… 62

原规则：把管理还给学生，人人都成为助手是班主任组织工作到位的反映。 …… 62

2．打造组织环境 ………………………………………………… 65

原规则：打造班级组织，实质就是打造班级人文新环境。 …………… 65

第二节 班级组织定位与引领 ………………………………………… 68

1．在干事中提升品位 …………………………………………… 69

原规则：带着学生干事并不断提升品位，方才会接近教育理想。 …… 69

2．实现组织大传承 ……………………………………………… 71

原规则：乐此不疲地通过组织传承，开辟一条致其优秀的通途。 …… 72

第三节 打造先进班级组织 …………………………………………… 75

1．从整饬开始行动 ……………………………………………… 75

原规则：组织定期整饬，是抓住特长与个性发展的关键。 …………… 76

2．班级组织的崛起 ……………………………………………… 78

原规则：打造班级组织，等同于给学生提供成长的机会。 …………… 79

第四节 实施组织终极意图 …………………………………………… 82

1．重责任意识培养 ……………………………………………… 82

原规则：培养了责任意识，方才可称作组织管理成功。 ……………… 82

2．以"用"作引领 ………………………………………………… 85

原规则："用"是班级组织培养学生的前提条件。 …………………… 85

第四讲 情感,班级新秩序的黏合剂 ················· 89

第一节 同窗情感的秩序意蕴 ······················· 90

1. 爱给予同窗新秩序 ··························· 90

原规则:同窗情的培养,诠释着班主任的责任与义务。 ······· 90

2. 尊重方可延续同窗情 ························· 93

原规则:边缘人的出现是班级最该摒弃的不和谐之音。 ······ 93

第二节 师生情系班级新秩序 ······················· 96

1. 始于回报师恩 ····························· 96

原规则:创新回报师恩的机会,成熟与成才便有开端。 ······· 97

2. 需要师恩回报 ····························· 100

原规则:在最短的时间内建立信任,最好的办法就是接受师恩回馈。 ····· 100

第三节 用情感优化班级新秩序 ····················· 103

1. 让情感化为班级精神 ························· 103

原规则:班级常常因为个人的情感力量重整旗鼓,全然调整了原定的秩序。 ····· 103

2. 让情感化为班级文化 ························· 106

原规则:野蛮与蒙昧发展至文明和责任,情感文化就会成为新秩序的代名词。 ····· 106

第四节 情感秩序下的人文班级 ····················· 110

1. 需求不止于沟通 ··························· 110

原规则:对人性的理解即是对人之需要的理解,对学生的理解最基本的是对学生需要的
理解。 ······························· 110

2. 打造情感互动引擎 ························· 113

原规则:班级中人与人之间的情感的产生需要一个引发机制,而且产生之后还需要双向
和多向的互动得以维持和升华。 ················· 114

第五讲 活动,班级新秩序的活性酶 ················· 117

第一节 活动与班级秩序的延伸 ····················· 118

1. 用活动构建活动思想 ························· 118

原规则:构建班级活动思想,是教师走向成熟的开始。 ······· 118

2. 用活动激发活动精神 ························· 121

原规则:学生的精神面貌是教师班级活动思想的反映。 ······· 122

第二节 活动与班级特色管理 ······················· 125

1. 开展与时俱进的活动 ························· 125

原规则:班级活动的与时俱进,更多体现于现代教育的升级。 ····· 126

2. 开展富有特色的活动 ························· 128

原规则:没有一次又一次的活动战绩的影响力,几乎无班级荣誉可言。 ····· 129

第三节 班级活动的组织领导 ······················· 132

1. 抓好班级活动的筹备 ························· 132

原规则:设计和准备的科学水平,最终决定活动的效果。 …………………… 132

2.抓好班级活动的组织 ………………………………………………………… 136

原规则:在班级活动中,重评估更能让活动效果凸显。 …………………… 136

第四节　班级活动的两大支柱课题 …………………………………………… 139

1. 培养心智的团体辅导 ……………………………………………………… 139

原规则:让学生心智成熟,除了调整授课形式,更在于触及学生的内心世界。 …… 140

2.凝练班级的文体活动 ……………………………………………………… 144

原规则:教师只有把文体活动开展当做课题,其有效性才会更加凸显。 ……… 144

第六讲　发展,班级新秩序的生命线 …………………………………………… 148

第一节　班主任工作对人格的保证 …………………………………………… 149

1.性格与人格 ………………………………………………………………… 149

原规则:因有对性格掌控的欲望,才真正懂得保护学生。 …………………… 149

2.可提升的精神与力量 ……………………………………………………… 152

原规则:一个有思想的人,能够用强大的理智驾驭顽劣的情绪。 …………… 152

第二节　力促"惯性发展"态势 ………………………………………………… 155

1. 否定中超越才会发展 ……………………………………………………… 155

原规则:否定开启发展的进程,但前提是否定必超越。 ……………………… 155

2.优势集成 …………………………………………………………………… 158

原规则:"升级版"是引领学生发展中的优势集成,"换代版"更是优势的叠加。 … 158

第三节　教育带来可持续发展 ………………………………………………… 161

1. 用好"自我实现的预言" …………………………………………………… 161

原规则:未来需要加倍的努力方才可触摸,美好的预言往往能生成可持续发展的动力。

………………………………………………………………………………… 162

2. 教育的疯子与学生的弯路 ………………………………………………… 166

原规则:教师疯狂,学生疯狂;教师伟大,学生伟大。 ……………………… 166

第四节　关系发展的两大教育 ………………………………………………… 170

1.弥补缺失的信仰教育 ……………………………………………………… 170

原规则:教师无信仰,难成为大师;学生无信仰,难有所作为。 …………… 170

2.弥补缺失的人际教育 ……………………………………………………… 173

原规则:做人成功方才有做事成功,教师的首要责任就是教会学生做人。 ……… 174

后记　敢于否定　敢于超越 …………………………………………………… 177

第一讲 秩序,班级师生命运之母

做班主任能改变自身的命运吗?

做班主任能改变学生的命运吗?

两个沉甸甸的疑问,根据现实感受来回答,实在让人揪心。关乎命运的探讨,对于任何从事过或者正在从事班主任工作的人来说,几乎都非常在意。亲爱的班主任朋友,当你翻开这本书的时候,真希望您能带着一种阳光的心态,在思与行之中破茧成蝶,实现让自己人生美满的愿望,达成让教育人生腾达的梦想!

(一)

班主任工作,本是一项可以改变自身命运的工作,可以影响孩子命运的工作。然而,我们发现,不少人因为做了班主任,反而少了快乐与幸福。这绝对是不正常的,这是我们必须时刻加以思考和改变的命运链条。

班主任工作,本是一项沐浴阳光和播洒雨露的工作,然而,笔者却见无数的教师朋友把自己跟中国的老式农民作比。他们浮现于脸庞的苍老,无不让人读出那仿若对庄稼的麻木,对土地的麻木,对教师人生的麻木。在本书的开篇章节,我们将一针见血地指出,这一切源于思维局限所致才习惯于无所作为。为此,我们将与读者朋友一块儿探讨班主任人生价值的话题,探讨无序与有序、无逻辑与逻辑、非理性与理性等影响班主任在职业人生中不能勇敢向前冲的话题。

(二)

班主任从事的是一项需要打拼的事业,是一项需要不断创新的事业,他比普通教师的使命更崇高——承揽给学生派生明天幸福的重任。亲爱的读者朋友,我们研究班级运行的原规则,真希望能唤醒您打拼的力量,帮您找到一条获得快乐与成就的捷径。

(三)

在全书中,我们把这种力量叫做"秩序"。

班级工作的失败,我们以为一切全在于秩序不给力所致。我们发现,成功的班级管理总有着一条共同的运行轨迹。那些千差万别的失败,让我们似乎摸着了命门——总存在于无序的状态之中,让动力与激情都处于一种原始的休眠状态。

秩序是一种自发运转的机制,而绝不是外力压制下的屈从。我们以为,教育改革的实质就是对教育秩序的调整,是一种内涵的发展。真诚希望读者朋友们在阅读本书的过程中,能在自己的大脑里构建"秩序是一种思维、一种方法、一种策略"、"秩序是一种管理、一种组织、一种情感"等理念,这样才有利于抓住教育改革的支点和原点,开启班级教育管理的新捷径。

（四）

秩序乱了,什么都乱了! 秩序顺了,什么都顺了!

我们发现,无序向着有序调整的过程,就是改革或开发的过程。撰写本书,我们的目的就在于帮助千千万万的班主任朋友,变管理"无序"为"有序",拥有一种新生的力量。

（五）

关注班级命运,关注班主任的命运,进而关注学生的命运,这是我们开展班级管理的要旨。所有这些,最终都落脚于对班级管理秩序的关注。有序的秩序,能给班主任注入一股新鲜的活力,时时给班主任以力量,使班主任有激情、有信心去推动班级良性发展。

（六）

我们深信,秩序是太阳光照耀下的产物。谁能在太阳底下敞开心扉,谁就是教育界真正的精灵,最有说服力的翘楚。

亲爱的读者朋友,秩序不仅仅是一个哲学的概念,如果您真正理解其实质,便会发现这便是一个改良班级的捷径。

第一节　经受批判的班主任

提及班主任的幸福指数,我们不能不联想到班主任工作的特殊性。班主任工作全在于使他人优秀自己方才可称为优秀——交给你一群孩子,孩子们变得有教养了,变得有知识了,变得有能力了,那么,你才会赢得他人的尊重。然而,于全书的开篇处却这样来展开批判,着实让人痛心。其实,我们不忍心指责,我们的真正目的是与您一起担当,一起去找到新的出路,哪怕在我们对自命为受苦之人、多磨难之人的批判,对心力交瘁和碌碌无为之人的批判……

再次提及"秩序"这一概念,仿佛它已成为一种武器,或是一面镜子,能让我们看清无数现象的本质,发现做班主任失败的主要原因。班级管理的失败者全处于一种无序的状态中,像植物处于一种自然的野蛮状态之中生长一样,对秩序理解不够,没有摆正位置,失去了向上生长的正能量,幸福感自然全无。

在本小节,我们将拉开对班级管理无序的批判的架势,对班级管理中呈现出来的两种类型予以批判,即对心力交瘁型、碌碌无为型班主任产生的原因以及防范的措施给予透彻地阐释,希望能引起身为班主任的你高度重视,有则改之,无则加勉。

1. 心力交瘁型

班主任心力交瘁,那是何等的让人伤心。面对个性、阅历、家庭背景不一的学生,让班主任心力交瘁之事还真不少。在笔者看来,那些因干班主任工作却找不到幸福的人,全然是受尽了苦楚的人。因为,在班级管理中,他们让班级事务纠缠着,烦躁、焦虑,给心灵添堵,常常感到精疲力竭。这一类型的班主任,着实需要给予慰藉与疗伤。

亲爱的读者朋友，把手放在胸前扪心自问，看看自我是不是属于这一类型的班主任吧！在笔者的周围，精神和体力都因干班主任工作极度消耗的真还不少。也许是研究"教育原规则"的缘故，笔者对此十分的关注。在关注中，笔者以"秩序"为抓手，方才突然发现让班主任受累的真正原因：累而没有感受到快乐。为学生付出太多，从学生那里所得回报太少。试想，一个人长久这样，心灵得不到释放，又怎能不心力交瘁呢？

原规则：为学生付出是义务，得到学生回报是权益。

有付出就应该有回报，为何我们不敢大胆的主张呢？

在笔者看来，义务和权益的失衡，是造成无数班主任心力交瘁的直接原因。班主任幸福指数的高低，全依赖于学生的回报。没有抽象的班主任，更多的是感性的班主任。只有学生能给予班主任快乐，才会真正铸造出一位成功的班主任，并且从学生身上给予班主任的快乐越多，班主任工作的成绩才会越大。而现实却是，当今的中小学生几乎不知道回报，也无从回报，致使无数教师甚少让成功望之能即。那些心力交瘁的班主任，尽管付出了艰辛的劳动，但其成绩却微乎其微，几乎可以被时光抹杀。

在现实社会中，无回馈对方的存在便不成世界。正如俄国教育家车尔尼雪夫斯基所说，"教师把学生塑造成一种什么人，自己就应当是什么人。"如若我们真正想做一位成功的班主任，也许从自我开始，寻找孩子们给予的爱，而后努力地回馈，这样，一切才将变得更加的美好。

现象纪实
XIAN XIANG JI SHI

累，可怕吗？不！只要累有所值，再累，也心甘情愿，绝对不怕！

无数的班主任身感心力交瘁，原因就在于他们的工作是被动应付，常被无数的事件搅得身心俱疲。这几乎是心力交瘁型班主任所面对的不争的事实。只要与他谈工作，其脑子里除了累，几乎再没有其他。诸如，当别的教师还在家中的时候，自己便早早在教室里，得用30分钟的时间指导学生早读，还要做学生的思想工作，而且卫生工作得紧抓，纪律还要常管……

难道除了累，就再也没有幸福与快乐了吗？我们的班主任朋友，主动享受过班级管理带来的快乐吗？你们构建过享受幸福的秩序了吗？我们很多的班主任，几乎没有让学生给予他们幸福展示的机会，更没有建构起相应的秩序，学生几乎从不想到要给予老师幸福，那又怎能从班级管理中感受到幸福呢！

长久的付出而得不到回报，这样的班主任怎能不心力交瘁？

➡ 案例1-1

情洒童心

1983年，是我参加工作的第二年。这年春天，我因劳累过度，患上了严重的神经衰弱症，常常连续几夜不能入睡，最后，医生不得不决定我住院治疗修养。

我本不打算告诉学生，想悄悄离开学校，以免学生们感情用事。可临时接我班主任工作的冯老师却在上体育课时告诉了学生们,于是,在离校那天下午我为学生们上了最后一堂课的时候,教室里学生哭成一片!

放学后,许多学生又含泪来到我的宿舍,韩军、李松、张红霞等几个孩子天真地问我联系好医院没有,如果没有的话他们愿意帮我找"最好的医院"。

一批学生走了,又一批学生来了,就像我永远不会再教他们似的。

天色已晚,我的头也有些昏沉沉的,便准备回我母亲家。可又来了几位女同学:许艳、毛利、黄慧萍、杨红、耿梅。

她们一进屋,就"呜呜"地哭了起来,我一时真不知该怎么劝她们,但又不能让她们这么哭下去,便用开玩笑的口吻对她们说:"谢谢你们来参加李老师的追悼会!"

但她们并没有被我逗笑,不过哭声渐渐小些了。

过了很久,几位同学抽泣着说:"李老师,以前我们惹您生气了,做了对不起您的事。请您原谅!"

我说:"哪儿的话?你们从来没有对不起我,别哭了!你们都是非常非常可爱的孩子,是我最喜欢的学生!"

谁知听了我的这句话,她们竟哭得更厉害:"呜呜……是我们把您……气病的……呜呜……"

于是,我装出真的很生气的样子,说:"你们怎么不听李老师的话呢?叫你们别哭,可你们老哭!这才是真对不起李老师!"

她们终于控制住了自己,只有许艳和黄慧萍还在抽抽搭搭的。

我便给她们提希望,鼓励她们在我走后要听冯老师的话,要努力学习……

天已经完全黑了,我便劝她们:"你们该回去了,不然会让爸爸妈妈在家里等得着急!"

"李老师,让我们给您唱支歌吧!"许艳擦擦眼泪说道。

另外几个女生也说:"对!李老师,让我们为您唱支歌吧!"

"好!"我同意了,"不过等等,我把录音机打开,把你们的歌声录下来。"

唱什么呢?她们讨论了好一会儿,决定唱"李老师最喜欢听的"《少年,少年,祖国的春天》。

于是,在我口琴的伴奏下,简陋狭小的房间里飘出了世界上最美的歌声:

我们欢乐的笑脸,

比那春天的花朵还要鲜艳;

我们清脆的歌声,

比那百灵鸟还要婉转!

……

我在住院的整整一个月里,每天都在想念学生;学生们也随时在想念我,来看我的学生络绎不绝,其他病友羡慕不已。4月1日那天早晨,我偷偷地从医院溜了出来,和冯老师一起带着学生去峨眉山玩儿了整整一天!虽然,晚上回病房时被护士长狠狠批评了一顿:"还是当老师的,这么不听话!"但那天晚上却是我住院以来睡得最好的一夜……

于是,我经常在想:怎样才能报答学生对我的厚爱?

(选自李镇西的《爱心与教育》)

案例解读
AN LI JIE DU

这是李镇西初为人师时所发生的故事。李镇西生病了,但他从学生身上找回了幸福,这其实就是对曾经的付出零存整取的体现。

近来,笔者几乎形成一种习惯,每天都看看李镇西的博客,希望从中找到李镇西为师的快乐之本,也希望每天都去感受一下为师的快乐。李镇西近年外出讲学的机会非常多,这些机会可说是从学生身上感受到幸福,从而带给他前行的力量,让他的班级管理工作越做越顺。而且,笔者从中发现他有一个最大的乐子,那便是总会从昨天、今天的学生身上找到幸福与快乐。当然,听众更是羡慕学生对他付出的回报。试想,为师者还有什么比这更让人满足的呢?

正是从"人学"(即儿童的心灵)出发,李镇西找到做班主任工作的切入点,展开了他的"活的教育学"实践。他的感情真挚而充沛,他的思想朴素而深刻,他的语言平易而精彩,"要培养真正的人!"让每一个从他身边走出去的人都能幸福地度过自己的一生,这就是像苏霍姆林斯基一样的李镇西的班主任工作的追求。

教师是人,学生也是人。教师教学生做人,则要先做好班主任这一个有着特殊使命的人。这已是一个永恒的经典话题。每位教师必须想清楚,教育间融入的智慧更多地体现于良好秩序的构建。当然,这首先需要从我做起。可能最初由教师开始传递幸福,而后再由学生返还给我们幸福。

做班主任工作总感到心力交瘁,绝对是失败的象征。眼下,"心力交瘁"已经成为形容班主任的专用词汇,出现这样的情形,只能说明我们更应该反思自己的班主任工作方法。

累而得不到回报,实际上是一种班级管理失序的结局。优秀的班主任往往能把班级管理得井井有条,特别能从学生那里获得满足,并为此乐不知疲。有句歌词写得好,"没有人能随随便便成功"。当班主任肯定累,但最需要的是累有所值。希望我们班主任将这作为一个硬性计划,加以执行。

行动指南
XING DONG ZHI NAN

付出,便要从中得到回报,这真还不是件容易的事。摊开症结看本质,我们发现,班级秩序的重建,其实就是一种班级管理哲学的重建,从"事务型"班主任转换成"战略型"班主任,用一种新的视野审视班级管理秩序。关于班级秩序的重建,我们提出下面几点要求,作为您享受幸福的开端。

一是要重建班主任工作的战略目标。我们长年累月地工作,容易走进一种把工作当任务来完成的怪圈,渐渐地养成一种被动的工作模式,总在遇到问题时才想到去解决。事实上,班主任工作是一种极具主动性和创造性的工作,这种以"应付"为目标的工作态度不仅无法获得工作的成就感,最终还会被混乱的班级秩序所拖累。因此,我们要把班主任工作的战略目标从"完成任务"扭转到"主动出击"上来,从"亡羊补牢"扭转到"未雨绸缪"上来。把班级建设作为育人的重要途径,通过有目的、有计划、有组织、有系统的秩序重建来实现。让学生在健康向上、和谐自由的班级秩序中感受到成长的乐趣,用自己的方式选择自己的成长节拍,从而在成长中给予班主任幸福,这才是班主任工作的真正战略目标。

二是要寻找班级建设的关键点。一个班主任的成功肯定不是不断重复那些日常的琐事,而是抓住关键超越局限,寻求跨越式的发展。真正的班级不是一群人随随便便地坐在一起那么简单,它必须是一个凝聚的整体。因此,班级建设关键点在于如何让一群人凝聚成一个有秩序的集体。以李镇西为代表的一批班主任提出了"爱心＋民主"的系统,用爱心来凝聚班级并调动学生的自主性,这一思路无疑是充满启发意义的。只有当班主任为班级付出了爱心与热情的时候,在班级建设中用辛勤劳动打上自己独特的烙印的时候,学生才会成为班级建设的一员,从而主动分担班主任在每个学生成长中的责任。只有学生的成功才能印证班主任的成功,当学生与班主任共同进入一个良好的秩序中,那才真正算是走上了成功的快车道。

三是要绘制班级有序发展的蓝图。真正的计划应该是班级秩序重建的图纸,绝不是那些毫无战略眼光的日程表。要为班级设计长远的发展目标,并结合实际具体到如何做,谁来做,怎么做,怎样分清事情的轻重,怎样合并不同的工作,怎样合理分配工作时间,如何有效落实自己的计划,这些问题不是拍拍脑袋就能解决的,它需要班主任在日常的工作中不断摸索和反思,不断加以调整,以适合整个班级的发展。所谓计划,其本质在于,思考在先,行动在后,正所谓"既要拉车,更要看路"、"务实之前必先务虚"。班主任如果用心"经营"班级,一旦计划在不断的修订中得以实现,就能形成良好的班级秩序,这样,学生积极向上,遵守纪律,团结友爱,班主任也自然能从繁琐的"苦海"中解脱出来,轻松收获学生给予的快乐。

2. 碌碌无为型

心力交瘁型班主任,给人留下的全是心痛。本小节中,我们将对另一类型的班主任——碌碌无为型班主任进行解剖和批判。我们的批判,根本目的在于让更多的人不再因当班主任无功无过而一生平庸,因为,"老黄牛"不再让人产生怜悯。

碌碌无为的班主任,实质就是无收获、无业绩。试问,为什么平庸?为什么无所作为?试问,在班主任工作中总看不到希望,人生意义又在何处?班主任工作最大的特殊性在于工作环境不时会向生活环境转向,最终影响着班主任的生活质量。如何避开碌碌无为的怪圈,提升我们的幸福指数,便是笔者此时写下这些文字的全部初衷。

原规则:班级管理不守旧,从构建新秩序开始,工作才会有突破。

为什么班级管理总是失败?否定无数班主任朋友付出的艰辛劳动,真有些于心不忍,但笔者不得不指出,班级管理失败的最大症结就在于墨守成规。把平凡的工作做出成绩,最有效的办法是研讨、借鉴、创新出自己的管理办法。班主任工作的创新源于价值观重建中的上进心。一个班级的优秀,几乎最终都因为一群人转化成了一种特有的文化,其内涵中更多有对理想、文明的追求,而且从不守旧,也更多的有适合构建幸福的生存空间。因为,这个世界上的所有人,都是向上的,特别是我们的学生,他们更是一群积极向上的人。如若说在我们的班级管理中出现学生不配合的局面,这只能说明我们的教育管理有问题。

现象纪实
XIAN XIANG JI SHI

现实中最可怕的是什么？是习惯于碌碌无为,是总给自己碌碌无为找理由。

现实中,很多班主任工作理念陈旧,方法简单粗暴,总是用惩戒的方式让学生恐惧而不敢违反纪律。一旦班级发生与其要求不相符或者学生对其管理行为提出异议时,便指责学生潜能与素养低下。做班主任工作碌碌无为而怪罪于学生,实为最可怕的一件事情。可以这样说,发生在班级中的一些惨痛的教训几乎都可将责任追到我们的头上来,只是谁也不习惯对自己进行心灵拷问罢了。我们总把自己及自己工作的方式方法给忽略了,认为自己的一切都是对的,都是好的。学生只有服从的份,学生不听话,出现问题,那都是学生的问题。这是一个巨大的误区,也是我们碌碌无为的重要原因。

作为班主任,学生上进便是我们工作的成绩。虽然我们渴望拥有一批潜质卓越的学生,可现实往往与理想相差甚远。我们通过大量的观察发现,无数成功的班主任就在于他们将本是平凡甚至残障的孩子培养成了优秀的人。在笔者看来,珍惜与每一个孩子的缘分,而后用心去教育,方可成为教育战线的大智慧者或圣人。

📌 案例1—2

走进"卓越"班

这个班级叫"卓越"

昌乐二中高一(32)班的52名孩子给自己的班起了个班名叫"卓越"。他们不仅有班名,还有班歌、班徽、班旗、班规和班级目标……甚至还有自己的班花悬挂在教室门口的墙壁上——一盆装在精致的小篮子里的青翠的吊兰。

卓越班的教室很别致。环顾四周,你会发现,教室的每面墙上都没有空白,展示的是这个班的墙壁文化——班歌、班徽、班训、班规、班誓、班报、卓越每日名言等,简直是琳琅满目。后墙上,一面巨大的红色班旗十分醒目,两个黄色的"卓越"大字,张扬着十足的青春活力,旗帜的左上角绣着他们的班标。假如你仔细查看,班旗上全是孩子们的签名。

班主任"老徐"

"为了我们班,他付出了太多、太多他本不必付出的东西。我们都很爱他,很崇拜他。"

"我们想叫他爸爸,但显得他太老,叫哥哥又显得太年轻,于是,我们干脆叫他老徐。"

这个学生口中的"老徐"就是卓越班的班主任徐振升。为了"卓越",他一天到晚忙忙碌碌,苦口婆心地为他们讲人生,讲真谛。他坚定地说,一个学生的成才与否并不决定于考试成绩的高低,人格的高尚与否才是最重要的。

老徐是怎样的一个人?

他首先是"当代著名浪漫主义诗人"徐振升。他的语文课讲得很好,而且独具特色。每节语文课前5至10分钟,他要让一位同学讲讲他认为最好的诗。课前,诗抄在小黑板上,同学们再把诗抄在一个专门的本子上——抄诗本上。这个环节被称为"卓越每日诗歌鉴赏"。

老徐还是一个特别有爱心的人。他每天晚上都要给同学们念一篇有关孝道、尊师、尊重一切人的文章,还要求同学们写一些关于自己父母的作文,每周给父母打一次电话,回家给父母洗脚……老徐认为,一个连自己父母都不爱的人,也不大可能爱别人。

老徐经常说,无私不是想一想就行的,只有每天都做无私的事,你才会真正地无私。他经常捐钱给贫穷的学生,他也希望卓越班的孩子们有爱心。在他的倡导下,班里建立了卓越爱心基金。他自己以身作则。第一次向外捐献的爱心款中,同学们一共捐了300元,老徐自己也捐了300元。他常常对学生讲:"赠人玫瑰,手留余香。"老徐也是这样要求他上幼儿园的儿子的,每天早上,老徐都给儿子一把糖,让他分给小朋友们。

老徐还很敬业。他每天早上五点半起床,一直到晚上10点学生睡后才能回家。完成了学校布置的任务后,他还要绞尽脑汁思考,怎样才能更有利于学生的发展。他想出了无数个让学生走向卓越的办法:值日班长、卓越日报、身体长跑、道德长跑,等等。先不说别的,老徐规定同学们每天下午课外活动时间要跑3000米,刚开始时,学生们都非常不愿意,嘴都撅到头顶,但是老徐坚持跑在队伍的最前面。大冬天的,他只穿着保暖内衣,一跑就是半个小时。有个同学后来回忆说:"那个时候我们都在心里骂他,有病啊,死老徐,没事带我们跑什么?"这个挨骂的老徐,想必那个时候,他的妻子儿子都在骂他吧。那是他的自由时间啊,本应该回家享受天伦之乐,可是他没有,而是甘愿受着两头的骂。直到后来的那次很严重的流感,其他班半数同学都"倒下"了,而卓越班学生安然无恙。学生们才慢慢理解了他的良苦用心。

关于老徐和"卓越班"的故事,多得数不清。同学们都说,他是"卓越"这个大家庭的骨架,没有他,他们就要倒下;他是这个班级的父亲,没有他,他们就不复存在。

(节选自《中国教师报》记者李炳亭、马朝宏的《走进"卓越"——昌乐二中的"现代班级"》)

案例解读
AN LI JIE DU

昌乐二中班主任老徐在高一(32)班种下卓越,当然最终老徐自己收获的也将是卓越。他是一个有心的班主任,更是一个善于思考、敢于尝试的班主任。其实,班主任应是一个策划大师,班主任的阅历、知识层次决定了一个班主任的素质和涵养,班级的任何事情需要有人来倡导和引领及组织,班主任是一个班级的灵魂人物。老徐的很多做法都值得无数的班主任去学习。当然,值得说明的是班级管理不是抄袭与复制,任何一个人都因为自身的阅历不同,几乎无法让他人的管理办法在另一个班级重演。其实也不需要复制,我们每一位班主任都有自我的独特之处,关键就在于要有不甘于平庸的理想,要有将一个班级变强大的设想,要有将一群学生变得优秀的计划,而后勇往向前。

在班级管理中有所成就,这其实就像种地一样,真正的收获在于种了些什么,这种什么比怎样种,怎样管理更为重要,这就是所谓的"种瓜得瓜,种豆得豆"。几乎同一个时段,不同的班主任在班级管理中投入的精力都差不多,最终所取得的成效却差异很大,主要的原因就在于我们在班级管理中,真正"种"了什么。

班主任是不是碌碌无为,一个最好的证明,便是他的学生。因为,把这一班学生培养成什么样的人,在很大程度上取决于班主任是什么样的人。这就是说,一个班级好比是一艘大船,船上载着很多学生,班主任就是掌舵者。班主任不能做一个没有目标和方向的舵手。谈到班主任是目标的规划者,魏书生堪当模范。他在刚担任班主任工作时,其目标就十分明确,他要把学生培养成一个积极、乐观、对社会有用的人。在这一目标的指引下,他运用科学与民主的管理方法,慢慢地把优秀学生和问题学生都逐渐引向了他预设的发展的目标。

我们许多人常把班主任的碌碌无为理解为缺乏师爱,这固然有一定的道理,因为没有爱的班级管理其结果不是享受而是难受。其实,更重要的应该是教育哲学和班级管理哲学上的局限,缺乏教育理想的人成就肯定越来越小,其乐趣也最终必然会越来越少;而有着远大的教育理想的人,则会为自己的事业付出更大的努力,最终收获的乐趣也将越来越大。

班级秩序的调整是一项浩大的工程,是班级管理的最高境界,它要求班主任必须付出更多的心血和智慧,而且在初期还必须接受别人不解的目光,忍受一些失败和失落。不过,这和人间所有的事情一样,付出得越多,收获也就越多,人生的价值及成就感也就越强。

行动指南
XING DONG ZHI NAN

日常的烦琐工作不能让我们变得麻木,更不能成为我们缺少激情和反思的理由。要让班主任工作把我们变得更富有,更有精神,我们尤其需要做好以下几件事情。

一是教师要有做"教育家"的气魄。《当代教育家》杂志主编李振村说:"教育家就在我们身边,就在课堂!"他认为自己的小学老师就是教育家。我们要想摆脱平庸,在平凡的工作中做出成就,必须首先转变观念,变被动工作为主动出击。为什么有的人工作几年甚至几十年都没有太大的变化呢?这是因为他们缺少人生的规划,没有前进的目标,只是在混日子。我们要学会反思,因为反思是一种理念,一种"发自内心地想自我提高的意识",唯有反思,我们才能真正找到工作中的不足,探索改进的办法。"人贵有疑,小疑则小进,大疑则大进。"班主任在工作中应不断思考,发现问题,寻求改进的方法,并及时学习,适时总结,形成文字,从而达到发展自己专业的目的。如果我们在班级管理的某个方面取得了突破,谁能否认我们就是这个方面的专家呢?

二是教师要用自己的人格塑造班级的灵魂。尽管班级是学生的班级,而且往往面对的是一些琐碎的事情,但班主任仍然大有可为。人们之所以被李镇西的《爱心与教育》所感动,我想,这不仅仅是因为李镇西的职业激情,还有他所营造出的令人向往的"李氏班级",他将自己的爱心、才华、志趣全部融入到班级建设中,用自己的人格为班级塑造了灵魂。就是这样一个班级秩序重建的过程,完全调动了班主任的主观能动性,把日常小事升华成一系列极具个性魅力的创造性事件,这样的工作,怎么能不获得巨大的成就感和更大的工作热情呢?试想,当我们生命的意义已经成为班级秩序的一部分的时候,我们哪里还会有懈怠呢?

三是教师要整合班级发展的资源。班主任是任课教师与学生之间交流沟通的桥梁与纽带。让大家形成一股合力,达到人心齐,泰山移的境界,形成良好的班级秩序是全体师生共同努力的结果。布鲁纳说过,教师不仅是知识的传播者,而且还是模范。除此之外,班主任还要发挥好家长的教育功能。我们可利用手机、网络等现代信息手段及时和家长取得联系,记录处于成长过程中的孩子的点点滴滴,和家长有效配合,形成教育合力,达到教育孩子的最佳效果。

第二节　派生明天的命运

很多人成年以后往往只记得一个人,那便是他曾经的班主任。曾经教过他的老师非常多,为啥那些只教给知识的老师让他遗忘? 为啥他只记得他的班主任? 这一切都足以说明班主任工作的特殊与伟大。

班主任,一个与孩子走得最近的人,往往是派生孩子明天命运的人。关于班主任的责任与使命,在这里我们只能这样予以说明,即"只有那些真正脱离了低级趣味的班主任,他才会真正像听到竹笋拔节声似的,看着孩子们一天一天长高、长大,真正感受到当班主任的快乐与使命"。

说到班主任关心孩子,这虽是一个老生常谈的话题,可在我们看来,这其实是一个朝阳话题,它就像每天升起的太阳一样新,因为千万年前的太阳总与今天的太阳所赋予的意义不一样。在本小节,我们提议我们的班主任关注孩子们的将来,我们虽然倡导班主任要将平日的工作做得更细,但不能忘记对学生远大前程的启蒙与勾画。这多少有些像给未来的幸福做准备一样,我们应多做一些夯实幸福工程的奠基工作。

1. 尽全力了解学生

提及班级管理,便让笔者想起读初中时的班主任。笔者经常与人谈天:"同样的教室,同样多的学生,我们的班主任就是不同,他所教的学生成材率就是高,几乎高出其他班好多倍。"言外之意在于,除了赞扬我们的班主任,更在于指出学生遇到好班主任是福,遇到不好的班主任只能是倒霉。

可能大家与笔者一样,总在寻觅做一名优秀班主任的秘方,甚至进行过无数的猜测。真当回过头来思考曾经的岁月,猛然发现其间的不同,就像种树施肥一样,总会多一份心,除了给予水分,更多是关注小树成长的营养。

原规则:只有作好了解的准备,学生才有真正发展的可能。

李商隐曾在《无题》诗中感慨道:"身无彩凤双飞翼,心有灵犀一点通。"我们似乎可以得出这样的结论:给予期望值越多的孩子,往往越能成才。身为班级管理者,我们最基本的任务就是读懂学生的"心"。读懂了学生的心,就等于找到了开启班级管理的钥匙。唯有读懂了学生,了解了学生,我们的教育才能对其产生巨大影响。就像前面所言,教育——首先是人学,我们必须将这一门人学功课做足、做好才行。

现实就是这样,了解学生,管理才顺。"同样一句话,彼此关系不同,感受就不一样"。班级管理也是如此,同样的办法,对学生了解程度不同,产生的效果就会不一样。要做好班级工作,必须从了解和研究学生着手。了解学生,我们应该把它当做一个课题进行深入研究,诸如学生个体的家庭环境、成长经历、思想品质、学业成绩、爱好特长、性格特征等等,都有无数值得研究的东西。

现象纪实
XIAN XIANG JI SHI

虽然学生有某些共同的特点,但每一个学生又是不尽相同的。了解一个学生,看似容易,但如若要了解到深层的东西并非那么简单。现实中,不少班主任了解学生,其方法是非常简单的,诸如,通过考试情况、家庭状况、性格特点、外表观察等进行了解,然后再作分析,然而,他们对更为丰富的学生的社会、家庭背景、个性差异、兴趣爱好、心理变化、发展特长、心理特征之类的信息却所知甚少,更别说全面而综合地进行分析了。

现实最需要的是做与时俱进的班主任。了解学生需要与时俱进,特别是在当下信息发达的时代,班主任更要把非常之多的方式方法都运筹于心。当然,还需要班主任朋友能对如此之多的方式方法做出恰当地选择,而这选择,自然是针对具体的学生。实践证明,班主任要走近学生,触摸到学生的心灵世界,就必须要了解学生,熟悉他们的心理需求,关注他们的心理动态,这样,学生才会不断地走近你,亲近你,信服你。

案例1-3

做个善沟通的老班

除了常规的沟通方式外,我在工作实践中又找到了一条新的沟通渠道,巧妙借助班级博客引导家长关注自己的孩子,引领家长成长。我在博客上专门开设了"家庭教育"专栏,让家长及时了解班级开展的各种活动,学生在校的表现情况,以及老师有何要求需要家长配合等等。家长也可以通过留言或评论等方式,在网上直接与老师取得及时地交流与联系。

通过晓荷班级博客,我试图把我们的班级文化彰显出来,把学校的育人理念传递出去,推进孩子不断进步、健康成长。我根据班级实际,借助信息技术等各方面有效资源,创新班级文化建设的途径和方法,丰富班级文化的内容和形式,形成鲜明的班级特色文化。我有意识地引导学生多阅读、乐表达,培养学生勤学习、善积累的好习惯。高年级,等条件相对成熟了,就鼓励学生将自己的日记习作发表在班级博客"晓荷"中。身教重于言教,为了激励孩子们,我也逼着自己,经常撰写博文,发表在博客中,既是沟通,又是无声的榜样。

学生刘婷轩是个普通的小姑娘,以前没有博客的时候,父母和孩子的沟通很少,家长也不知道孩子心里成天到底在想些什么。自从建博以后,家长通过这个交流平台,逐渐了解了孩子,和孩子的心贴得更近了,孩子有了明显的进步。在家长会上,刘婷轩的妈妈在经验介绍《博客对我和孩子的影响》时说:"博客上可以看到其他孩子的好日记,还有老师的点评,对教育孩子有很大的启发,同时教育素材也十分丰富,使自己在教育孩子方面不再是一味说教,而是讲事实、摆道理,效果大不一样……"在外地工作的周帅奇爸爸留言:"日记不仅仅是作文的一种形式,更是孩子童年生活的记录,折射出孩子成长的点点滴滴。家长即使天天和孩子在一起也很难了解孩子的内心想法,更何况我们不能在一起。通过博客上的记录,我很直观地了解到奇奇的情况,有助于我更好地教育孩子。"

(武汉功勋级班主任管宗珍的"老班心得")

案例解读
AN LI JIE DU

管老师的班主任工作,一个最突出的亮点就是建立了"晓荷"博客,并借此开展班级工作。在博客中,她注重与学生、家长们沟通,在沟通中更全面、深入地了解对方。其实,这样的博客不只是一个简单的交流平台,更是一种班级文化,它可以有效促进学生的学习,提高学生的综合素质,加强班级间的团结,甚至调动家长和社会的教育积极性。"晓荷"博客不只起到一个宣传作用,它的诞生使管老师与孩子们之间发生了戏剧性的角色变换,不再是单纯的师生关系,而是可亲可爱的良师益友,它搭建了师生友谊连接的"天路";而家长的参与又实现了家庭教育和学校教育的紧密融合,它开启了家长与老师交流的"直通车";同时,学生在博客实践过程中得到展现与提升,他们在博客上的习作实际上是被"广义发表","晓荷"博客成为了广阔的公共领域,使师生、家长引以为自豪。

在这里,了解学生,已经不再是单纯意义上的为了了解而了解,而是成为班级秩序重建过程中的日常活动。师生的互动交流,班主任和学生共同参与的活动,所有的一切都是班主任了解学生的方法和过程。传统的收集信息、调查访问等了解学生的方式很难获得如此深刻而动态的信息,很难了解到学生的需要和内心世界。我们之所以苦于缺乏了解学生的机会,往往是由于我们没有给予学生表达和表现的机会,导致学生把自己封闭起来,与我们相距甚远。事实上,只要我们在构建积极友好的班级秩序中,给予学生表现和表达的机会,何愁读不懂学生的心呢?

一切不从了解学生的生活以及命运开始的工作,注定会显得苍白无力。写下这些,我们是想向读者朋友们证明,我们期待班级管理中一切都变得有序,一切都变得理所当然,一切都在合情合理的发展之中。只有真正构建一个优秀的班级秩序,在无形中注入一种超能量,才会真正地给学生派生好的命运。

在班级管理中,了解学生意味着需要"做准备"。面对纷乱复杂的班主任工作,不仅需要教师的耐心,更需要教师有开阔的视野和清晰的判断力。从接手新的班级开始,班主任就要学会先把"基础准备工作"做在前面。

行动指南
XING DONG ZHI NAN

从了解学生开始,成为孩子最信任的人,孩子方才会主动亲近、信任我们。多给学生关心,多给学生理解,我们才能真正了解他们。在此,有这样几个建议:

一是满足童心合群的愿望。正如尼采所说,在智慧之路上,有三个必经的阶段:第一阶段是"合群时期",崇敬、顺从、仿效比自己强的人;第二阶段是"沙漠时期"。束缚最牢固的时期,崇敬之心破碎了,自由的精神茁壮生长,重估一切价值;第三个阶段是"创造时期",在否定的基础上重新进行肯定,这肯定不是出于我之上的某个权威,而仅仅是出于我自己。我们的教育过程,是孩子智慧形成的过程,几乎还处于尼采所指的第一个时期,我们不能有太多的强求,必须创造更多的新秩序,使其合群,让他们崇敬、顺从和效仿真正有智慧的人。笔者曾见有一些老班在管理中反其道而行之,与孩子一同去犯"规",如一同到网吧或游戏厅等，这相对于强制与打压而言，教育的效果似乎要好得多。

二是在管理中融入孩子理想。 现代的班级管理，用很多的规章制度来束缚我们的学生，似乎就像筑起一道无形的"高墙"，结果反而不能带给学生信任，不能让孩子们产生活力。这种方法，要么成为严师，但结果并没有出高徒，而是培养了一群没有血性的书呆子；要么作平庸之师，给学生无原则的自由，培养出一群没有灵魂与理想的浪荡公子。在我们看来，这一切的真正原因就在于没有正确理解管理的内涵，没有真正的将派生学生明天的命运于管理所致。笔者深信，哪怕是一年级的小学生，他们都向往美好的前程，只要我们在管理中融入孩子理想等内容，不因噎废食，就一定能取得好的教育效果。

三是在分享观念中引领孩子。 苏格拉底留在人类教育史上最著名的贡献是他那被称为"产婆术"的苏格拉底方法，这种通过提高对方认识而让对方也学会认识自己的方法实在是杰出的教育智慧。了解学生是为了引领他们走向美好的明天，我们所做的一切都与孩子的成长有关，能让他们真切关注自己的心路历程，以达到对自己的最佳期许。我们只有引领孩子正确认识自己，关心并改善自己的灵魂，他们才会对人的意义有更不懈的寻求，这样，我们的付出才能得到回报（哪怕这也许是在 20 年以后才有的结果）。

2. 不能过于理性

> 作为教师，我们对自己工作的重要性要有清醒的认识，对自己是否误人子弟要经历谴责和审视。时时追问：我们一生教了几个得意弟子，我们一生打造了几个优秀班级？失败并不可怕，人生不得意也不可怕，但如果选择像酗酒一样麻痹式的自欺欺人式的生存，最终只能让自我惶惶地过着不安宁的日子。
>
> ——题记

在班级管理中，防微杜渐肯定胜过亡羊补牢。了解学生，除了因势利导，更好的是防微杜渐。也就是说，我们必须尽十二分的力，防止孩子不求上进，防止孩子走向堕落。"凡事预则立，不预则废。"班主任工作也是这样，如果做事有前瞻性，事先有准备，能防患于未然或者防微杜渐，就能把班主任工作做得顺顺当当，让孩子们茁壮成长。然而，教育并不是一帆风顺的，就像并不是每天都有太阳一样，有时甚至还会狂风大作。

有时，我们的管理过多地注重理性，而且理性的结果往往必须依靠秩序和制度来维系着班级的运转，这多会使工作陷入泥淖。其实，在我们看来，工作无成绩并不是我们工作不努力，也不是我们在工作中偷懒，一个重要的原因就在于我们过于理性，使我们的工作才显得被动。有时即使很小心谨慎，工作中的纰漏依旧让我们防不胜防，最终直接导致我们管理低下，于是自己开始怀疑自己的教育管理能力。

原规则：在班级工作中，矫错纠偏的成本远远大于事先预防的成本。

我们已经多次标榜，我们是研究教育秩序的，而且多次指出教育改革多是从找到适合的秩序开始的。然而，通过对无数的教育现象进行分析后，我们发现，教育不是像数学一样，有公式可以去遵循的。虽然在这里，我们依旧关注所谓的前瞻性、超前性、预见性等，但在本人看来，班级管理依然是一项感性的事业。

我们认为,一个优秀的班主任必须要有超前思维,对班级发展方向、可能出现的问题做到心中有数。一个优秀的班主任必须拥有更多的激情,但又不能太过于依赖秩序和制度甚至组织等。对于明天还是一个未知数的孩子们而言,他们需求更多的是尝试,是心与心的贴近,我们更多的是应该让其在失误或失败中走好下一步。在本书后面的章节中,我们将用大量的文字对管理班级进行说明,在需要建立制度、抓纪律等方面,依旧强调不能过于理性。

现象纪实
XIAN XIANG JI SHI

为啥我们的班主任总感到工作很苦,很累,并不像有人说的那样一分耕耘一分收获?其根本原因就在于理性过了头。理性过头就等于失去理智。理性过头,往往就只有工作上的事,诸如纪律、成绩等,而忘记了教育的最终目的——派生孩子明天的命运。

太过于理性,会让其太累。有的班主任干脆自嘲地称自己为"救火队长":有时候科任老师上课时班级纪律太差,请班主任去"镇压";有时候科任老师上课时学生和老师对抗,班主任得亲自出马;有时班主任在另一个班上课,自己班有学生违纪又得立即去处理。刚刚处理完迟到的事情,结果发现清洁区检查又出现了问题;刚刚才和这个家长沟通完,又发现另外的学生课余和其他学生发生了矛盾;班会刚刚开完没多久,就有学生违反学校纪律,如此等等,仿佛有问题的地方就该有班主任的身影,这样的班主任能不累吗?其实,管理班级真还不能太过于理性,它真正需要的是感性的情感。

太过于理性的班主任,一定是不受孩子欢迎的人。教师和消防员一样,总是收到"报警"就必须立即行动。但有时班主任的行动往往火上浇油。班级报警发生,就是一场班级秩序的震荡,班主任的处理就显得十分微妙,处理得过于苛刻可能造成学生心理的伤害,处理得过于轻描淡写可能会让类似的事情一再发生。

➡ 案例1-4

事半功倍在预防

开学第一天,教室里坐满了一个个活泼可爱的孩子,还有送孩子的家长来来往往,好不热闹。我在黑板上写下自己的联系方式,很多家长开始记起来,有的家长则过来询问孩子午饭的事,该如何交费。我一边忙着收钱、登记,一边回答着家长们的各种提问……突然听见有人号啕大哭,发现是一位个子小巧的女孩正在和她的爸爸发生着一场"战争"——女儿一边任性地缠住爸爸不放,一边大声哭喊着:"我不要上学,我要和你一起走……"也许看见别人的孩子都好好坐在座位上,她的爸爸有些不好意思,可孩子一点儿也不合作,死命拉住他不放,爸爸束手无策。

看着困窘中的爸爸,我走上前去,"孩子交给我,你就放心走吧!"说着,我就抱起这个小女孩,示意孩子的爸爸赶快离开。我知道家长在旁边,孩子更难管理。小女孩在我的怀里使劲挣扎着,我的脑筋急速飞转着,"家长们可都眼巴巴地看着我呢!我得艺术处理好这件事,让家长对老师的能力放心。"我想,孩子之所以会这样,可能是因为她的心理还停留在幼儿园的水平,可能是家长的忽视让她养成了任性的习惯,也可能对陌生的环境的恐惧。

我一边安慰她,一边从包里拿出一本好看的故事书,对她说:"爸爸已经走了,哭是没有用的，你看，老师这儿有一本很好看的故事书，送给你看。"小姑娘看着我手里的这本书，渐渐停止了挣扎，但哭声依旧没有停止，看到孩子有了变化，我便趁热打铁，继续引导说："今天你就是光荣的小学生了，和幼儿园可不一样，你看，小朋友们都很高兴上学呢，他们都不哭。"说着，指给她看。可能意识到再也不能被爸爸带回家的事实，也可能看到小朋友们都没有哭，小姑娘哭声渐渐小了很多。我进一步转移她的注意力，继续安慰她："你看，这里面的故事可好看了，还有很多好看的图画呢！"我一边翻，一边指给她，她的哭声渐渐停止了。

在上课过程中，我悄悄观察着小姑娘，看到小家伙终于和大家一样，能认真听我讲课了！为了进一步帮助她适应新环境，喜欢新的班级，我尽量让她多尝到成功的快乐。于是我及时号召全班学生把掌声献给注意力已经集中到我这儿的小姑娘："今天刘若茜同学进步真大，刚开始还像个不懂事的幼儿园小朋友，看！她现在认真听讲，像个小学生了，表扬表扬她！"

"嘿！嘿！你真棒！嘿！嘿！你最棒！"全班学生一边鼓掌，一边有节奏地说着鼓励的话。小姑娘脸上露出了骄傲的笑容。我相信第一天一系列的安慰和角色意识的渗透以及及时有效地鼓励和帮助，一定会渗进她的心灵深处，为她将来的学习生活奠定良好的基础。

案例解读
AN LI JIE DU

理性过头，往往会忽略教育。理性大过本能，这是当下教育中的弊端。我们常常忙个没完没了，觉得很累，可我们有没有想过，这何尝不是我们平时不注重事前预防，而累在事后补救呢？在笔者看来，你可能有一千种技巧、有一万个教育孩子的方法，但都不如一个动作，并由此给予孩子心灵的鸡汤——是小孩子，给予他抱一抱的动作；是大孩子，同他一块儿出去走走；是中学生，给予他安慰与鼓励。

在孩子成长中的每一个阶段，他们都有不同的自身需求。卢梭在其名著《爱弥儿》中说道："什么是最好的教育？最好的教育就是无所作为的教育：学生看不到教育的发生，却实实在在地影响着他们的心灵，帮助他们发挥了潜能，这才是天底下最好的教育。"提及关乎孩子明天的命运，这可能是一个非常抽象的话题，甚至有些不靠谱。在我们看来，这就像刚入小学的孩子一样，若能站在他们的立场，去思考他们明天需要什么，可能这便是教育中的需要。对于搞教育的我们来说，关于孩子的理想或命运，最重要的就在于能为孩子的明天负责，并因此而产生一些正确的教育方法。

研究教育学生的方法，研究学生昨天的失误，研究下一步可能发生什么事情，这都是我们必须去做的事情。只不过，在笔者看来，我们当下应该从过分理性中走出来，更多地去关注人性，关注生存，而后再去谈教育，这样可能效果会更好。也就是说，教育的新秩序，应该排在人性之后，排在理性之后。

关注人性，自然界的一切都有可能发生，而关注理性就只能有理性与非理性的发生，就只能有好与坏的结果。这就像前面我们所谈的防微杜渐或亡羊补牢，尽管我们在教育中有预见性，在我们看来，只有关注人性，世间的一些错误与漏洞才会真正被驱赶出来，才会让它在阳光下不复存在。只不过，关注学生的人性，更多的时候，依然需要对学生的言、行、神进行洞察、预料，唯有如此，才能正确推断他们的内心，对症下药，及时反馈，做到防患于未然。

当出现一些"意外"时,才会尽可能做到心中有数,从容淡定,及时排忧解难,将一些潜在的问题及时消灭在萌芽之中,让工作事半功倍,使自己轻松工作,促进班级和谐发展。

行动指南
XING DONG ZHI NAN

常言道:医者医身,师者医心。作为一名班主任,我们要有像扁鹊一样善医学生心灵"小病"的本领。作为班主任,我们如何才能做好人师,如何才能感召学生的灵魂呢?

一是在建立班级秩序的同时,倾注人性关怀。常言道:"没有规矩不成方圆。"班级管理不仅要有规矩,而且要有详细的规矩。有些班主任在制定班规时总喜欢使用限制性条款,如"上课不许讲小话,不许开小差","下课不许疯赶打闹,不许高声喧哗"等等。其实,这种限制性的条款是非常不适合中小学生的心理年龄特征的。我们的目的不只是要告诉学生他不该做什么,更重要的是要告诉学生他该怎么做,为什么这样做,这样做有什么好处。我们在完善制度秩序的同时,更需要从一些非理性的角度去思考,从孩子学习、生活是否体验到快乐的角度去思考,而不只是从利于管理的角度去思考,要更多地从有利于孩子发展的角度去作决定,这样才算真正找到了教育的路子。

二是要讲明事情的道理,更要符合情理。对于中小学生来说,光有规定是远远不够的,还要经常性地反复地给学生讲清楚道理。当然,这不是简单、机械地说教,而是通过鲜活的事例让学生不仅知道该做什么不该做什么,还要让学生知道为什么要这样做,这样做有什么意义,让他们感觉到教师讲的有情、有理,而不是空洞枯燥的说教。当学生懂得了道理与情理之后,就会自我思考什么该做什么不该做,这样,学生从思想到行为才会有自主性,克服盲从的木偶性。比如学生迟到,这是班级管理中常遇到的事。一般学生都知道迟到不对,但对自己有哪些危害不一定真懂。那么此时,我们则可以根据实际,或单独讲道理,或者组织全班讨论。在学生懂得了这些道理并明白了其中的危害之后,老师再帮助他们分析迟到的原因并共同寻找改正的方法,让他们从内心知道该怎么做,这样,他自然会早起,不在路上逗留,按时到校,不再迟到了。

三是要给予学生自省与自我拔高的机会。在教育实践活动中,我们往往都有这样一种困惑,学生什么道理都懂,可就是难以形成良好的行为规范。世界上的任何学生,他们都希望得到一个美好的明天。如果说孩子成为了"刺儿头",笔者想说,这几乎就是我们教育者的责任,更多的时候是我们给逼的。每当学生犯错之后,承认起错误来十分及时,说起"保证"来头头是道,可离开办公室或老师的视线就一犯再犯,用老师们的行话来说,这样的学生已成了"老油条"。针对这种情况,教师需要给予学生经历错误,反省自我的时间和机会,真正让学生从内心认识到自己的错误,这样才不会犯同样的错误。其实,人就是在不断经历错误中成长的,如果经历一次错误就能从中汲取经验,这何尝不也是一种锻炼呢?所以,在教育中,最重要的是,我们要引导孩子从错误中汲取前进的正能量,让自己向更深处漫溯。

第三节　重启班级新秩序

一个强大的班级,必定有很多强大的理由。在这里,我们想抓住班级最初的发展进行论述,至于后面的强大发展,一种不可预见性的东西,那就只能靠一步一步地向前冲。

在论述本小节前,笔者再次抛出优秀不可复制的观点。事实也是这样,笔者几乎还没有看到一所学校、一个班级甚至某一个人,因为复制,走同样的轨迹而成为第二个优秀者。但这并不妨碍我们的研究,因为我们发现教育中的诸多改革,包括班级管理,优秀的起点就在于勇于打破传统的秩序,而后构建新的秩序,最终走向优秀。

1. 开启教育实验

班级秩序和企业工厂以效率为核心的秩序大不相同。教育秩序分为两种,一种是相对保守的秩序,一种是开放的秩序。虽然两种秩序都以学生发展为目的,但是它导致的管理方式与结果却有很大的不同。

长期以来,我们发现,只要观察者胸中植入了秩序的理念,便会将班级很自然地分成传统型和创新型两大类。虽然,两大类型的班级运转的指挥权掌控在一个人手中,即班主任最终决定要将班级带向何方,但都能从不同班级学生的精神状态中读懂他在什么样的班级接受什么样的教育(只是学生并无太多选择意识,就只能像入梦一样而不醒)。

原规则:教育的最高理想是让学生因有特殊的生存空间而感到自豪。

秩序分两种,班级因此被分成两种。追根求源,最终导致两者不同的,全在于班主任老师留存于心中的理念。有的教师注重于执行,按部就班地执行源于教育行政的关于教育、教学的规定,有的教师除了执行,往往会结合不同时代的要求,结合源于教育行政的要求,大胆地调整教育、教学秩序,甚至给自我的管理方法命名为"改革",给承揽的班级更名为"实验"班。教育本是比较严谨的事业,现实就是这样,谁又看到多少个因为教育改革而导致失败的,谁又看到因为被称为实验班而让教育效果不理想的?那些老套的管理方法,往往不能铸就出优秀的班级。

优秀有优秀的缘由。教育本身就是一项新的实验,如若真要像工厂一样一成不变地向前推进,结果就只能是落伍,甚至被淘汰出局。笔者非常赞同班主任管理班集体时,能像做一项新的试验那样严谨,能将那些老套的、陈腐的东西抛弃,而将最适合孩子们发展的东西纳入班级场所,给管理注入像血液一样的推动剂。在观察中我们发现,无数的孩子都向往着通过实验提升自我的竞争能力,都愿意接受新的实验秩序提出的要求的挑战,愿意从选择班级的那一刻起在大脑里便建立一种新的概念——他已经进入一个特殊的班级,从而对自我有更特别的要求。这样的实验,实质是更符合教育规律,因为学生的教育靠的是他自己,特别优秀的学生往往不是教师所教的结果,相反,差生往往是我们班主任教育的结果。

大家可能熟知这样一个现象：一个最差的班级，最终安排了一个有一定经验的班主任。这个班主任带了几年后，其班级从当初的倒数进入前列（当然，这里评比更多的是考试成绩）。显然，这里一定有不可否定的管理经验，甚至被他人称作绝招的东西。

我们的教育需要揭秘，需要打破保守。我们在本小节中的论述，近乎就是对班主任良好管理经验的揭秘。因为所有优秀班级都在从建立教育新秩序开始引领学生，其目的就在于给学生的成长以自信，让孩子能自觉地进入上进状态。建立新的教育秩序，做足教育改革之功，这并不是一件很困难的事，任何班主任都可以去做，然而，现实却并不是那么的理想。因为很多班主任的管理思想还很保守，他们大脑里几乎没有建立带有倾向性的理念，又怎么能把普通的孩子教育成优秀的人才，把教育资源相对贫乏的班级带向优秀呢？

➡ 案例1—5

罗森塔尔效应：满怀期望的激励

1963 年，罗森塔尔和福德告诉学生实验者，用来进行迷津实验的老鼠来自不同的种系：聪明鼠和笨拙鼠。实际上，老鼠来自同一种群。但是，实验结果却得出了聪明鼠比笨拙鼠犯的错误更少的结论，而且这种差异具有统计显著性。对学生实验者测试老鼠时的行为进行观察，并没发现欺骗或做了其他使结果歪曲的事情。似乎可以推断，拿到聪明鼠的学生比那些拿到笨拙鼠的不幸学生更能鼓励老鼠去通过迷宫。也许这影响了实验的结果，因为实验者对待两组老鼠的方式不同。

"罗森塔尔效应"产生于美国著名心理学家罗森塔尔的一次有名的实验中：他和助手来到一所小学，声称要进行一个"未来发展趋势测验"，并煞有介事地以赞赏的口吻，将一份"最有发展前途者"的名单交给了校长和相关教师，叮嘱他们务必要保密，以免影响实验的正确性。其实他撒了一个"权威性谎言"，因为名单上的学生根本就是随机挑选出来的。8 个月后，奇迹出现了，凡是上了名单的学生，个个成绩都有了较大的进步，且各方面都很优秀。

显然，罗森塔尔的"权威性谎言"发生了作用，因为这个谎言对教师产生了积极的暗示，左右了教师对名单上学生的能力的评价；而教师又将自己的这一心理活动通过情绪、语言和行为传染给了学生，使他们强烈地感受到来自教师的热爱和期望，变得更加自尊、自信和自强，从而使各方面得到了异乎寻常的进步。

你有过这样的经历吗？本来穿了一件自认为是很漂亮的衣服去上班，当第一个同事说不好看的时候，你可能还觉得只是她的个人看法，但是说的人多了，你就慢慢开始怀疑自己的判断力和审美眼光了，于是你回家做的第一件事情就是把衣服换下来，并且决定再也不穿它上班了。

其实，这只是心理暗示在起作用。暗示在本质上，是人的情感和观念，会不同程度地受到别人下意识的影响。我们的班级管理也是如此,我们多年来从事的教育秩序研究更大的作用就在于,能让积极的心理暗示产生作用,特别是对于构建一个强大的优秀班集体的暗示。

罗森塔尔效应对被期待者应该说具有积极的意义,特别是对那些所谓的"差班"更具有特殊的意义,因为在学校里总有那么一些教师或校长,在他们眼中,可造之才总是那些成绩最优秀的学生,甚至只是几个尖子,而那些成绩平平的学生只能"广种薄收",至于那些成绩不佳的"差班"更是"朽木不可雕也"。其实,即使是常人,如果受到教师的期待、关心、帮助、爱护,他也会得到发展,会向着教师期待的方向变化。在笔者看来,赋予自信心是最基础的办法,最有效的办法就是建立新的班级秩序,让大家一块进入教育新实验。

自我教育的力量不仅是班级秩序的保证,也是人生秩序的保证,更是社会秩序的保证。班级秩序的重建,本质上不是为了管人,而是为了"育人"。当一个班级是由一群有自我教育能力的成员构成的时候,这样的班级必然具备着独特的班级秩序。秩序的重建更重要的是对每一个成员的培育,人们把班主任的工作统称为"班级管理",其实是窄化了班主任的工作内涵。班主任最重要的工作在于育人,在于让学生学会自己教育自己。班主任应该提供更多的机会让学生去体验,去实践,培养责任心,锻炼应变力,教育自我,学会自律。

行动指南
XING DONG ZHI NAN

自我教育本应是每个人都应该具备的技能,但现实生活中不要说学生,就是许多成年人都缺乏这一课。给予学生自我教育的场所和机会,这是我们每一个班主任应尽的责任。为此,我们提出以下几个建议:

一是让每个学生都能从班级环境中得到积极暗示。我们的班主任在打造新的班集体时,特别应注重四个社会教育心理机制的引用:气氛,即让学生知道进入一个特殊的班级,因为对教师高度的期望而产生了一种温暖的、关心的、情感上支持所造成的良好气氛;反馈,即教师对寄予期望的学生,给予更多的鼓励和赞扬;输入,即教师向学生表明对他们抱有高度的期望,教师指导他的学生,对学生提出的问题给予启发性的回答,并提供极有帮助的知识材料;鼓励,即对于所期望的学生,教师总是给予各种各样的鼓励,引导他们不断朝期待的方向发展。只有这样,学生才会不断为自己制订出超越自我的目标,才会获得不断努力与上进的力量。

二是班主任必须构建自己期待型的管理理念。教育秩序改变或开启教育实验,而之前最需要的是从提升自我的教育理念开始。当然,在教育管理中,同时需要构建其它一些东西。诸如:期待者的威信。一般而言,期待者威信越高,越容易产生好的推动作用。一般来说,期待结果估量后自认为实现可能性较大,而且这种期待结果对自己又有意义,那么,罗森塔尔效应产生的可能性就很大。这一效应往往是按"憧憬—期待—行动—感应—接受—外化"这一机制产生的。

开启教育实验,探索引领全体学生积极向上的新举措、新策略,那么,我们的学生就因我们管理方法得当而优秀。相反,我们的学生会因我们的保守而失去进取的信心。我们的教育需要开放,反对保守。如若能做到"苟日新,日日新,又日新",其"新"又顺应和适应学生的成长需要,这样才能将孩子们带向美好的明天。

2.让教育回归生活

> 上辈子当班主任,一直都在努力地做聪明人,也做了很长时间的聪明人,下辈子不再打算做聪明人。
>
> ——题记

越活越累,需要的是找到解决的办法。提及长时间做班主任工作,不免想到安全感。构建班级管理新秩序,最终要回到对职业保护这一敏感的话题上来,因为当下为师的人越来越对从事班主任工作的安全担忧。人的生存是最重要的,体现自我的价值也是必需的,为了给自我增添保护色,难免要思考着如何给安全感,诸如从更多的教育行为中体现出谨小慎微,就算是定制了新的秩序,那些更多的解释也只能是具有保护自我的一些东西,一定少有改革与开放的内涵,少有超越自我的举措。

做班主任工作需指向于有作为,抱残守缺是永远没有出路的。在我们看来,太阳每天都是新的,我们的班主任管理也必须每天都是新的。为了不让自我依旧束缚在昨天的阴影里,最好的办法就是能正确地面对今天,给今天一个全新的回归。当然,此种回归只能是对教育生活的回归,是让自我促使一切都理所当然,一切都顺其自然,一切都天然巧成。也就是说,全面理解"教育即生活,生活即教育"的全部真谛,并用教育实践为之开道。

原规则:教育与生活的距离拉得越近,越能体悟教育所致的幸福。

让班级管理融入自我的生活,也正如前面小节中所述的那样,哪有那么多的理性和秩序,它其实是很现实的。可能笔者有些批判似乎就像在揭老底一样,我们无数的班主任本是一个绝顶聪明的人,在班级管理中一切精力的投入都精打细算,可到最后发现高投入的结果是低产出时,会导致管理信心全无。其实,我们如果真投入教育生活,就不会管那么多的计算法则,而往往这样,我们的产出却最高。

回归教育生活。班级往往就是一艘船,船长自然就是班主任。这艘船将驶向何方,最终得看班主任如何掌舵。在笔者看来,生存依然是回归教育生活的第一大事,需要指出的是,我们的班主任必须革新以前的理念,比如调整理性与知识作为第一重要的理念,如果不作调整,其结果仿佛就会像当下无数的开车一族,随着年龄的增长,行驶的速度一定会越来越慢,甚至会产生一种莫名的恐慌。生存的第一性,更多的具有丰富性和意义性,如果真能在教育教学之中实现回归,也许到最后哪怕是督促学生学习,哪怕是没有休息时间,却依然能与学生一块深入社会体验。可以肯定地说,一改那种枯燥的方式,更能从教育管理中体验到无尽的快乐与幸福。

现象纪实
XIAN XIANG JI SHI

现实往往就是这样,很多班主任总感到没有快乐。如若没有改变现状的想法和行动,一味地当苦行僧,那只能会给班级管理抹黑。这其中的原因就在于,我们无数的教师当班主任后,没有找到给予幸福的法子(或是理由),不会将管理与教育引入自我的诗意生活。

不知大家发现没有,只要我们的班主任热衷于将管理与生活相融合,便会增添更多留给自己永远不能忘记的故事,最终让自己感受到幸福。其实,管理班级远远不只是日常管理的那些事,也不只有在校园里的那些事,班级与校园里的事都可以与生活相连,因为教育与生活相连之后更有无比广阔的开发空间,幸福也就有了更多的理由。

在笔者看来,作班主任,一定得是一个懂生活的人,一定得是一个会从生活中找乐子的人,一定得是一个善于发现生活之美的人。这一切,实际就是笔者在本小节中所倡导的让教育回归生活的最核心的理念,这也是笔者所理解的一种给班级管理带来生机的新秩序。

班主任如果不会生活,他的教育轨迹只能是让生活与教育的距离越来越远。笔者更是赞同,教育外的才是真正的生活,如若让教育等同于生活,教育幸福源泉的闸门就一定会打开。

➡ 案例1-6

何必一定要有"教育意义"

我喜欢和学生一起到大自然的怀抱里嬉戏玩耍。

最初,我这样做并没有想到要有什么"教育意义",而纯粹是出于自己爱玩的天性。记得当年我利用寒暑假带着学生去玩儿,近在郊区,远在省外,家长感动得不得了:"李老师对我们的孩子太好了! 这么辛苦这么累,牺牲这么多时间带我们的孩子去旅游! 谢谢您!"我总是说:"我才要感谢你们呢! 感谢你们把孩子交给我,让他们陪我玩儿!"

我对苏霍姆林斯基在《巴甫雷什中学》中的这一段叙述感到特别亲切:"每当学年一结束,我就跟孩子们一道去远足旅行,去田野、森林、河边旅行。跟孩子们一起在南方晴朗的星空下宿营,架锅煮饭,述说图书内容,讲传说和童话故事,这些对我来讲,是一种幸福。"在我的职业生涯中,这样的幸福也是源源不断的。回想从教以来,我最感到快乐的时候就是学生不把我当老师的时候:我曾与学生站在黄果树瀑布下面,让飞花溅玉的瀑水把我们浑身浇透;我曾与学生穿着铁钉鞋,冒着风雪手挽手登上冰雪世界峨眉之巅;我曾与学生在风雨中经过八个小时的攀登,饥寒交迫地进入瓦屋山原始森林……每一次,我和学生都油然而生风雨同舟之情,同时又感到无限幸福。这种幸福不只是我赐予学生的,也不单是学生奉献给我的,它是我们共同创造、平等分享的。几十年来,我的学生就是这样给我以少年的欢乐和青春的激情。

……

不用刻意去追求什么外在的"教育意义",因为大自然本来就蕴涵着丰富的教育意义的:"我竭力要做到的是,让孩子们在没有打开书本去按音节读第一个词之前,先读几页世界上最美妙的书——大自然这本书。……到田野、到公园去吧,要从源泉中汲取思想,那溶有生命活力的水会使你的学生成为聪慧的探索者,成为寻求真知、勤于治学的人,成为诗人。我千百次地说,缺少了诗意和美感的涌动,孩子就不可能得到充分的智力发展。儿童思想的本性就要求有诗的创作。美与活跃的思想犹如阳光与花朵一般,是有机联系在一起的。诗的创作始于目睹美。大自然的美能锐化知觉,激发创造性思维,使言语成为个人体验所充实。"(苏霍姆林斯基:《我把整个心灵献给孩子》)

……

完整的学校教育,既应该有一些目的性甚至时效性很强的户外教育行为,比如类似中央电视台崔永元搞的"重走长征路"——这也是必不可少的,也应该有一些似乎没什么"教育因素"的野外活动。我说"似乎没有",其实还是有的,只不过这些"教育因素"很隐蔽很自然,潜移默化,润物无声。因为无论是小桥流水的幽雅情趣还是大江东去的磅礴气势,无论是朝阳初升时小草上的一颗露珠还是暮色降临时原野的一缕炊烟,都能使我和我的学生深切地感受到:"我们都是大自然的婴儿,卧在宇宙的摇篮里。"

(选自李镇西 2012 年 11 月 8 日博文)

案例解读
AN LI JIE DU

何必一定要有"教育意义",生命本身就有生命的意义。在班级管理中,如果能将教育回归生活,一定能从中找到无数给予快乐的点子。正如李镇西一样,他就是因为当班主任而找到了快乐,从而也找到了人生的价值。笔者近年来几乎每天都上李镇西的博客,在那里总能淘金,哪怕他现在当校长以后,因为依旧与学生走得近,让人能从那些博文中感受到他与学生亲近的精彩,让人能感悟到他徜徉于教育生活的快乐。我们知道,学生学习本来就是非常苦的事,如果我们的班主任不懂得教育生活之理念,为了管理的顺畅而给他们增添一些理性的束缚,其结果只能是给学生增添更大的压力,给原本美好的教育增添灰暗。说到底,这是"鸟笼式"教育的恶果,是远离生活的教育的悲哀。

笔者非常赞同李镇西"教育何必要有意义"的观点,正如他在博文中指出:我们不能把这种教育功能庸俗化。在这个问题上有的教育者有一种认识误区,即总是希望每一次野外活动都应有"教育意义"。似乎每一次外出,都要有一个"名分",比如不能叫"玩儿",而必须叫做"活动"——"综合实践活动""爱国主义教育活动""参观考察活动"等等。似乎叫"玩儿",就不那么光彩,不那么理直气壮。其实,我始终认为,不必将每次外出郊游都赋予什么"教育功能",也不用那么多的"精心设计",更不必贴上各种各样冠冕堂皇的教育标签。何必一定要有"教育意义"?从某种意义上说,对自然的接近、对自然美的感受,促视野的拓展,胸襟的开阔,就是教育。

西方哲学家胡塞尔认为,教育源于生活,然而人类在建构教育科学世界的过程中,偷偷地取代并遗忘了生活世界。生活世界被教育遗忘了,不仅带来教育科学的危机,也带来了人类文化的危机。为消除这种危机,他发出了"回到事情本身"的呐喊,并提出了"回归生活世界"的建设方案。

儿童进入学校成为学生,这本身也是儿童的一种生活方式,是儿童的完整的生命活动方式中的一种。这种学校生活的水平和质量如何,在一定意义上将决定学生生活的水平和质量,也会影响到学生在社会生活、家庭生活中的品质,进而影响到儿童未来的发展和成长。因此,班级作为培养人的活动场所,就是要为学生创设一种促进其素质不断生成、发展、提高和完善的学校生活。我们的班主任从生活的教育出发,对孩子的生长与教育给予关注,这才是一种减压的体现,这才是一种师生都愿意接受的方式。

行动指南
XING DONG ZHI NAN

儿童进入学校成为学生,本质上是要过一种更为有目的、有意义和有价值的学校生活。历史进入 21 世纪,教育与生活的关系问题已成为人们关注的焦点之一。为此我们建议:

一是要让教育从生活开始,与生命同行。我们现在的许多学校教育,一个很大的问题就在于没有充分尊重孩子们的生活和个体生命状态。事实上,如果我们的教育远离了孩子们的生活,没有充分考虑孩子们在教育过程中的生命状态,那么我们的教育注定是高耗低效的,而这样的教育势必导致引起加班补课等恶性教育行为的出现。我们的班主任在班级管理中,要大力倡导中小学生开展各种各样体育锻炼活动。毛主席在青年时代写过这么一段话:体者,载知识之车而寓道德之舍也。体强壮而后学问道德之进修勇而收效远。二十世纪五十年代,苏联小说《女拖拉机手》中有一段主人公的表白:"凡是沉重的,都能承担;凡是困难的,都能克服;凡是崇高的,都能达到。"引导孩子与生命同行,深信当体魄健全时,三个"凡是"几乎就已不再是拦路虎。

二是要从生活中提炼优质教育以培养完整的人。让教育回归生活的目的,就在于开启优质教育的大门。深圳市育新学校杨春良副校长认为:"优质教育就是要以完整的教育培养完整的人,完整的人应该具备健康的身体、健全的人格、完整的知识结构和适应能力。优质教育是尊重、理解与关爱的教育;适应个性的教育;回归生活、注重实践的教育;是以优秀的学校文化熏陶人的教育。"为此,我们在对班上的孩子进行思品教育时,应从注重道德实践和体验开始调整常规的教育教学方法,可以将教学内容从课堂搬到课外,从而建立比较完整的学生社区实践体系等,以开阔孩子们的视野,学得除课本知识以外的其它辅助知识。

三是要引导学生学会共同生活,学会和他人一起生活。人类既是生活中的交往对象,又是生活交往的主体,他们在生活中实现主体间的对话,产生智慧的碰撞,达到多元的"思想融合"。"所谓教育,不过是人对人的主体间灵魂交流的活动。"在班级管理中,师生之间通过对话与交流达到彼此间的理解,相互间的影响,学生对于知识的感悟更多的是源于师生交往中的沟通交流和对生活本身的体验与感受。没有交流,没有体验,学生的感受便是苍白的、肤浅的,他们对于生活的理解就只能停留在表面,停留在老师的说教中,难以达到情感的共鸣。因此,班级管理要致力于将"教育生活化"的思想融入到课堂教学中,渗透到校园文化里,使其"随风潜入夜,润物细无声"般地对学生产生潜移默化的影响。

第四节　把控致使卓越的秩序

近年来,笔者一直在思考人与人之间的差距为何会如此之大。抛开财富、权势、地位这些不谈,就"思想素养与能力之间的差距,办事效率与最终成果之间的差距,美好愿景与最终获得服务对象认可的差距"这三个方面，难免把人分成了三六九等。虽不以成败论英雄，一切也不能凭空而论，但唯有让其行事轨迹显山露水才能最终得以证明。论事业、论幸福、论人生，如若不是借助细碎的事实而揭露本质，笔者依旧以为一切都似乎是神秘难测的。

班主任之间的差距真有那么大吗？据本人观察，不考虑环境和资源优势，初涉讲台的教师，他们几乎处于同一起跑线，都从一张白纸开始描绘蓝图，彼此间的差距非常小，甚至可以忽略。班主任能力水平间的差距，之所以会随着教龄的增长而越来越大，其中最重要的原因就在于一个定位的问题。虽然不一定每个人都有那么多理性的定位，即从第一次接手一个班级就不会去想自己成为一个什么样的班主任，但是随着努力方向与内在追求的不同，自然便会将一群班主任分成了高下与伯仲。

在本小节，我们竭力倡导千万的教师要努力做卓越的班主任。我们认为，天下每一个人只要用心便可成，只要懂得成功之奥妙便能成。为此，我们将围绕"自我开发"与"品牌提升"这两个关键词展开牵引。

1. 勤于自我开发

这里曾是一片广袤而贫瘠的土地，而今，却变成了高楼林立、车水马龙的闹市，难得随着夜幕降临，随性地游走于长长的河堤之上，亭台楼阁，灯火辉煌，让人惬意而忘记自我。同样的一片天，因为时间延续的关系，无意间延展了思绪，改头换面。天地如此，万物亦是如此，人是这万物中的精灵，更应如此。搞好自身建设，大胆开发自我的资源，向着卓越的班主任迈进，谁又能对你的明天妄作估量？

可以肯定地说，开发自我管理班级的潜能，只能靠自我的积极与主动。开发自我，更多的时候需要有创新的思考，需要有打破常规的思维。一片土地的功能不只是让其生产农作物，立体开发的价值远远大过传统的用途。想要探讨致使卓越的点，在本人看来，离开了对自我人生的开发，几乎很难实现跨越式的发展。

原规则：发展自我，是成功管理班级或使自我幸福的第一要务。

许多教师之所以能成为优秀班主任，一个重要的原因就像读懂脚下这片土地一样，这其间需要有一个规划，需要一个从无到有的过程，需要一个走跨越式发展的过程，需要哪怕自我不懂但能顺应潮流的过程，能够接受新的理念，能按照设计师的描绘发展自我。

当一个卓越的班主任，当然必须有一些硬功，只不过需要指出的是，这里的卓越，更多的是一种追求、一种拼搏、一种努力和一种刻意的结果。如，诸多优秀班主任都因懂得策划，在自己的班级管理中策划了一轮又一轮活动，最终打通了一条走向优秀的坦途；也有一些班主任朋友，虽然自我力量单薄，但他们能借势加入一些优秀的班级管理研修团队，最终因其努力而出类拔萃；也有一些班主任朋友，十分注重对社区资源的利用，常带领班级与优秀专家、学者结对子，最终也闯出了一条新路……开发自我，没有放之四海而皆准的方法。每一位班主任朋友，都有自身的独特资源，有自己成功的方法，而这关键在于要善于开动自我的大脑，主动地去改造自我，给本没有什么的一张白纸涂上五彩缤纷的线条，展示出自己的管理之美，最终木秀于林。

现象纪实
XIAN XIANG JI SHI

卓越的班主任老师,其身上往往蕴涵着无与伦比的特质。诸如:

开发自我,往往需要有一些大的动作,绝对不是在原来破损的衣服上给予修复补丁。

开发自我,最初往往会是一种个人行为,哪怕是带领一个班级的学生整体向前,甚至是孤独地向前,在没被人理解前可能会被指定为一种罪状。

开发自我,需要的是精力与体力的投入,而不是哗众取宠,是要真正让人能看到新的效果,并最终成为人们争相效仿的对象。

……

只是,这样的教师太少。因为这样的教师,往往需要其有远大的理想作支撑,而且更能将其落实于具体的行动之中,开展一些创造性的实践活动。在现实中,面对现实而有些超前想法的人不少,有的可能裹足不前,而成功的教师往往因有勇气而毅然向前。

开发自我,更多的时候,也需要冒险,虽不像投资商那样需要大量的资金投入,但需要更多的感情投入。可以肯定地说,开发自我,感情投入时更多的时候可能因自己储备不足,往往也得如向银行借贷一样去赢得,不过,吃闭门羹却是常有的事。

自我开发,最初很难得到别人的理解,而其艰难别人自然更难理解。而当你成功时,就能得到别人的认可,你的周围也会聚集着一批崇拜者。只不过,无论处于什么样的境况,都必须坚持和坚守。因为如果没有经历自我开发的过程,最终将落伍为普通或平庸,这样,落幕时很难留下一丝云彩,而给自己留下更多的可能是痛苦,乃至后悔的人生。

➡ 案例1-7

常丽华:守住自己的教室

很多人了解常丽华,都是从"农历课程"开始的。以中国农历二十四节气为主线的特色课程——"在农历的天空下",打造了新教育实验"晨诵"项目最浪漫的篇章。这不是传统意义上的课程,而是一个以诗词为主的综合课程,以农历时间为线索,根据四季变化学习诗歌,同时配合国画、星象学、民间故事、古代文字流变、书法、考古、对联、民俗等内容,来全面呈现中国农历文化,演绎风花雪月的故事。

"诗词、仪式、体验、自然"成为农历课程的关键词。而除了农历课程外,常丽华的教室里还有很多"卓越课程"正在进行中。

●每个学期,我们只用三周左右的时间学习语文课本,其他时间都在课程的引领下进行经典阅读。两年的时间,课堂上共读了50多本书,学生的平均阅读量达到了400册(大部分是图画书)。二年级下学期,每个学生完成了200万字的阅读量,远远超过了同龄孩子。2010年7月和2011年3月,我的学生应邀参加中央电视台第二频道《对话》栏目和十二频道《小学生应该阅读哪些课外书》的讨论。

●每个星期,我都带孩子们出去观察大自然,我们称之为"思维课",让词语在思维课上醒过来。然后,我们做写绘作业,让孩子通过绘画语言来表达自己——这是一个孩子完整的生命表达。

●每天早晨，我们都在音乐和诗歌中开始一天的学习——在我们的晨诵课程中，每个孩子已经背诵了100首童谣和100多首儿童诗。等到三年级，我们就要开始浩浩荡荡的古诗词课程：在农历的天空下。我们将跟随着二十四节气，走进唐诗宋词，走进古老的中国文化中。这也是我带上一届孩子做得最成功的课程。而到了高段的儒道课程、泰戈尔课程，将会让这间教室的孩子，习得世界上最经典的语言。

●每个学期的旅行课程，也是孩子们最盼望和向往的。2010年国庆节，我们和家长、孩子一起去上海参观世博会。去之前，我们用一个月的时间，做了世博会的课程——我们熟知了很多馆的内容，了解了很多国家，给了孩子们另一双看世界的眼睛。

●我们教室有最隆重的庆典：每个孩子过生日时，我会精心选择一个暗含了他独特的生命气质的生日故事讲给他听——当然也讲给全班同学听。其次，我们还有每个学期的"语言艺术节"。我们要回顾整个学期走过的旅程，我会给每个孩子颁发"生命奖"，我们会上演全班同学参与的童话剧，结束一个学期的生活，也即将迎来下一个学期的生活。

●我们拥有一个全班同学参与的室内交响乐队。现在，这个乐队还很稚嫩，只能演奏简单的曲子。但两年之后，这个乐队，一定能创造一个了不起的奇迹。

……

案例解读
AN LI JIE DU

常丽华，新教育实验晨诵项目"在农历的天空下"课程主创人，2008年《中国教育报》"全国推动读书十大人物"、齐鲁名师、山东省优秀班主任……面对像常老师这样的卓越班主任，无数读者可能像多年前的笔者一样，除了爱慕，更多的是敬重。近年来，本人与名师接触较多，从中感受更深，也发现普通班主任与优秀班主任之间最大的区别就在于，一个总习惯顺其自然，像流水一样缓缓地向前；一个总是给予高于他人的目标，追求卓越，就像自行车环法大赛中的领旗人一样，习惯于跑在前面，领着后面的人向前跑。

何谓卓越？杰出、超出一般。对于一位班主任而言，找到自己的缺点和不足，从改进开始，往往能胜出。其实，每个人心中都隐藏着一头雄狮。"为自己跑起来"是动物世界永恒的生存法则。人类也正是通过这一法则而演化成为了人。让我们从今天开始，把"要我做"变成"我要做"，一切的驱动力来自内心的认知和改变的意愿。当我们真正愿意让生命更富有价值时，前进的原动力就会由此而生！

我们每天都需要在不同的舞台上——比如单位、家庭和社区等——进行各种各样的"表演"。然而，我们是否让自己的每一幕"演出"都精彩绝伦、高潮迭起，从而让"观众"一而再、再而三地用掌声和欢呼声来要求我们"返场"呢？做一位好的班主任，何尝不是这样！

马克·桑布恩认为：无论拥有什么样的性格，也无论拥有什么样的弱点和长处，每个人都能够一次又一次地创造出卓越的"表演"。在《这是你的舞台：如何从平凡走向卓越》中，桑布恩通过自己的亲身经历以及他所熟知的其他人的成功经验，向我们讲授了如何培养那些卓越的"表演者"所具有的品质，以及如何在人生的各个方面取得突出的成就。其中的秘诀就存在于如下的五个阶段——激情：卓越"表演"的加油站；准备：卓越"表演"的开端；练习:通往卓越的唯一途径;表演:如何去吸引你的"观众";精益求精:为你的"表演"增光添彩。我们深信,无论我们的"舞台"在哪儿,只要我们真能合理地开发自我,我们都将在班主任工作中出类拔萃。

行动指南
XING DONG ZHI NAN

什么造就了泰格·伍兹的杰出技能? 是什么造就了沃伦·巴菲特的投资天分? 无数的研究发现,并非是天赋,而是由于长期持续的、有目的的专注的训练和实践,造就了他们的杰出才能。我们每一位班主任都有成为卓越的可能,关键就在于勤、勇于于开发自我潜能。

一是要有勇于做一个周期开发的准备。班主任能力的提升,往往需要借助班级文化进行,诸如窦桂梅,她当初至少立足于班级做了六年的实验。在每一个领域中,没有努力就没有成功,绝大多数大家在成功前都需要至少十年的努力,以至于被称之为"十年法则"。有些研究者认为,十年并不是平均值而是最小值,在许多行业如音乐和文学领域,卓越者往往要有二三十年的努力才能达到他们的高峰,但在班级管理的提升中,笔者以为至少要有 3 – 6 年沉得下心来的投入才行。当然,这还需要有我们能调动自我潜意识的力量。运用潜意识的第一个方法,就是不断地想象,改变自我内在的一个影像和图片;第二个方法,也就是要不断地自我暗示,或是所谓的自我确认。影响一个人潜意识最重要的关键点,就是要不断地重复,再一次不断地重复,大量地重复,随时随地不断地确认你的目标,不断地想着你的目标,不断地前行,那么,你的目标终究会实现的。

二是要找到属于自我的开发点。一位卓越的班主任往往都有属于自我的天空,模仿他人,几乎达不到一个好的效果。事实也是这样,无数卓越的班主任让无数人去模仿,但真正有几个成为了第二呢? 在自己的成长过程中,只要善于发现,一般都能找到属于自己的开发点,或突破点,当努力开拓而见到精彩时,那便是成功了。只是对常人来讲,如此不断地要求进步、永不停步,是不堪承受之重,这也是为什么杰出者总是少之又少的原因。人们习惯于将自己并不具有某方面的天赋当作放松的借口——当然这也是将杰出者的成功归因于他们的天赋——这显然是一个错误的理由。科学家也搞不清楚为什么有一些人就是有这样的内在动力去持续地追求卓越,但他们能用无数的案例证明,在大多数的领域中,如果抓住一个点,持续地追求,就能走向卓越。

三是要改变自我的心像。心理学最伟大的发现之一,就是可以藉由自己的不断想象,而成为自己理想中的人物。想要做一个优秀的班主任,你必须想象自己是一个非常成功的人,非常富有的人,非常积极的人,非常热情的人,非常有动力的人,你必须每天不断地花一些时间,想象自己成功的景象。你必须想象自己是一个天生的优秀的教师。不断想象每一年你要达成的目标,不断具体地一次又一次于睡梦中输入潜意识。班主任朋友们,你不妨今天就把你的目标,用适当的图片描绘出来,把它剪下,贴起来,每天进行想象,这样,它早晚会灌输到你的潜意识里面,来改变你自己。

2.借势打造品牌

> 人与人之间真没有太多的差距,如果真要说有,那就是借势。就因为一种气场的认定,最终被认定为优劣,也就是说因为太多人为的因素,将人的价值分出了大小。
>
> ——题记

为什么有的班主任能得到同行、学校、家长、社会的认可,而有的就不能呢?也许有人会说是因为人格不同、魅力不同,总之是留存给他人的印象不同。教育是一种"生命在场"的事业,班主任留给同行、学校、家长、社会,尤其是学生的印象无疑具备极其重要的教育意义,可以说这种由人格魅力和个人涵养所散发出来的外在印象,就是班主任的"个人品牌"。

有人说,魏书生的班级之所以能做到班主任出差多日,班级学生依旧能够做到有序学习,魏书生的个人魅力起到了很大作用。其实,这就是"品牌"的价值,一个有人格魅力的班主任要善于借势发展以提升自我素养,这样方才可能真正让自我形象得以提升。这种魅力原本可以出现在每一个有教育信仰的班主任身上,只不过对于每一个需要发展的班主任来说,必须清醒自我的努力方向,真正地走内涵发展之路,这样才可能最后外显而被认可,逐渐成为"品牌"。

原规则:有人格魅力的班主任,易建立一个有序的班级。

同样一条河流,以前就是一条人见人骂的臭水沟,现今变成了人见人爱的好去处,就因为环境的综合整治,水变清了,河床的淤泥被清走,沿河休憩,河堤加长廊,花园加休养设备。班主任也一样,要得到认可,肯定需要很多实质性的变化。一句话,借势,虽然原本是别人的认定或势头,但可以将这种认可积蓄和提升成为一种品牌。所谓借势,其实最终借的是自己良好的发展势头。

谈借势,可能笔者更多地指向自我的智慧行动。因为卓越的班主任,更会引得众人的慕名。人的成长中需要有人认可,这是增强自信心的一种需要。特别是他人在行动或语言上的认定,成为他人心中牢固的"印象"和"信赖感",更会让自我的管理之路走得更远和更顺。

现象纪实
XIAN XIANG JI SHI

拿什么获得他人的认可呢?人格魅力!其实,在现实中,90%以上的班主任的人格魅力都不会低于他人,可最终依然被认定为有高有低,其原因就在于自身的素养外露所致。

同样是习武之人,却出现最明显的两个类型。一部分人几乎就只是武者,除了练得一身武技便再无其他;另一部分人在成就武技的同时,又在研习文化,更在思考发展与提升的问题。我们的班主任也是如此,研习班级管理技巧墨守成规的是一个类型,而另有一少部分人还同时在研究班级文化的传承和塑造带有生命力的班级。

为什么两个不同类型的班主任会得到不同的认定?借势与没有借势所致。关注自身班级建设的班主任,几乎是无人知晓,而那少许关注文化与传承的,他们的路径不只在于自修,更在于引导他人也踏上同一条路。就像前面所指的自然界一样,哪怕同一条河流,以前只有泄洪的作用,后面借势建立梯级大坝,干河沟变成美丽的湖,绕城而过,最终便成了一道亮丽的风景。

班主任朋友们,你们自身的功能是什么?难道只有班级日常管理?

➡ 案例1-8

夏昆:窗边的守望者

夏昆自封为"国子监四门博士",因为他除了教主课语文以外,还给学生开设"诗歌鉴赏"、"音乐鉴赏"、"电影鉴赏"三门课。从 1998 年开设这三门课到现在,已经有 14 年了。他说:"当毕业以后的学生回忆高中生活的时候,能够想起那么多美丽和温馨的瞬间,那就是我最大的成功。"

阅读《二十四史》

刚到西昌的那所子弟校时,一位同事给全校所有语文老师整了一份"江湖排名",夏昆名列倒数第二。他自嘲自己是一个无水平、无资本、无成绩的"三无"老师,最迫切的愿望就是能够在短时间内迅速提高自己的教学水平,也就是提高学生的考试分数。更期望的是老教师能够把自己的绝世秘籍毫无保留地传授给自己。

就在这时,他结识了何瑞基—— 一位极具传奇色彩的老教师。

到何瑞基家登门拜访时,夏昆提出的第一个问题就是:"要把书教好,有什么捷径吗?"

何瑞基的一句话让夏昆有如醍醐灌顶,同时又愧不可当:"有什么捷径? 唯一的捷径就是读书!"何瑞基告诉夏昆,他自己是初中毕业,如今却成为了全校最受敬重的老师。"为什么? 因为我读书而他们不读!"老先生表现出与他的年纪不相称的激动。

"那我应该看什么书呢?"夏昆接着问。何瑞基盯着他看了半天,几乎是一字一顿地说:"你应该看《二十四史》。"

《二十四史》共 3249 卷,4000 万字。一个语文老师,为什么要花这么大精力去看历史著作? 何瑞基说:"任何知识都是有根的。文史不分家,很多文学知识其实就植根于历史中。"

从 1998 年开始,夏昆给自己定的目标是每天至少看一卷。到 2000 年,夏昆已经读完了《史记》、《汉书》、《后汉书》、《三国志》、《晋书》、《北史》,开始读《南史》。这个时候,他已经读坏了 3 套光盘。

2005 年开始读《宋史》时,他已经明显感觉到以前散乱的知识凭借着历史的线被串在了一起。历史像一棵根深叶茂的大树,所有的语文知识都能在这棵树上找到自己合适的位置,不再是孤立静止的一个点。

夏昆说:"读史让我找到了语文的根。"

14 年来,夏昆陆陆续续写下了十余万字的读史笔记,结集成书,定名为《一本不正经》。

读史更使夏昆在另一个爱好——诗词上有了本质性的突破。2008 年,夏昆出版了第一本专著《唐诗的江山》,以唐诗发展的轨迹为线索,对唐诗进行知识性解读。紧接着,他又写了一本《宋词的家园》,目前正准备出版。

打开窗户

1997 年,夏昆第一次当班主任时,遇到了令他最头痛的一个班——学生无心向学,老师的任何教育和苦心都是无力的——那简直是一场噩梦。把这个班送出高中大门后,夏昆不禁思考一个问题:究竟是什么把这些原本天真可爱、对未来充满了憧憬的孩子变成现在这个样子?

夏昆发现,老师、家长们有意无意地将学生的生活空间压缩得很小,压缩到只剩下学习这一件事情。只要学习好,啥事都可以不管,结果教出一大批小少爷、小公主,长大就成了啃老族。他说:"教育的本质应该是打开,而不是缩小。"

除了课堂知识,我们还能、还应该给学生点儿什么?夏昆决定"开窗"。

夏昆接到了一个新的高一,带着上一届的伤痛和疑惑,他制订了一张特殊的课表。课表一共有三个主要内容:诗歌鉴赏课、音乐鉴赏课、电影鉴赏课,都安排在早读或者自习课时间。

这三件事中最早做的是诗歌鉴赏。当时,夏昆的出发点很功利:希望学生们能够自己下去查找一些诗词,多积累一些,以此作为课堂教学的补充。

……

于是,诗歌鉴赏课演变成了"百家讲坛"。

在实践中,夏昆的思绪越飘越远:这样的活动固然能为高考的诗歌鉴赏以及作文做准备,但鉴赏的意义难道仅止于此吗?人生如果有美的东西相伴,不管是音乐还是诗歌,是绘画还是舞蹈,人生都会因此而更精彩。

在这种想法的支配下,夏昆开设了第二门"选修课":音乐鉴赏。

夏昆仍旧很"贪心",到高二的时候,又增加了电影鉴赏课。他认为一部好电影不亚于一本好书,好的电影能够改变人的一生,而要鉴赏一部好电影,同样需要有较高的审美水准和相关知识。

（节选自《中国教育报》人物栏目）

案例解读
AN LI JIE DU

钱理群称赞夏昆和他的朋友们是一群极具教育活力、创造力的、"永远都走在路上"的教育行动者。"他们把自己的教育信念、理念化做日常教育伦理和实践,又反过来用实践的成功,来证明、发展自己的教育信念和理念,在现行体制下撕开一个裂口,为实现自己的教育理想和孩子们的健康发展寻找一个空间。"这些无疑已经成为夏昆品牌的经典解说词。

夏昆在借势打造自身品牌方面到底有哪些值得班主任朋友们借鉴呢?夏昆曾在张文质的著作里看到让他醍醐灌顶的四个字——"生命在场"。事实上,这一切"反教育"的理论和行动都是在"热爱教育"的名义下进行。这让夏昆对"热爱教育"抱有一种谨慎的态度。

夏昆一直极力张扬他对学生的热爱,对生活的热爱,对艺术的热爱。就是这三个方面,让他觉得教育尽管令人感到悲观,但是依然充满欢乐。向学生播撒阳光,自己心中必须有阳光;为学生打开窗户,自己的窗户必须是打开的。夏昆兴趣广泛,文学、诗歌、电影、写作、音乐都是他的最爱。廖桂昭甚至称他为"全能冠军",在多个方面都具有天才型的禀赋。何谓优秀教师?教科书上的经典解释是:能不能为学生个性的发展提供充分的机会和良好的氛围,是区别普通教师和优秀教师的真正标志。

大师级班主任,他们走自我的路,开发自我的天空,最终让他们以独特的风景方式而呈现于大众。诸如,因班主任的性格不同,不同班级的性格将有所不同。像夏昆一样做老师,他从打造自我开始,学习《二十四史》,这种力量不是一种权力的外化,而是一种魅力的展现,它不是强求而是影响,不是制度而是感化,不是规范而是自律,这正是无数班主任朋友所缺乏的东西。

总之,自我独立于森林,让人敬佩你,信赖你,你必须得像大树一样有威信,为此你必须去找到你成长的天空,找到一个你立足的大地。

行动指南
XING DONG ZHI NAN

卓越的班主任,全靠自我的借势发展,才能铸成一个人的学识、能力、性情、品德修养等综合素质,最终成为"品牌"。

一是要在博学中积蓄自身的涵养。马卡连柯说过,"假如你的工作、学习和成绩都非常出色,那么你尽管放心,他们会站在你的一边;假如你处处都可以看出你不通业务,假如你所做出来的成绩都是废品和一场空……那么除了蔑视以外,你永远不配得到什么。"学生亲而近之,这就成了强有力的教育手段。我们拿什么让学生信服?唯有多学,成为"杂烩教师",才能掌握管理学生的主动权;唯有多学,头脑中才有知识的"源头活水",才能在班级管理中开创新天地。当然,我们所学的一定是有用的知识,而不能是所学还没有投入应用,就已经成为陈腐的东西。

二是要在力行中放大自己的价值。乌申斯基说:"教师个人的范例,对学生的心灵是任何东西都不能代替的最有用的阳光。"学生对老师有一种特殊的信任和依赖情感,班主任自身素质、道德修养,客观上就是班级群体乃至班级中每一个生命个体的楷模。因此,我们在教育教学中,最好的办法是,通过自我的提升,能将所学用于自我的教学。就像夏昆老师那样,他的成功,除了苦练,更在于他能将所学用于他的教育与管理之中,且行且思,且思且行,多年率先示范,潜移默化地影响和激励学生,让自我价值不断体现。

三是要在扬长中彰显自我的特色。一个班主任不可能是无所不能的,但必须要有意识地培养兴趣,拓展爱好,提高素养,适时地展示一下自己的"特长",这对树立班主任的威信、增强班主任人格魅力是必不可少的。有些学生甚至会以班主任为榜样,产生或强化自己在某方面的兴趣,成为自己的"专长"。在发展自我的特长中,扬长发展是关键。学生需要全面发展,但教师与学生不同,走向优秀只能是发展"长板"。值得注意的是,"木桶理论"的"短板"思想,我们切不可再将其作为班主任自我发展的唯一依据。每天辛苦繁忙的朋友们,一个人只要发展方向走对了,"短板"又能影响到你什么呢?

规则：班级秩序的原点

规则是什么？美！

无数的班级因规则而美，一种秩序之美，一种发展之美，一种文化之美，一种成熟之美！

无数的班级因规则而美，一种和谐之美，一种自然之美，一种社会之美，一种创造之美！

（一）

班主任朋友们，不知您发现没有，人类的社会史，实际就是一部规则史，有其产生、发展、繁荣、消亡的过程。

班主任朋友们，不知您想到没有，一所学校的班级史，实质也是一部规则史，也有其产生、发展、繁荣、消亡的过程。

一个班级与社会有诸多相似之处，它其实就相当于一个小型的社会。我们倡导打造班级从研究规则开始，也可以说是班主任最具有智慧的行动。为此，在本书的第二讲，我们关注规则，真希望您能在大脑里再次构建规则与秩序这两个富有内涵的词语。

（二）

一个班级的产生以及消亡，可能将其理解成使命更符合其本质。在我们的研究中，更加注重班级管理中的过程，特别是规则构建的过程。值得先给大家提示的是，无数班级规则的制订，几乎都还处于一个无序的状态，有的甚至将班级管理规则与学校管理规则（校规）混淆，这也是我们重新思考和论述规则的理由。

（三）

班主任朋友们，不知您发现没有，一个优秀的班级，规则仿佛就像一条轨道，让一切顺利向前。其实，在我们看来，规则几乎就是班级秩序构建的起始点、基准点。我们论述规则与班主任之间的关系，就形象地把班主任比喻成修路工一样，其轨道的修建无不是一项科学的、开放的而又艰苦的工作。

班集体是一个以儿童和青少年为发展主体的具有崇高的社会目标，以亲近社会的共同活动为中介、以民主平等与合作的人际关系为纽带，并促成其成员的个性得到发展的有高度凝聚力的共同体。为此，可以肯定地说，把守规则，订制规则，是所有班主任工作中，最重要的一项事务。

（四）

班级管理体系的制订和实施，需要我们更多科学、民主的知识储备。它源于班级的奋斗目标，是师生共同愿景的具体化；它切合学生实际，尊重学生的意见，是自主管理的民主化；它是公开的，众所周知的，是师生监督的平等化；它变要求为约定，是自我教育的主动化。这里借用哈佛校长亨利·邓斯特的一句话，那就是"让班规看守班级的一切，比让道德看守班级更完全有效"。所以,班规是班级管理的纽带,是建立班级秩序的最高层次,需要我们从无意识中走向专业发展的道路,需要我们孜孜以求。

（五）

天津市杨村一中副校长、德育特级教师周玉波说:"班级,是一个群体。群体,首先是秩序,然后是发展。秩序也好,发展也罢,要达到这个目标就必须要有一种公约力。而班规就具有这样的公约力。"当下,我们围绕规则,需要做的事非常之多。诸如制订和实施一整套行之有效的班级管理体系目标,让学生参与讨论;班级制度,让学生参与制订;班级"大事",让学生参与谋断;班级管理,让学生参与实施……

第一节　源于班级奋斗目标

教育是什么? 教育是一种心灵的唤醒,是一种思想的碰撞,是一种行动的引领。

班级是什么? 是师生精神的家园,是师生幸福的港湾,是师生成长的摇篮。

实践证明,良好的班集体始终激励着学生不断进取,健康成长。当班级有了统一的奋斗目标,有了共同的班级愿景,有了坚定的班级信念,心就会往一块儿想,劲儿就会往一处使,这样,就一定会把班集体打造成为人人拥有、人人热爱的心灵家园、精神港湾。

只有一个足够优秀的班级才会让学生更多地去热爱它;相反,如果学生不能投入自己的热情去建立自己的班级,它又如何能变得优秀? 这样的一个逻辑就意味着一个链条的连接环捏在了班主任的手上,他必须为学生不断地注入原初的动力。因此,教师必须给学生画一个他们喜爱的饼,这个饼不是别的,而是师生共同的愿景;教师还必须让师生的力往一块使,也就是能与学生一起建立一种大家一致认同并值得每个人为之奋斗的班规。

1. 建立共同愿景

班级规则不是一条绳索,将学生牢牢绑定。那种表面上让学生服从老师的要求,却违背了生命的本意。如此的规则只是意味着束缚,而不是学生的发展。既然规则是属于学生的规则,我们就必须重新认识班级规则的人性本质,回归到全部学生的生命本意——共同的愿景上来。

实际上,保证学生进入合理秩序的不是规则,而是规则背后的共同愿景。学生最大的需要是成功与发展,一旦规则与这两点关系不大的时候,这样的规则就只是一纸空文。班级共同愿景是引领班级全体学生共同成长的意愿,是指引学生成人成才的动力和方向,是全班同学为之奋斗的美好憧憬,是概括了班级未来目标、使命及核心价值,存在于全体同学脑海中的清晰、持久、独特的奋斗精神。写上一纸空文的规定并不难,难的是要能找到全体师生的共同愿景,这几乎就触及班级秩序重建的核心部位。

原规则:任何一条规则只有具体化为师生的共同愿景,学生才会认可并遵守。

我国教育家叶澜教授曾指出:"把班级还给学生,让班级充满成长的气息;把创造还给学生,把精神生命的主动权还给学生,让学校充满勃勃生机。"把班级还给学生并不意味着班主任撒手不管,做甩手掌柜。要实现"让每一个孩子都成功"的共同愿景,要达到"人人尽其材,个个尽其用",有赖于教师耐心细致地引导,更有待于教师建立科学合理的管理制度,促进其良好行为习惯的养成。而共同制订的班规就是班主任管理班级的依据,是形成良好班风的保障,是保证学生认真学习、克服不良习惯,促进全面发展的有效手段。

好规则的出台,这实际上是对班主任工作能力的考量。作为班主任,我们不要把自己的意志作为班规强加给学生,而要在民主和谐的氛围下与学生互动协商,达成共识,公布于众。如此这般,学生才会对班规有深刻地理解,才会唤醒内心深处的主人翁意识,并将班规内化于心并自觉执行,从而经历由班级管理到自我教育管理的目标。这,才是制订班规的最终目的。

现象纪实
XIAN XIANG JI SHI

"一切为了每一位学生的发展"作为新课程的核心理念已经深入人心。而班级管理同样也应达到这个目的。

规则,也有约束的本义,规则更多的则是保证。这里我想问问我们的班主任,一部班规的形成,除了条款的出台,是否已经融入了教育的愿景了呢?置于现实,无数班规似乎没有生命力,一个重要的原因就在于忘却融入共同的愿景。班主任在制订规则时,教育的愿景是其中不可忘却的元素,因为班规不像法律那样具有约束力,只有当其变成一种共同的自觉行为时,才会发挥更大的作用。

在现实的班级管理中,我们必须批判一种现象,那就是有不少的班主任已经把"规则"等同于"自己",仿佛班规就是班主任这一活脱脱的人。班集体是学生成长的重要园地,是学生生活的重要空间,是学生成长的重要载体,也是学生终身发展不可或缺的先决条件。作为班主任,我们应明白制订规则的目的,要具有等待花开的心态,创造性地利用班级资源,挖掘每一个孩子的潜能,赋予班级新的生命活力,让班集体成为学生健康成长的乐园,我们所做的一切方才可称其为有意义的行动。

案例2-1

规则等于坚守,让生命更美丽

2009年9月1日,张老师与三十一个孩子相识在一班,有10人120分以上,4人不足100分。

怎么办?是应付差事,还是创造奇迹?但报到时凝视家长们一双双期待的眼神,她决心拼了!

第二天,是新生开学的日子,张老师笑脸灿烂地站在讲台上,迎接上苍赐予她的三十一个孩子!没有彩排,没有序幕,她和三十一孩子的生命之旅在金子美玲的小诗《向着明亮那方》中起航了!

张老师总是把欣赏与期待的目光投向每一个孩子,与孩子们一起体验成长的甘苦:赵晓瑞晚上犯病,大便不通,张老师带她去医院,蹲在臭气熏天的公共厕所亲自把医生开的开塞路为她一瓶瓶挤进去；八年级上学期，学生自立能力逐渐增强，但"平安夜事件"和"生日聚会"敲响了警钟，于是召开主题班会《请为错误买单》，不是为了惩罚，而是让孩子们懂得什么是担当，什么是责任；九年级，学生已拥有自主学习的能力，有明确的学习目标，科学的学习方法，孩子们快乐畅游学海。

中考倒计时一百天的誓师大会上，"笑傲群雄，最强一班"的誓言铿锵有力，黑板上方，"一个也不落下"的班级共同愿景格外醒目！重新组建学习小组来营造"帮、赶、超"的学习氛围；装扮"心愿树"来编织希望；布置"反思壁"让失误也绽放美丽；打造"挑战墙"增强竞争超越意识。美化了教室，净化了心灵，激励着每一位学子。最后35天，"班级日志"《聆听花开的声音——怀念毕业的日子》拨动着每一颗柔软的心，每一个同学都分外珍惜每一个日出日落，每一位老师都尽心尽力站好最后一班岗，每一个日出日落都飘洒着无比的芬芳。

上个月正在县城培训学习的张老师陆续收到三十一条报喜的短信，其中有一家长写道：张老师，您的付出没有白费，小瑞考了439分，谢谢您！浏览短信后，张老师欣喜地告诉同事："小瑞可是当年语数两科仅有99分的孩子啊。我们终于演绎出七月的辉煌，实现了班级共同愿望——一个也不落下！"

案例解读
AN LI JIE DU

规则是什么？规则是与时俱进，规则是对美好愿望的坚守。从这一案例中，不知亲爱的读者朋友，你从中读到了些什么？案例中的文字里，并没有将其实现教育愿景的规则呈现，却仿佛让笔者读出了其间的规则，一部为学生的成长保驾护航的规则。

"让每一只小鸟唱歌，让每一朵花都开放"，这是教育的使命。美国著名的教育心理学家布鲁姆也曾谆谆地告诫我们："只要提供了适当的前提和现实条件，几乎所有人都能学会一个人在世界上所能学会的东西。"

从案例中可以看出，依据考试成绩，本班整体素质稍差。但又冠以"寄宿班"的雅称，压力在所难免。但张老师以平和的心态，以优雅的期待，以执著的坚守，行走在路上，以期实现"人人皆可成材，生生都有作为"的育人目标。她坚信"只要上路，就会遇到庆典"，"不放弃就会有奇迹"。

作为教师，只要我们善于发现并挖掘每一笔教育资源，引导学生开展自我教育，我们的班集体就会获得"化腐朽为神奇的转机"。也许无数朋友通过这则案例，已经明确了我们的主张，规则并非那死一般的专门用于束缚人的东西。

班规没有统一的模子，但有其给予支撑的东西，那便是共同的规律。诸如，张老师在班级管理中，高擎民主和科学的旗帜，倾心演绎着"赏识教育"、"个性教育"和"成功教育"。共建班级共同愿景，明确班级奋斗目标，增强班级凝聚力；播撒尊重与信任，调动学生自我管理的积极性，让每一个学生都能抬起头来说话；她倾注所有的爱心与耐心，把关注和期待的目光投向教室的每一个角落，激发每一个学生的求知欲和上进心。

行动指南
XING DONG ZHI NAN

实践证明,规则有时就是水,有时就是阳光,有时就是环境……它能让每一粒种子破土发芽,每一株幼苗茁壮成长,每一朵鲜花自由开放,每一个果实散发芬芳。今天,我们的班主任在班级管理中必须围绕愿景打造班规。为此,我们建议:

一是要树立"一个不落"的育人观。作为老师,我们要坚定"人人皆可成材,生生都有作为"的信念,树立"一个也不落下"的育人观。在日常学习生活中,不因学生家庭出身、父母职业、品学优劣、爱好特长、性格刚柔、曾获奖惩、是否听话,乃至年龄性别或相貌长相、衣着服饰等的不同而偏爱或歧视某些学生,更不能因某些学生对班主任态度不好、言谈不逊、举止欠佳而记恨在心、耿耿于怀、处处刁难。我们要关注每一个学生的发展,把关爱与欣赏播撒在每一个角落,与学生一起体验成长的甘苦。只有这样,我们的班规才能成为所有人的班规,成为所有学生成长的航道。

二是要让每个学生都树立自己的理想。一个没有理想的民族是没有希望的,一个没有理想的班级是平庸的,一个没有理想的学生是可悲的。所谓共同愿景无非是学生个人理想的一种融合。在这样的时代,理想成为一种稀缺品,因而重建理想,尤其是保护学生的理想应该成为我们当前教育的迫切需要。不过,将教育愿景融入班规,除了教师对于教育事业的乐观,更重要的是学生对于生命的乐观。班规的制订本身就是对学生进行理想教育的过程,一个人没有理想也就无所谓秩序,更谈不上自我教育了。

三是要让每个学生建构自己心中理想的班级。对美好的向往是一种美好的品质,对美好班级的向往能滋生一种巨大的力量。没有需要就没有行动。值得我们思考的是,为什么那么多的学生都已经失去了对美好班级的向往?这里面的原因太多了,也许是班主任没有给予他们向往的勇气,也许他们还没有见过真正美好的班级……尽管原因很多,但如果我们每找到一个原因,然后能付之于教育实践,那么一个美好的班规就会离我们越来越近。

2. 借用班规守心灵

在前面的小节中,我们全面阐释了规则的本质就是保护,促使教育目的得以最终实现。其实,从某种意义上说,规则就是一种美,不过,这种美需要转化。我们反对将规则变成冰冷的东西,规则更多的时候需要与时俱进。为使学生生动活泼,积极主动地得到发展,我们主张把"以学生自主发展为本,建立自主的班集体"作为管理理念,在日常生活学习中千方百计地调动学生参与班级管理的主动性和积极性,让学生自主管理班级,以规则为起点,以内化的班规守护学生心灵,使之成为学习、生活、班务管理的主人。

规则,让规则成为守护心灵的动力,这几乎是构建一个美满班级的前提。"真正的教育是自主教育,是实现自主管理的前提和基础,自主管理则是高水平的自主教育的成就和标志。"作为班主任,我们在定制规则时应明确:每一个同学都是组成班集体的一份子,是班级的小主人,应让他们积极主动地参与到班级管理中来,以主人翁的责任感审视班规,让一切行动变成热爱、关心班集体的动力,能为班集体走上秩序化的轨道出谋划策。

原规则:心理对规定的认同才会尽力维护,反之每个人都会避之不及。

我们应充分的认识班规的作用。通过大量的调查发现,现实生活中的班级规则,不但是班主任管理班级的依据,形成良好班风的保障,保证学生学习、克服不良习惯、促其全面发展的有效手段,还是班主任管理班级和教育学生的基本途径。一个优秀班级里的班规,往往最终能将它演变成一种特殊的班级文化,将野蛮转化成无数的文明。

需要指出的是,班规不是将自己的意志强加给学生,而是民主和谐的氛围下与学生互动协商的结果。班主任的权威性不是通过强硬的惩戒来建立,而是以唤醒学生内心的主人翁意识来塑造,为此,打造人人认同的心理环境更为重要。在班规出台之前,所有的班级都是一个自由王国,最好能让学生形成一种对班规的需要心态,这样,才会拥有对班规深刻的理解和认识,才会将班规内化于心并自觉执行,从而达到理想的自我教育境界。

现象纪实
XIAN XIANG JI SHI

先谈一点题外话,我们喜爱写作的人,完成一篇作品,几乎都要经历一个熬更守夜、用尽体力与精力的过程,这样,你会感觉不快乐吗?其实,时间仿佛眨眼之间而过,我们累并快乐着。作班主任不累吗?也很累,但我们最需要的是快乐!

在现实中,常见班主任每天披星戴月,早操、晨读、课间操、午晚休,可谓兢兢业业、不辞劳苦。结果呢?班主任喊累,学生们叫苦,所言都显得不快乐。这种保姆式、警察式的班级管理模式,过多地强调了班主任的主导地位,忽视了学生的主体意识,淡化了学生对班集体的责任感和义务感,窒息了学生的主动性和创造性,扼杀了学生自我管理的积极性。

不知人们发现没有,班主任受累而不快乐的真正点,就像生活游离于轨道一样,很多杂乱无章的突发事件,打破了班级固有的宁静。其实,在一个班集体里,班主任就是灵魂,发挥着核心作用,就像火车头的司机一样,一切都将指向班主任这一始作俑者,他如果给予班级光明,班级就奔向光明;他如果给予幸福的行程,班级中的一行人就能跟在班主任后面奔向幸福。

案例2-2

有心插柳柳更阴

"播下一种文化,收获一种习惯;播下一种习惯,收获一种性格;播下一种性格,收获一种命运。"这富有哲思的言语告诉我们,努力营造积极、健康向上的班级文化,来触动学生的心灵,是我们提高班级管理水平和促进学生发展的一个重要举措。以下是一名全国模范班主任曾带一个班级时的笔记:

我们的班级管理理念——改变传统的以提高学习成绩为班级建设核心的建班思路,以营造学生朝气蓬勃的精神生活为中心,以阅读、体育锻炼、丰富的课内课外活动为多条思路,实施班级建设生活化、家常化,让教育成为创造、发现、享受幸福生活的艺术。

我们的班级承诺——志存高远,团结友爱,竞争合作,共同进步

我们的班徽——七彩太阳花

我们班由 15 个调皮可爱的小男子汉和 17 个乖巧伶俐的千金组成。32 个孩子都是农村娃,他们没有优越的家庭环境,个性差异较大,家长日夜做工,缺乏对孩子的关心,自我管理能力差。每个孩子都如太阳花一样平凡普通,但我们有信心拥有属于自己的那份美丽。我们的班级名称是七彩 1 班,所以我们的班徽就是由七种颜色组成的一朵美丽的太阳花。

我的班级名称——七彩 1 班

红色代表热情浪漫,象征着乐观进取的我们自信地走向未来,这正是我们培养具有朝气蓬勃的现代人的育人目标;

橙色代表气质修养,象征着团结友爱的我们的凝聚力和向心力,演绎着人格的魅力;

黄色代表积极进取,象征着勇于挑战的我们在狂风暴雨中也要像太阳花一样屹立不倒,勇敢面对;

绿色代表健康活力,象征着朝气蓬勃的我们坚持上好"两操",提倡阳光运动,做阳光少年;

青色代表发展自信,象征着认真好学的我们在任何时候任何环境都要认真对待我们的生命;

紫色代表竞争创新,象征着谦逊勤奋的我们不骄傲、不轻浮,谦逊踏实地做好自己,突出学习能力和综合素养的进步;

蓝色代表博学高雅,象征着热爱读书的我们打造书香班级,营造人人有书看,人人爱看书的班级氛围。

我们的班训——成功无捷径,失败无借口

我们的班风——不比智力比努力;不比起点比进步;只要努力,一切皆有可能;相信自己,终能创造奇迹!

我们的口号——激情成就梦想,勤奋创造奇迹

我们的班歌——《飞得更高》

我们的班级精神——特别能吃苦,特别有礼貌,特别能拼搏,特别能坚持,特别有志气,特别有作为。

案例解读
AN LI JIE DU

班规分为两种:一是狭义的班规,指专门用来束缚学生行为的一些规则与制度,这几乎是大众化的理解。现实是,无数的班主任大脑里的规则,几乎还停留在这一原始点上。二是广义的班规,更多的是融入梦想、带给精神,使人振奋的一种总动员。这样的班规,更多理想与创新的元素,更多满足人成长的元素。

从狭义到广义,这其间需要的是超越,也需要作为一名班主任有自我的梦想。在笔者看来,将班级打造成一张名片,需要的是班主任不做班级的守候人,而做班级的开路先锋,特别是像案例中的班主任一样,能将更多规则在执行的过程理想化、全面细化。前几天,笔者到一所小学考察,印象最深的是这所学校将儿童礼仪细化为集会礼、两操礼、见面礼等,这虽是一个校规的案例,其实这与班规有无数相通的地方——使班规更有执行力。

班级是学生学习与成长的集体，是一个"生命共同体"。学生在班级中不仅要获得学业上的进步，更要收获人格的发展和完善。不知人们发现没有，班级之间的差别的原因是多方面的，而优异的班级几乎都像一种模式似的。诸如案例中张老师的管理，多像前面第一章曾提及的昌乐二中"卓越"班的管理模式。

卓越班的班誓：

我们是昌乐二中最优秀的学生；我们肩上担负着家长的嘱托，老师的期待，民族的希望，祖国的明天。我们用奋斗捍卫尊严，用汗水浇灌成功，我要，我就要，我一定要！没有比人更高的山，没有比脚更长的路，我行，我能行，我一定行！"

卓越班的班规：

为了让这些班誓、班歌成为现实，为了这些孩子确实能够走向卓越，卓越班制订了自己的8条班规：

1. 日行一善。

2. 坚持写日记，搞好道德长跑，每日三省吾身。

3. 每日三千米长跑，强健体魄。

4. 落实班务承包制，"班级的事就是我的事"，人人有事干、事事有人干。

5. 落实值日班长制、值日组长制，人人都是管理者。

6. 享受生命，享受学习，享受成功。"白天、黑天、星期天，天天快乐；家人、他人、世间人，人人可爱。国家兴亡，我的责任"。爱家、爱班、爱校、爱国，胸怀天下，志存高远！

7. "四比四不比"：比品德、比胸怀、比志向、比学习；不比吃、不比穿、不比用、不比玩。

8. "卓越八美德"：节制、勤勉、秩序、惜时、宽容、谦虚、少言、节俭（借鉴富兰克林的美德计划）。

面对一个个鲜活的生命，用班规守护心灵，我们不能是冷冰冰的说教，也不能用一二十条所谓的法规进行束缚。从无数成功案例的解读中，我们看到，班规其实就是精心打造的一种生命状态，一种生活姿态，一种生存的形态。对于班规，它其实也应是极其温暖的鼓励，是用诗意的语言，深情地诉说自己的期待，并勾勒出未来班级的模样：班名、班徽、班风、班歌、班级精神……让一个共同的班级愿景犹如美丽的画卷徐徐展开。

我们深信，班规只要变成共同创建的家园守护，班级一定便会是一个温馨的港湾，是一个能够诗意栖居的港湾。

行动指南

XING DONG ZHI NAN

美国著名教育家杜威曾在《民主主义与教育》一书中指出："民主主义首先是一种生活方式，一种共同交流经验的方式，它有助于个人能力的自由发展。"班规的制订绝对不是简简单单一纸条文的书写，而是一种谋求在班级建设中建立共同价值观的教育过程，这个过程非常复杂而深刻。

一是要鼓励自我表达。一个人要成为真正的人，首先要从表达开始，而一个秩序的建立也总是从交流和表达开始。当我们接手一个班级的时候，班级总有活跃的学生和不活跃的学生,让每一个人学会勇敢而恰当地表达正是与每个人进行心灵沟通的重要方式,班规正是某种沟通的成果。自我表达的行为可以增加一个人选择的自由度。当一个人拥有选择的自由时,自尊自重的感受会取代压抑、委屈或愤怒等伤害人的情感。许多内心需要不被考虑的"边缘学生"或者"弱势学生",常常因为内心的愿望无法通过合理的方式体现在班规上,而通过与班规相对抗来的方式来表达自己的需要。

二是要营造民主环境。苏霍姆林斯基说过:"教育者应当深刻了解正在成长的人的心灵……只有在自己的整个教育生涯中不断地研究学生的心理,加深自己的心理学知识,他才能够成为教育工作的真正能手。"作为班主任,我们要善于俯下身来,学会倾听,以童心赢得童心,以民主赢得尊重和信任。真正的师爱不是一味地迁就,也不是一厢情愿地赐予,而是理解学生的感情,尊重学生的人格,平等地对话、交往,从而摸准脉搏,掌握规律,捕捉教育时机。在此基础上,创设条件,诱发学生的自尊心和上进心,引发他们情感上的共鸣,心灵上的震撼,以期达到"随风潜入夜,润物细无声"的效果。

三是要打造班级品牌。一个有着独特内涵的班级总是比一个平淡无奇的班级更能引起学生的自豪感和归宿感。每一个班主任在构思班级建设时,都要渗透品牌战略意识,构筑班级的共同愿景,善于打造班级品牌,形成积极向上的精神状态,激励全体学生挑战新目标。如诞生于北京广渠门中学的"宏志班",如今已是遍地开花,响彻大江南北。教育家李镇西创建的"未来班",上述案例中的"七彩一班"等,无不是成功的范例。

第二节　共同协商订立班规

意大利著名诗人但丁说:"要是白松的种子落到英国的石头缝里,它只会长成一棵很矮的小树;但是要是它被种在南方肥沃的土壤里,它就能长成一棵大树。"作为班主任,在班级管理上,我们要倡导实行"民主",充分相信学生,给学生施展才华的空间和给学生健康成长的土壤。但在执行的过程中,大部分班主任却畏首畏尾,唯恐学生这儿做得不好,那儿出了纰漏,到最后每每是事必躬亲,失去了"民主"的意义、信任的价值。那么,作为班主任,我们该怎样放手,创造有利的环境和契机,充分信任学生,使学生的自我管理能力得到训练和发展呢?

在本小节中,我们将进一步探讨班规订立的过程。我们应该知道,一个好的班规,应是在学生酝酿、探讨的基础上,不断修改,然后成文。同时,我们主张——制订班规时,要围绕班级秩序做出调整,这样才会真正理顺班级中人与人的关系。事实证明,班规越发关乎每一个学生,学生在班级中的主人作用发挥得就越充分,他对班级就越热爱,越关心,班级凝聚力就越强,班级秩序就会井然有序,班集体发展就会更优秀。正如教育名家魏书生所讲:"班上的事,事事有人做,班级的人,人人有事做。每天时时有事做,事事有时做。"

1. 源于全体需求

制订班规的目的,在于解决班级管理中的问题,使其秩序井然。在传统的班级管理中,为了维护班级秩序，我们往往低估了学生管理班级的能力，把管理权长期置于班主任和班中少数几位能力较强的班干部手中，置大多数学生于"被管理"的被动地位。

制订班规的过程，同时也是一个应对挑战的过程。作为班主任，必须走出狭义班规的束缚，进一步地调整管理目标，以充分发挥学生的主人翁意识，调动学生参与管理班级和进行自我管理的自主性，从而真正构建起一个温暖和谐如家的集体，一个师生一起幸福成长的精神家园。比如，我们可以通过班规，向所有学生传递一个理念——"我是班主任，你是班主人。班级是咱家，管理你我他。"

原规则：凡是班主任硬性规定的条款，尽是最难被学生接受的条款。

作为班主任，制订班规是一项不可少的工作。一套有效的、符合实际的班规是班级形成良好纪律和班风的前提。俗话说："无规矩不成方圆。"我们制订班规的过程，也是坚守规则的过程，更是理顺秩序的过程，我们应高举民主与科学的大旗，尊重学生的主体地位，从而促使学生生动活泼、健康自由地成长。事事"放权"，适时"放手"，这是一种智慧，是一种勇气，更是一种艺术。

班级管理是一门艺术，班规制订则是一门学问。班规的制订过程，是一个慎重的过程，制订出好的班规能够使班主任工作事半功倍，学生素质得到全面提高。让学生在一个规范有序的环境中快乐的学习、健康地成长，这是我们订立班规的初衷。

现象纪实
XIAN XIANG JI SHI

束缚与自由对立，事实是束缚往往与幸福并不对立。因为对自我的行动的限制，就像给树修剪枝叶，这难道会有抵触情绪产生？

现实是，无数的班主任整天地忙啊忙的，忙于班规的制订，费尽心思，绞尽脑汁，生怕疏漏，可学生或根本不清楚班规是什么，或本来就没记住班规的各项规定，依然我行我素。这样，与班规撞车的现象，自然就会出现；因班规产生的矛盾，自然就会出现。一个班级规则的出台，怎么能只有束缚这一独有的内涵呢？

班规内容的单一，这无不是当下最常见的通病。我们班主任还真不能头脑一热就出台班规。一个有经验的老师，常常会把学生的理想融入班规，能占领教育，引领着学生做正确的事。

➡ 案例2-3

班级管理中的三个理事会职责

班级管理理事会成员		职　责
班主任	张爱敏	负责班级重大方针政策的制订，协调各科任教师的关系，推动班级跨越式发展。
常务班长	牛少帅	负责监督各部委员和值日班长工作，对其进行考核。
常务副班长	韩俊鑫	负责午自习及寝室的纪律，提前入班，安静就寝。
团委书记	文静	主抓班级黑板报、团委宣传和文学社等工作。

学生会主席	于崇	主管德育思想建设、男寝室纪律和学校的政令传达。
学习部长	司伟奇	负责女同学所在学区的学习和堂清周清。
	程相举	负责男同学所在学区的学习和堂清周清。
纪律部长	张静	主管课堂纪律，协助科任教师营造良好的课堂气氛。
文体部长	李鹏楠	负责文体活动的宣传组织，文艺汇演节目的选拔，课前一支歌和音乐课堂的领歌等。
	崔高鹏	负责运动会人员选拔，"两操"、学校集会的带队任务。
生活部长	吴方超	督促同学良好就餐习惯的养成，及时反馈就餐情况。
卫生部长	游建帅	督促搞好寝室、教室和卫生区卫生，营造整洁生活环境。
安全部长	赵丹	负责前墙门窗安全，并负责锁前门及相应责任追究。
	龙品	负责后墙窗户安全，并负责锁前门及相应责任追究。
	刘晨曦	负责电扇、电棒、标语、张贴物等的完好无损。
	郭旭阳	负责前后黑板的管理，以及卫生工具的管理。
值日班长	学号轮值	负责当天纪律，名言书写，协助常务班长服务班集体。

寝室理事会成员		职　责
男生寝室理事长	韩俊鑫	
101 室长	成耀亮	1. 男女生总理事长以"我为人人，人人为我"为宗旨，督促并协调各寝室长做好纪律和卫生工作。
102 室长	李鹏楠	
女生寝室理事长	文静	2. 各寝室长积极负责，齐抓共管，齐心协力，营造一个安静、整洁的休息环境。
101 室长	司雨宁	
102 室长	李文晴	

作业理事会成员		职　责
语文科代表	邢璇	1. 及时收发作业；
数学科代表	游建帅	2. 课程表更改和临时调课要及时通知老师；
英语科代表	赵媛媛	3. 期中期末考试以及周清名单及时上交科任老师；
……	……	4. 协助科任老师做好课堂记录，奖罚分明。
美术科代表	成耀亮	5. 及时反馈教师课堂效果及学生接受情况。

 案例解读

AN LI JIE DU

　　笔者一直认为，做事是属于所有人的一项本能的需求，但怎样做事，怎样让学生做事，让他们做怎样的事，却是需要班主任讲究智慧的。如果你不能让学生做正确的事，他们便会去做一些离奇的错事。做事，有时同样也是一些无意识的活动，我们以为制订班规，最初的表现就在于能引领学生去做一些正确的事。

我国著名教育家陶行知先生说过："生活、工作、学习倘使都能自动，则教育之收效定能事半功倍。所以我们特别注意自动力之培养，使它关注于全部的生活工作学习之中。自动是自觉的行动，而不是自发的行动。自觉的行动，需要适当地培养而后可以实现。"上述案例中，渗透着张老师依法治班的管理理念，如班内的规章、制度、计划和方法，彰显着更富人性，更加民主的班级管理原则，使班级的事，件件有人干，班级的人，个个有事干。班级无闲人，自然也就无闲事，这样，民主与自主管理的氛围自然就能逐渐形成。

《劝学》有言："木受绳则直，金就砺则利。"一套有效的、符合实际的班规纪约是该班形成良好纪律和班风的前提。它必须是由全班同学讨论通过的，而不是班主任个人意志的表现，这样才更助于它的落实。同时，它又是由全班同学以无记名投票方式通过的班级"法律"。法律面前人人平等。每一位班级成员，既是"守法"的人，又是"执法"的人，人人有权利，人人无特权。有了它，班主任的权威和学生的尊严逐渐通过班规转化为集体的意志。

由此可见，班主任在制订班规过程中，只有与学生协商互动才可以保证班规具有普遍的民主性和约束力，也只有在科学的、民主的、人性化的班级管理制度里，学生才有可能做到有章可循、有法可依，学生才会自觉地在适宜的地方做适宜的事情，实现自立自理自律。

行动指南
XING DONG ZHI NAN

创建班级管理自主化的关键，取决于建立科学的、民主的、人性化的班级管理制度，使学生做到有章可循、有法可依、违法必究，让其在班级里不折不扣地贯彻执行。

那么，怎样建立健全一系列班规班法，引领孩子们做正确的事呢？笔者认为：

一是要确立班级共同愿景。作为班主任，要善于播种学生的梦想，善于点燃学生的激情，善于铸造学生的期待。让班级学生心往一处想，劲往一处使。尤其对那些刚来到新环境的学生，他们的积极性是最容易被调动的，他们大部分是带着美好的憧憬和希望踏进新学校，新班级的，作为班主任，我们要善于捕捉到第一个教育契机，让学生对未来充满期待，并为之而努力奋斗！

二是要确定班规的制定原则。班规所约束的行为必须是显性的、可量化的，这样才便于操作。在制订前尽量全面考虑，能细则细，奖惩必须严明。同时，制订出来的班规不能夸夸其谈，要让执行者便于操作，方便执行，否则就等于零。所以，它既要符合班级实际，要精细到能包容班级一切可能出现的情况，便于监督检查，做到"有法可依"，又要有相应的强制措施，即"有法必依，违法必究"。同时，坚守"法律面前人人平等"，即使是班主任和任课老师也不例外，要真正体现班规的民主性和平等性。

三是要规范班级管理人员职责。我国著名教育专家叶澜教授指出："学生年龄虽小，但同样具有主观能动性，学生是有可能参与教育活动与班级管理的人。……开发学生的潜力，帮助促进每一个孩子更好地认识自己和实现主动发展，是班主任工作的最高价值。"作为班主任，首先要建立一个相对稳定的班干部组织，明确各部委及管理理事会的职责，凡事皆有章可循，凡事皆照章办事，凡事皆职权分明，只有这样，"人人有事做，事事有人做"的局面才能真正形成。

2. 敢于面向全体

著名教育家斯宾塞说过这样一句话:"记住你的管教目的应该是养成一个能够自治的人,而不是一个要让人来管理的人。"我国著名教育专家肖川教授也曾说:"人人都拥有生命,但不是每个人都能珍惜生命,懂得欣赏生命的多姿,享受生命的快乐和幸福。"在笔者看来,班规的订立,就是一个秩序不断调整的过程,书写的尽是一种自我的约束力,一种生命的唤醒力,一种自主的成长力,一种放大幸福的推动力。

这个世界,太阳是最公正的化身,不存在着任何的私心与偏袒。我们主张班主任能成为像太阳一样的人,就是希望你们能将光和热公平地洒向每一个学生,洒向更需要温暖的学生,所以,就更需要防范班规成为班主任的特权。诸如关注学生的自主发展意识和生命成长意识,不求"人人成材",只求"个个成长"。班规源于学生,且面向全体学生,让学生在公正、公平与民主的管理中体验其存在的意义和价值,体验到因自己的存在而给别人带来的幸福感。这一切都因面向全体的班规更符合"民意",它也因此激发学生自主提升生命的品质,活出生命的质量,使班主任工作向着人的"生命"本真回归。

原规则:班规的主要作用在于创造成长环境,促进学生自主发展。

苏联著名教育家苏霍姆林斯基在处理一位无故打死一只麻雀的学生后,曾提出"教育是为了达到不教","只有学生把教育看成是自己的需要且乐于接受时,才能取得最佳的教育效果"等观点。可见,教育的最高境界是学生的自我教育。

作为班主任,班规源于学生,服务于学生,也约束着每一个学生。在班规面前,人人平等,不允许任何人(包括班主任和任课教师)超越或凌驾于班规之上。我们应该打破班规就是"惩罚错误"的传统思维,应更多地对正确的行为加以鼓励和引导,纠正学生的错误行为,让学生学会在适宜的场所,做适宜之事。

现象纪实
XIAN XIANG JI SHI

不知人们有没有发现这样一种现象,一个班集体,要么是整体优秀,要么是整体颓废。是什么原因导致会出现这种现象? 肯定地说,是班风所致,一种最初有意识到最后无意识所致。

我们也曾发现,一个班级所形成的风格,往往就像一个人,那便是班主任。很多班级里发生的一切,都已经指向规范化管理。作为班主任,班规的首席发言官和执行人,可以肯定地说,其带有目的性的行为,无不在有形、无形地影响着班级的走向。

现实生活中,我们更是倡导,班主任要把班级还给每一个学生,把权力下放给每一个孩子,把岗位职责明确到每一个人,从而达到让每一个人都能找到事做,都成为做正确之事的人。然而,在如今的大环境下,能面向全体学生订制班级法规,使班级工作有章可循,让每一个学生都有法可依,从而避免班级管理工作的盲目性、随意性和主观性的,却并不多,相反,导致学生产生逆反心理的现象,却不时在发生着。

良好的班级秩序是建立在班级民主和学生自律基础上的民主与法治的统一体,在班级管理中,越来越多的优秀班主任开始关注每一个学生的能动性,充分调动学生参与班级建设的积极性、主动性,使每一个学生都有机会充当班级的主人,并在"当家做主"中获取成功,增强自信心,学会自主,实现自身价值。

➡ 案例2-4

做学生生命中的贵人

当学生犯了错误,我想和家长联系时,我首先告诫自己要遵循三个原则:第一,决不因为你犯错而请家长;第二,家长会不点名批评任何学生;第三,家访不告状。于是,我采用让学生写说明书来反思自己,来梳理自己的心路历程,进行心灵的忏悔,并为自己的错误买单。如:迟到、做小动作等小错以唱歌等艺术类节目弥补;违纪稍严重的已损害班集体荣誉的要学会承担责任后果,并为班级做一件好事;情节特别严重的错误要写出说明书,交代清楚事情的前因后果,自己违纪后的想法和今后的打算,甚至可以为自己辩解,等等。

上周五,班里竟然出现三男两女五位同学撒谎去县城过圣诞节一事。历经四个小时,电话联系,动用先进武器QQ,查找线索,费尽周折,9点30分才使这五个孩子安全返家。我告诫家长,找到他们什么也不要说,让他们回家就睡觉,让他们自己去反思,第二天再问来龙去脉。

周一,从五个孩子的眼神和动作来看,我读出他们已知道自己的错误,因自己一时的贪玩给班主任和父母带来很多麻烦和担忧,心中等待狂风骤雨的降临。但我在教室一句话没提,而是把他们分别找来谈话,没有批评,只是询问,只是假设——假设你们遇到社会青年的劫掠,假设你们遇到违法分子的绑架,假设你们的安全出了问题,假设……

周二,我陆陆续续收到五份说明书,均对自己所作所为进行了详尽地叙述,作出了深刻地反思,写出了今后的打算。我看后,只说了一句话:"我希望感动我的不只是说明书,更重要的是行动!"

周三,去寝室检查男同学的内务,发现他们的被子没叠。于是,我亲手帮一个请假未到的学生叠被子,不料又有收获——一本课外书,且被撕成一页一页的,我拿起一看,却发现其中言语污秽不堪。我很生气,但没说话,因为书的主人不在,我将书收起来拿走了。

周四,书主人在说明书中写道:当时我想老师肯定会狠狠地批评我,可能还会叫家长的,但老师仅仅是拍了拍我的肩膀,意味深长地说了一句"浪子回头金不换"。当时,我真的很惭愧,脸好烫好烫,我下决心期末考试一定进入前100名。

风波突起的平安夜事件就这样在平静中处理了,没有请一位家长,没有一句呵责,也没有抛弃。换一种策略,换一种眼光,用心去观察,可爱就在细微之处!

我承认,我是个理想主义者,但是,等待,往往创造美丽的境界!当我们满怀爱与希望播下颗颗种子,相信未来一定不会让我们失望!让犯错误的心灵满怀愧疚,而不是让我们心怀遗憾;让每一个孩子都自信地抬起头,有尊严地生活在每一个角落,而不是考试一次,打击一个,犯错一回,枪毙一次!

我不知道我们的八一班能走多远,但我有一个梦,我有一个美好的愿景:三十多个孩子都好好地活着,能自食其力,能从事着自己喜欢的工作,能觉得自己生活在这世上很幸福!

只要心中有梦,永远都不会晚!只要心中有爱,一切都还来得及!试想一下,如果我们的智慧和用心的言传身教能让学生在逆境中不放弃,在顺境中不浮躁,那该是多么美好的境界。而优良成为习惯的培养和保持,不就是通往美好境界,让学生会做人,会求知,会办事,会生活的坚实基础吗?学生无小事,小事是大事。老师在小事上有正确的观念,就是帮学生成就了大事。我愿意花一些心思和时间,让学生有着不同凡响的经历,让他们的生活和世界焕发奇异的光彩。于是,我们将会问心无愧地说:我在为学生的生命奠基,我是学生生命中的贵人!

案例解读
AN LI JIE DU

在实施班级管理的过程中,班规的执行几乎已经成为教师的出发点,成为教师管理理念的具体反映。以上案例是张老师的一篇班级日志,字里行间流露出"以人为本"的管理理念以及关注每一个学生的发展观。在班级管理中,敢于面向全体学生,有经验的班主任往往将精力投入两个点:一是让优秀的学生发挥标杆的作用,一是让有问题的学生有一个转化的过程。

面向全体学生给予关爱,需要我们每一个班主任都以"关心、理解、尊重、信任"为支撑来建构自己的教育秩序,自觉实现由单纯的管理者向学生的精神关怀者、人生引领者、潜能发掘者、智慧拓展者、灵魂的感召者转变,摆脱"及格率""优秀率""升学率"的片面目标牵引,不再将"学优生""学困生""好生""差生"等不科学、不切实的差异性标签强加给学生和家长。

班级是一个小社会,需要我们能够面向全体学生,以平等的人格、平和的心态,充分履行教育者的职责,充分发挥教书育人的职能,使每一个学生都能得到成材的肯定、成人的激励和成长的鞭策。我们要能够平静地面对学生的一切,学会将学生在成长中出现的问题放到发展的过程中去解决,使学生在老师特别是班主任对某一"闪光点"的褒扬中获得成功的自信和成长的喜悦。

我们期待,我们因班规产生的教育,能成为实现"面向全体、全面发展、主动发展"的素质教育思想的成功载体,我们的学生不但能摆脱学习的"痛苦"阴影,更能在阳光普照下欢欣愉悦地成人成材。

行动指南
XING DONG ZHI NAN

泰戈尔说过:"教育的目的应当是向人传送生命的气息。"笔者认为,教育之育应该是从"育心"开始,能将更多抽象的班规具体化,让其演变成尊重生命,使人性向善,使人胸襟开阔,能激发生命意识中"潜在的能量"。既然这样,在班级管理中,我们该如何面向全体学生,优化班级管理秩序呢?

一是要实行"班级人人岗位责任制"的管理模式。教育应该面向全体学生,我们应该充分调动每个学生管理班级,为班级服务的积极性。在倡导"班级的事,事事有人干,班级的人,人人有事干"的班级管理理念时,我们要让班里的每个人都能选择一个岗位,每个人都能履行自己的岗位职责，从而培养自己的管理能力和服务意识。同时，建立一套严格的班级管理制度，应做到"有法可依，违法必究"。如，每日有值日班长的一日工作汇报，每周有值周班长的工作小结，每月有对各小组（或岗位）的月评比展示，并付诸"喜报"形式，以校讯通方式向家长通报。此外，还可以开展个人和小组的星级评比制度，从而激发各小组或各学生之间的竞争意识。

二是要树立"关注每一个学生"的发展观。新课程强调，学生是发展的人，是独特的人，是具有独立意义的人。教育要面向每一个学生，因材施教，关注学生个性的培养。教师要尊重学生，相信学生，尊重他们的人格尊严和应有的权利。中国科技大学教授顾钧曾经说过："从本质上说，每一个学生都是好的，都存在极大的潜能，就看你如何去挖掘和培养。永远不要对学生说'你不行'，永远不要挫伤他的自尊心，永远不要让他产生失败感，即使在他遭遇挫折的时候。"正所谓"识才的将领，能把最顽劣的士兵，调教成最骁勇的战士；识才的老师，能把每个学生调教成天才"。

三是要营造一个和谐成长的理想氛围。作为班主任，要像呵护眼睛一样呵护学生的纯真，要以儿童的视角审视每一颗童心。新学期伊始，与孩子一起制订一个"跳一跳能摘到桃子"的目标，并拟订翔实的计划，要把爱与关注给予每一个学生，每一个角落，创设宽松愉悦的学习、生活环境，以多元的方式评价学生，以发展的眼光看待每一个学生，让学生在这有人情味的评价中感受到力量，在自己的路上获得属于自己的成长与发展。

第三节 力促班规发挥作用

班级规则，是一种意识的唤醒，它引领着师生抵达理想的彼岸；教学规则，是一篇诗意的散文，它营造出课堂如诗如画的意境；德育规则，是一方明朗的晴空，它构筑起师生和谐成长的空间。

解放教师，解放学生，解放班级，让一群人超凡脱常，让一群人充满生气，这依旧是我们探讨班规的出发点。前面两个小节，我们已经对班规是什么、班规怎样生成等问题进行了探讨，在本小节中，我们将对班规产生的作用以及班规订制的原则等作阐释。

不过，任何规则都不是万能的，也不是固定不变的，班规也是如此。本小节中，我们将继续围绕秩序的话题，以求探讨班规产生的正能量及其监管作用，使人们对它的内涵有更新的认识。

1. 给予正能量

叶圣陶说过："教是为了达到不教。"苏霍姆林斯基说："只有学生把教育看成是自己的需要且乐于接受时，才能取得最佳教育效果。"作为班主任，采用鼓励比使用惩戒更能营造一种和谐、积极向上的氛围，更能使学生对规则记忆犹新，这其实就是正能量作用大于负能量的典型状况。我们每个人身上都是带有能量的，假如你和带有健康、积极、乐观等正能量的人交往，他就能将正能量传递给你，令你有快乐向上的感觉，让你觉得活着是一件很值得、很舒服、很有趣的事情。如若你与悲观、体弱、绝望的人相处,所得结果就恰恰相反。

规则,有时就是制度,带有很强的束缚力,但我们更倡导人们关注正能量的产生。由于班级的特殊性,班规更多的是对未成年人行为的限制。因此,我们将在整个探讨中,强调班规正能量的产生,即由班规给予一切向上的动力和希望,促使人不断追求,让生活变得圆满幸福。

原规则:班规的正能量产生的作用永远大于负能量的影响。

可以肯定地说,人们让班规发挥正能量的要求,永远大于负能量的要求。适当的奖励与惩罚有助于班级良好秩序的构建。我们在探讨中更加注重班规中积极的因素,当然并非只倡导对纪律性与自觉性的奖励,也同样赞同一定的教育惩戒。正如著名教育心理学家奥苏贝尔所说:"积极的纪律形式不可能总是有效的,适当惩罚是促进儿童发展所必需的,但惩罚也要注意时机和适度。"

获得班规的正能量,应该是每一位班主任持之以恒的坚守!本人对当前人们热衷于对正能量的探讨非常赞同。"点燃正能量,引爆小宇宙"。我们有理由相信,如若让班规绽放出来的全是正能量,其影响除了给予整个班级以"正能量",还能促使社会风气向着积极健康的方向前行。

现象纪实
XIAN XIANG JI SHI

班规需要发挥什么样的作用? 正能量!

班规,作为一种班级文化,不知大家感受到没有,它就像是一个正能量磁场或一种气流,可以补充或改造四周较弱的负能量磁场。正能量还能吸引并增强小的正能量磁场,在遇到较强的负能量时,往往能起中和的作用,使消极的影响力减弱。我们经常会发现,当某一个问题多多的孩子转入另一个优秀的班级后,因为受到正能量的影响,其不良行为便会逐渐消失。

然而现实中往往并不是我们所描述的这样,很多班规并没有产生正能量,它生成更多的却是负能量,致使无数孩子最终向着不学无术的方向发展。特别是当孩子进入初中以后,受到班级环境负能量的影响,上演着一幕幕悲剧无不是让人痛心疾首的事件。追问其原因,只要心细的人们几乎都能发现,从班规中感受到更多的负能量,如此地消耗着孩子们的精力,又怎能使他们优秀?

➡ 案例2-5

几个表格见效果

又一个学期结束了,学校对各个班级的各项评价考核也有了结果。我担任班主任的班级被评为"优秀班集体"、"优秀团支部"、"校产管理先进班级"……加之在上学期已经获得的歌咏比赛一等奖、拔河比赛优胜奖、团体操汇演一等奖等,真的可以说是大获全胜。

的确,就我个人看来,这也是我担任多年班主任工作以来比较成功的一个学期。说到成功,不仅仅体现在上面的这些荣誉、这些结果上。还体现在整个班级已经初步形成的良好的精神风貌,较强的凝聚力和向心力;更体现在我管理班级时顺风顺水的整体感觉,每项活动同学们都是那样的负责和投入,每次经历都包含了同学们那么多的奇思妙想。

现在静下心来想想,自己整体的班级工作思路并没有明显变化,也许是上学期开学初我设计并坚持运用的几个表格起到了意想不到的作用吧。

做班主任工作多年了,每到新学期的开始,我都会根据实际情况创新一些小措施、小方法。就在上学期开始时,我设计了几个简单的表格:一是《班级大事记》,有时间、有事件,主要记录我们班自成立之日起发生的较大事情。二是《我的班级我做主》,其实就是班级活动承包负责制的体现。每每遇到一些较大的教育教学活动,我就在班内进行"招标","中标者"将承包负责此项活动;这样,每项活动的名称、承包负责者以及最后的结果都记录到了这个表格中。三是《无私奉献是最美》,用来记录和表彰那些进行无私捐赠的同学的事迹。我班的图书角的所有图书,窗台上摆放鲜花,墙壁上悬挂的石英钟,存放通知用的铁夹子,办宣传栏用的彩纸等等都是同学们捐赠的。同时,因为我还担任这个班级的语文教学任务,我就又设计了《语文基础知识竞赛统计表》。因为语文的学科特点,有很多比较细碎的基础知识是需要反复强化牢牢掌握的。因此,我每隔一段时间就举行一次语文基础知识竞赛,并将比赛结果在表格中记录下来。每到这样的比赛,每个小组的所有成员都认真地准备着。这样,众多的拼音、字形、常识等就全部囊括在内了。

选自杨树滨老师《优秀班级管理案例撷英》

案例解读
AN LI JIE DU

从这一案例中,我们看到了什么?理应是正能量的魅力。

正如杨树滨老师自己反思道:"我当初设计表格时还是有些思量和期待的。我看到了每位同学都有争强好胜的心理,都有股不服输的劲头,设计出表格让各个小组之间展开竞争。我想让同学们感受到载入史册、书写历史的滋味,设计出表格旨在提醒学生认认真真对待每一天,全力以赴对待每件事,我们是在书写我们的人生,每一天都是崭新的,都是永不重复、无法逆转的。我想培养学生的责任意识和主人翁的态度,你承包了这次活动就要对全班负责,就要周密安排、精心组织,带领全班力争佳绩。我想极力弘扬无私奉献的精神,让大家远离自私自利之念;强调'大我',淡化'小我';设计出表格记录,弘扬真、善、美。几个表格简简单单,但效果颇佳。"

实践表明,在倡导班级因班规而走出正规之中,正能量更有助于学生识别真善美和假恶丑,强化好的思想品德,抑制不良的道德行为,提高认识水平,促进学生逐步形成正确的人生观。

前面,我们虽然提及班规不能等同于班主任个人的法律,但在一个班级里,要让班规发挥正能量,关键在于班主任的解读之功。大家都知道这样一个事实:装了一半水的杯子,乐观的人看到的是半杯水,悲观的人看到的是半个空杯子。其实无论你怎么看,那个杯子都是装了一半的水,不以你的意志为转移。特别是当我们看待自己的学生群体时,不如让自己满足一点、快乐一点好了。

我们不得不承认，在大多数班主任的身上，会散发出一种很强的磁场：超一流的理想、积极向上的气质，永不言败的意念，在他们身影出现的地方都能成为大家的中心和焦点。每个人都有未发掘的潜能，我们班主任要学会通过班级规则积蓄正能量，积极地去发现正能量，要多以乐观自信、充满热心和希望的态度去面对学生，要懂得感激上天赋予的一切。

班主任朋友们，如果您不能从班级里的所有事件中发现正能量，建议您不要去做班主任。应该说，任何班规都不是万能的。班级管理除了规章制度外，还需要班级文化的熏陶，更离不开班主任的人格魅力的感染，如果我们能抓住正能量这一个点，让文化与智慧融入其中，自然就会生成我们期盼的那些美好。

行动指南
XING DONG ZHI NAN

制订班规的关键不是如何惩罚，而是教育学生懂得要敬畏规则，从而给予正能量。敬畏规则是一种班级凝聚力的表现，是一种自主自律的体现，是一种唤醒自我的教育，是一种最好的教育！所以我认为制定班规不是为了惩罚学生，而是为了教育学生。为此，我们要发出挥班规的正能量，请从以下几个方面着手：

一是要立场坚定，善于打造正能量的舆论氛围。如今有"无为而治"之说，"无为"在字典的意思是：顺其自然，不必有所作为，是古代道家的一种处世态度和政治思想。我的理解是先"有为"而后"无为"。无为而治的前提是有为在前，只有让制度成为习惯，内化为行动，才能够实现放手管理，才能够达到无为而治的境界。

为了管理好班级，为了营造良好的班级秩序，对于新接手的班级，我们第一件应做好的事就是打造"正能量"的舆论氛围。如，能营造情绪氛围，提升个体感受；能优化班级文化，理顺学生情绪；能开放沟通渠道，引导学生情绪；能培训情绪知识，增强学生理解。情绪心理学家指出：情绪知识在决定人们的行为结果时可能起到调节作用。情绪知识是学生适应班级的关键因素，班级可以通过针对性的"情绪知识"培训，增强学生的理解能力，激发学生的学习动机，以适应班级的需要。

二是要集思广益，建立健全"奖善惩恶"的规章制度。班规只有源于全体学生，面向全体学生，才有坚实的群众基础，才能被学生接受。但接受并不等于全盘吸纳，我们要及时对学生的建议进行公开筛选，剔除不利于班风建设的部分。在班规未定之前，必须进行广泛地讨论，通过各种形式（问卷调查、集体讨论、个别询问等）来征求意见，这样既贴近学生实际，又符合学生"口味"。当然，这也得遵循《中学生日常行为规范》《中学生守则》和校规校纪，并以此为纲，明确班级日常学习生活对错好坏的标准，继而建立并健全一整套"奖罚"制度。不过，在执行中一定要强化"多奖少罚，重奖轻罚"的意识，着重于精神奖励。如，看一场励志电影，来一次校外踏青，玩一次快乐游戏等等。

三是要导之以行，牢固树立"民主公正"的教师形象。惩罚只是手段而不是目的。作为班主任，在实施奖惩手段时，一定要拥有人文主义情怀，以真诚的师爱，善待每一个学生，呵护每一颗幼小的心灵。苏霍姆林斯基说过："要像对待荷叶上的露珠一样，小心翼翼地保护学生幼小的心灵，晶莹剔透的露珠是美丽可爱的，又是脆弱的，一不小心露珠就会破碎，就会不复存在。"面对个性不同，性格各异的学生，班主任要善于晓之以理，动之以情，导之以行，要善于捕捉时机，巧用教育智慧，激起学生情感上的共鸣，最终达到事半功倍之效。

2. 立足实战性

要想理解班级规则，涉及秩序构建重要性的理解，最好的方法莫过于玩几轮游戏，从这样的游戏中更能简单明了地理解那些看起来似乎有些玄乎的班级规则。人们可能对玩扑克都有印象，因游戏规则不同，便有无数种玩法，特别是就某一游戏规则下的玩法，不同的牌路，特别是出场顺序的不同，便会有不同的游戏结果。管理班级与玩游戏虽不能直接类比，但却有很多的相似之处。如果说前面小节里，我们的研讨更多的是对玩游戏的人提出了必须彰显正能量的要求，那么在本小节中，我们将对游戏规则的实战性作进一步地探讨。

原规则：班规中融入监督机制和激励机制，才更有实战性。

为啥游戏总是那么迷人？除了游戏本身富有情趣外，这其中有"规则"的巨大功劳，这也正是我们研讨班级规则的出发点。班规，常规性的发挥监管作用，在我们看来，十分有必要追寻游戏规则制订的规律。当然，让规则发挥常规的作用（诸如监管），全因"公正"这一原则在起作用，才为此展开一轮又一轮的新秩序。将班规张贴在墙上，只是一种形式和手段。如何达到制订班规的目的，使学生把班规内化于心，落实于行，化为习惯，则是其关键所在。探讨游戏规则最迷人之处，可能更易让人明白其差距的根源——激励机制中缺乏实战性。

因此，建立良好的监督机制，充分调动起学生自我管理的积极性，使监督与自我监督相得益彰，共铸师生和谐幸福的成长空间，这将成为我们班主任持之以恒的追求。

现象纪实
XIAN XIANG JI SHI

班规，为啥没有迷人之处？特别是当接受处罚时，更多学生想到的便是叛逃？不知人们发现没有，我们的班规，更多的是冰冷的面孔，因为它几乎缺少两个层面上的内涵：一是缺少竞争因素，其对象只能是单一性的服从或接受；二是少有当前目标与最高目标，特别是当遭遇失败后，挫败感更会让其逃离，在规则之外把自己包裹起来，从而找不到越战越勇的感受。

科学的订制规则，是非常有必要的，几乎就像给予班主任一部兵书一样，掌握与运用同等的重要。可现实是，我们的班主任缺乏班规订制的常识，更少有像兵法一样的运用。诸如，在日常教育教学中，我们时常看到，某些班主任对既定的"班规"不能灵活运用，死搬教条，结果是搬起石头砸自己的脚，有苦说不出。

➡ 案例2-6

"梦想一班"班级公约

好习惯成就好未来！为了营造一个良好的学习环境，人人养成学习、生活、纪律等方面的好习惯，梦想一班制订了"八字方针"并郑重承诺：

一、严格作息高境界（境）：两操（早操和课间操）、上课（包括早、午自习）、学校集会等均不得迟到、早退，更不允许旷课。（周日下午16时30分至17时返校）。

二、遵守班规竞向上（竞）：严格遵守校规校纪（包括两操、早午自习、学校集会等），不喧哗，不做小动作，听指挥，勤动脑。

三、父母老师都尊敬（敬）：滴水之恩，铭记于心。感谢父母的养育之恩，感谢老师的培育之恩，感谢同学的帮助之恩。

四、净我班级为你我（净）：班级是我家，整洁靠你我。管住自己的手，不扔；管住自己的脚，不踢；管住自己的心，去爱！

五、教室寝室静悄悄（静）：入寝静，休息好；入室静，学风浓；自习静，学专注。

六、课堂作业独风景（景）：上下楼梯不打闹，课间走动不追逐，污言秽语无影踪；遇到老师问声好，衣着大方显朝气，言谈举止最得体；课堂积极竞答问，作业整洁无失误，班风学风暖人心！

七、兢兢业业任劳怨（兢）：对待工作兢兢业业。如收发作业，值日任务（每日的清洁工作包括清扫卫生区、清扫教室、擦黑板、打扫走廊、摆正桌椅，摆放清洁工具，人走灯灭，关闭门窗等），或其他临时分工，都要认真负责，主动积极，任劳任怨。

八、一日反思警钟鸣（警）：迎着晨辉，思考今天我应该做什么；踏着夕阳，反思今天我是否无怨无悔。（两操、课堂、作业、自习、寝室、卫生、习惯、自律等等）。

为了我们的梦想——一个也不落下，我们郑重承诺：坚守"八字"方针，营造良好班风、学风，学习自觉主动，纪律自觉遵守，作业自觉完成，互相帮助、互相督促，为争取优秀学习小组、纪律文明小组、优秀寝室、班级星级风云人物、三好学生、优秀学生班干部、学习标兵而努力奋斗！

老师相信：新学期，新起点，保持恒心，处处用心，提升爱心，满载新梦想的一班，一定会迈着坚实的步伐，登上新的台阶！

案例解读
AN LI JIE DU

良好的班规，其间的诸多要求，可演化为操作方法。

如何让班规既有监管内涵，又能激励学生，案例中的《公约》，一个"八字方针"也许便能给我们以指引。

无规矩不成方圆。哪怕是班规，没有制度就没有管理，就无章可循；有了制度还要有人监督，有法必依，这样方才更利于让几十号人的班级步入良性循环的轨道。这样才可能让每个学生都参与管理，人人有事干，人人会干事，人人争干事，人人干正确的事。

作为班主任，我们要走出管理困境，就必须认真地研究规则，努力营造一个使学生成为自己学习与成长主体的优良环境，这样才可能由班主任管理过渡到师生共管，再到学生自我管理，建立健全监督与自我监督机制，从而实现"无为而治"，并最终达到"无为而无不为"的最佳管理境界。古人说的"慎独"，即是我们班级管理的最终目的，让学生在任何时候都能"自育"。

我们的教师必须研究自己的班级管理兵法，这样方能大成。《班主任兵法》的作者万玮，在一个特殊的初三班级用短短28天上了28堂奇妙的实践课，为了达到教育目的，他采用和学生以一起背书的方式共同成长、共同促进。在背书的过程中，作者尝试了多种教育方法，诸如诚信动员、设置背书纪录、分组竞赛、绕口令、写日记、倒计时、勇气、恒心训练、善的培养、赏识教育等等。其中充满了紧张、乐趣、悬念与感动，寓含着丰富的教育智慧。

28 天，28 堂奇妙的课，凝聚了作者十几载的教学经验和智慧，让学生受益一生，更给那些处于茫然之中的教师和家长开了一剂良方，提供了一把正确教育和引导孩子成长的"金钥匙"，极具实战经验。读者朋友们如果有机会能读到这一本书，你便会发现万老师的兵法几乎就是一个高明的班级管理游戏规程。

行动指南
XING DONG ZHI NAN

班级制度文化的建设，不仅为学生提供了评价尺度，更重要的是使每个学生时时都在一定的准则规范下自觉地约束自己的言行，朝着班集体期待的方向发展。如何建立健全制度文化，实现班级自我管理呢？

一是要让学生理解和认同班规里所提倡和反对的行为。无规矩不成方圆。良好班风的形成离不开教育，同样也离不开严格的管理。心理测试表明，共同参与制订的决策、制度，最易于为参与者所执行。如，我让学生自己参照《中学生守则》、《中学生日常行为规范》以及学校的校规等规章制度，并根据我班的实际情况，反复讨论，制订和实施了学习、纪律、卫生、班风四大标准，最后形成《班级公约》，并辅之以奖惩条例，使对学生日常行为的评价规范化、具体化和制度化。这样产生的班级公约，符合学生的心理需求，条文不多，内容简明具体，具有可操作性，学生也乐于执行和遵守。有了这些制度作保障，从而使班级的各方面工作都有了很大的进步。

二是要充分发挥学生的主体意识。在班级管理中，根据学生自我管理能力较差，班干部缺乏主动为他人服务的意识，有一种"不在其位，不谋其职"的错误观念，我们可以及时制订"值日班长责任制度"（每天设班长一人，具体负责当天的行为规范等常规事务），为使班级工作良性运转，配套推行了"班委轮换制"（班干、组长、科代表每学期调整一次，可民主选举，也可毛遂自荐），并建立了相关的自律小组负责制度，做到大家各司其职，分工明确，使管理真正落实到人，每月进行班级个人量化评比，对学生的学习工作做出定期的考核，并实行严格的奖惩制度。

三是要健全班级组织，监督评价有力。班干部选拔要民主科学，真正由学生推荐出来。由有威信、有责任心、思想品德能为楷模的先进成员组成班干、团干，全心全意为大家服务。除常务班委会、团支部组成外，还组建六大员特别班干：校长联络员、矛盾调解员、安全监督员、公物管理员、行为规范监督员和车管员。做到事事有人管，处处有人问。监督机制十分关键，监督评价的公正、公开、民主、科学，体现班主任的管理水平。

第四节　班规效力与君子协定

要论班规的效力，可能用"君子协定"来论述更为准确。因为"君子协定"的本义就是"双方不经过书面签字，只以口头承诺或交换函件而订立的协定，它与书面条约具有同等的效力。"考察现实的班规版本，其效力其实就是每一个孩子与班级之间的君子协定，是每一名孩子与班主任之间的君子协定，是每一名孩子相互间之的君子协定。

我们探讨班规，不得不回归它的本质，即班规等同于教育。

教育是什么？教育是作风影响作风，行为影响行为的事业，它需要班主任具备良好的行为习惯。我国著名教育家叶圣陶曾经说："教育工作者的全部工作就是为人师表。"可见，"学高为师，身正为范"八个大字，我们应铭记于心。

教育是什么？教育是情感唤醒情感，人格赢得人格的事业，它需要班主任具备海纳百川的博大胸襟。学生犯错误是很正常的。班主任要抓住契机，以情感人，以行化人，以时赢人，让学生明白班主任的良苦用心，从而浪子回头。

教育是什么？教育是纯洁塑造纯洁，高尚构筑高尚的事业，它需要班主任具备服务意识以及乐观的心态。只有"以德服人"之师才会备受尊敬和爱戴，只有积极乐观之师才会拥有磁铁般的人格魅力，并以自强不息、永不言败的积极心态取影响学生，激励学生，促使学生不断进步。

为了达成教育的目的，我们就应以规则这一特殊调理秩序的原点为起始。前面几个小节，我们对班规是什么、为什么、怎么做进行了探讨，在本小节，我们将进一步针对班规构建与实施的过程，对需要注意的问题进行深究。

1. 要求型与约定型

通常，在班级管理中，班主任要通过制订一系列奖惩条例，来约束和规范学生的言行，倡导优良的习惯和品行，达到激励和鞭策之目的，从而形成班风正学风浓的优秀班集体。不难看出，这样的班规捍卫着班主任的权威，是学生健康成长的重要保障，可以说，这样的班规几乎就等同于班级的宪法。

随着教育更趋近于对人性的关照，行动约束型的班规逐渐退出现有的教育，这已经成为一种趋势。人们越来越发现受教育的主人是学生，主动比被动地接受更易于实现教育目的。随着时代的变化和要求，我们的班级管理出现了新的气象，如将班规演变成生生讨论来定的承诺；演变成由师生共同达成的契约等等。作为班主任，用自己的行动适应当前教育的发展，在笔者看来，深入注解君子协定的内涵是一个必经的过程。

原规则：变要求为约定，是从手把手教到逐渐放手的过程。

英国著名教育家斯宾塞说过："记住你管教的对象应该是一个能够自治的人，而不是一个要别人来管理的人。"作为班主任，借助于班规的解读，学会放手，敢于并大胆放手，让学生自己做主。教师如若能创造条件调动学生的主观能动性，让学生变"被动"为"主动"，变

"他律"为"自律",以实现自律性管理,确保学生能在一个和谐的教育环境下学习与生活,这样的教育最终才能得到全面的认可。

现象纪实
XIAN XIANG JI SHI

过激言语出规章,过激行为出制度,不时从一些班主任身上体现出来,这差不多是一种非常普遍的现象。对此,我们只能说,当管理班级让班主任心情坏到无法克制,甚至产生过激行为,已经超越了班规或其他规定,这其实已经反映出班级管理的失败,甚至是班主任无能的体现。

班主任是学生生活中的重要他人,约定式的规章在近几年不时被一些人实践,这差不多又是一种普遍的现象。特别是对于一些特殊情况的学生,如自制力不强、屡教不改、过于自负的学生,刻意的要求并不能让学生听从。这时候,如果以帮助学生成长为双方共同目标,采取某种约定的形式,往往能够收到更好的效果。

→ 案例2-7

班主任:潘贤炯

案例背景:临近期末考试,许多学生都为作业太多而发愁,甚至有些同学经常性不能按时完成作业,更有甚者,连早自修、晚自修都经常要迟到,而且面对即将来临的期末考试紧张不起来,经常说自己时间不够。但据我平时观察,这些同学下课时又玩得很疯,课外活动最积极,玩的时间一点儿不落下,时间就在不经意间流逝了。

案例过程:接近期末,紧张的复习渐渐拉开了序幕。几乎每天早上,我5:50来到教室,只有零星的几个学生在教室里早读,相对其他兄弟班级而言比较迟,而其中有很多学生一贯过来较迟,所以我狠下心,今天杀一儆百。于是乎,比我后到的同学都几乎被我一一拦下,其中不乏也有几个班干部,对班干部我要求更加严格,希望他们带头做好表率作用。其他同学盘问一段时间就放他们回去了,只是让他们心里明白,即使是班干部,老师也不会放过,何况是其他同学了。但是还是有几位同学要以身试法,第二天,又有四位同学重蹈覆辙,心想,一定将这几只顽鸟打下去,否则会对其他同学的积极性打击很大,造成不良影响。今天要好好"修理"一下这几个学生了。吴少华、张雷、杨钰豪、张永龙又姗姗来迟,几乎又踏着准点进教室,而且比软性规定时间还要迟,已经不是一次、两次了,是经常性来教室比较迟,而且已经教育了好几次,并没有什么效果。

当场我就叫住了他们,一直让他们站在教室外面,外面天气还是有点冷的,我没有心软。离第一节上课还有10分钟,我请那四位男生随我到办公室。我随手拿出准备好的几张白纸(是我预先在早修后弄好的所谓协议书)。"看一看,这是什么,协议书!你看清楚条款,思量一下是签还是不签。"好家伙,四位男生破涕而笑,随即在协议书上签下了自己的大名。掐指一算,离期末考试也差不多还有十来天,来份"君子协议",让他们用实际行动来证明自己的诺言,也正好给他们一个改正的机会,也给紧张的期末复习带来春风。草拟的协议为:

协议书

甲方:

乙方:潘老师

近日因早自修来得较迟,今天早上又被老师抓住,经双方协议决定:到期末考试为止每天5:50之前到教室,做到一天考核分加0.5分,若做不到,每次扣1分。并且在平时做到上课专心听讲,尽量完成作业。若哪天表现特别好,可以考虑多加分。在此期间,解释权归班主任。由潘老师和全班同学共同监督执行,此协议即日实行生效。

甲方签名:

乙方签名:

写完这份协议,他们破涕为笑,脸上已经没有了不服与委屈的踪影。另外,这份"君子协议"在教室里公开宣读并且张贴在教室宣传栏里,这"损招"还挺有效。

案例解读
AN LI JIE DU

班规,只有与时俱进才可能发挥其作用。案例中,班主任利用群体认同策略,引导学生作好关键的期末复习工作,因为这对考试成绩很重要。对于一些同学,我们不能采取常规的手段,因为这对于他们并不会产生很好的教育效果。我们可采取一些非常规的教育手法,最好是一些连他们包括其他同学也想不到的方法,比方说在充分尊重学生的前提下,使学生心甘情愿地接受你给他提出的一些建议。当然,有些条款可以和学生商量,但一些原则性的问题是不能商量的。班主任最好预先在班会课上让同学们举手表决,审议通过一些条款,以取得大部分同学的支持,这是应用群体认同策略的前提条件,它能促使全体同学共同监督。班规条款一旦形成,就一定要加大执行力度。

达成一个协议,其实就是给足问题学生面子。给足学生面子,其实就是帮助学生树立自尊心和自信心。树立自尊和自信,有助于培养学生的自律意识,有助于提高学生的内驱力。案例中,老师与学生达成一个协议,就等于给予一种信任,鼓励其遵守一个承诺。此时,问题学生的思维定式被打破,一种潜在的能量——自律力产生,从而达到"此时无声胜有声"的效果。

然而,现实生活中,问题学生的问题,往往就是我们班主任管理无方最直接的反映。那些学生自控力较差,屡教不改,在行为上常常是"不自觉地"、"不经意地"犯无心之过,受到批评,无动于衷,甚至"破罐子破摔",形成"犯错误,挨批评,再犯错误,再挨批评"的恶性循环。其实,造成这种情形的原因更多在于管理过于简单,没有真正给予学生教育的过程,那些问题学生经常被老师忽视,被同学歧视,受家长责难,生活在痛苦里,长久备受烦恼的困扰,又怎会不是那样的呢?

关于规则的执行,在我们看来,注入君子协定的内容,往往能创造美好的境界!

行动指南
XING DONG ZHI NAN

新课程强调:学生是发展的人,是独特的人,是具有独立意义的人。作为班主任,我们改变自我的角色,借用规则这一纽带,从敌对改变成朋友,从权威走向平等,关注每一个学生,对每一个学生因材施教,不放弃任何一个学生,在此,我们有如下建议:

一是要通过君子协定让学生站起来做人。每个从事基础教育工作的人都应该具有乐观的精神,并将班规融入这种乐观精神。其实,每个问题学生都是一片有待开发和需要进一步开垦的土地,苏霍姆林斯基将这类孩子称之为"蕴涵丰富矿藏的土地","在一般人眼里它是贫瘠的,但是,有一天一群地质勘探队来到这里,视之至宝"。我们班主任就是那地质勘探队队员,我们的评价不是要把学生打倒,而是让学生在协议中自信地站立,顶天立地。我们要学会以欣赏的眼光审视面前一些所谓的问题学生,让他们在赏识的目光里,增加钦佩和自尊,减少反感和嫉妒,在互敬互谅互助中"择善而从",完善自我,超越自我。

二是要放大君子协定的教育效力。协议的作用并不仅限于行为与道德方面的改进,更重要的是一种习惯培养和精神养成。第一层次的作用在于要求学生自纠、自查、自我鞭策。第二层次的作用在于学生通过自主活动,培养良好习惯,从而正确地认识自己,评价自己,反思自己,调整自己。第三层次的作用在于,协议在为每个人的成长引路。无论是君子协定的制订还是协定达成后,都不能就事论事,其根本目的在于通过这一过程去引导学生自我反思,自我控制,自我教育。

2. 做好班级协议

班规就是一个君子协定,只有相互遵守,方才可能彰显其应有的效力。在班级管理中,班规目的的最终达成,除了君子协定外,班级协议也是一个不可忽视的方面。为此,在这一小节中,我们将进一步论述落实班规的一种特殊形式——班级协议。

签订班级协议是维护和调整班级秩序的一种手段。协议是指两个或两个以上的实体为了开展某项活动,经过协商后双方达成的一致意见。协议还有其他的特点:如,协议中的每个人都必须了解协议,并且预先知道所要完成的所有的步骤;协议中的每个人都必须同意并遵循它;协议必须是清楚的,每一步必须明确要义,以免引起误解。眼下,班级班规的订制,已有很多富有协议特征的条款应运而生,并且实践也已证明这是培养学生诚信和责任感的最佳途径。到目前,已发展成了多种形式,诸如班级协议、组间协议、生生协议、师生协议等等。

原规则:不平等的条约意味着协议本身就不合理,这样的教育还没开始就注定要失败。

班级协议是一种承诺,承诺是一种责任,责任也是一种义务。试着签订师生协议,它将成为督促学生追求成长的助跑器,成为点燃学生进取心的火把,成为协调师生关系的使臣。在日常学习生活中,班级公约所规定的权利与义务是相互依存的,它是不可分割的一个整体。也就是说,没有无权利的义务,也没有无义务的权利。

总之,教育协议应该富有契约的精神。让生生签订协议,它将制约学生的违规违纪的潜意识,它将激发学生竞争超越的品质,它将启迪学生奋发进取的精神;在班级签订协议,它将是班级凝聚力的沉淀,是班级集体精神的升华,双方应该出于自愿而签订这样平等的、明晰规定双方权利与义务的协议。否则,当它完全成了教师压制学生的工具,这就不符合现代教育的精神了。

现象纪实
XIAN XIANG JI SHI

班级协议是班主任智慧的大比拼。

新时期的班主任，其管理理念已突破"师道尊严"之枷锁，需要以公正、平等的态度对待身边的每一个学生，哪怕是"后进生"、"学困生"，甚至是"问题生"。然而，在民主的外衣下，共同制订的班规依然有所疏漏，很多情况下产生的班规依然限制了学生的行动，制约着学生的思想。总有学生体验规则之边缘化，总有学生尝试规则之惩罚化，总有学生悔恨规则之不爽化。我们想过没有，连伟人都会犯错误，何况是孩子？

协议书不只是一种形式，更在于它以另一种姿态走进师生视野，一改往日"班规"之前因后果的冗长叙事，摒弃昔日"保证书"痛彻心扉的悔过，凸显今日人性之光辉，发展之理念，等待之博爱等内涵，这才是班级管理的一种发展趋势。只是眼下，我们发现依旧还有很多班主任没有形成运用协议的习惯，致使班级管理几乎没有新的突破。真正要想在班级管理中有新的突破，我们每一位班主任必须先从改变自己的管理开始，采用"班级协议"的理念真正将班级管理落到实处。

案例2-8

协议墙——成长之翼

新学期开始了，班级公约、奖罚条例、班训、班级口号、班歌等等，经历了班级酝酿、民主讨论和张贴公布三个阶段以后，已经临近周末。端详教室里的公示栏，审视一份份班规班纪，不禁赞叹学生们的责任心和创造力，现在的孩子当家做主之精神让我惊诧，更我让欣慰。

暗自高兴：新的一周，这群孩子会走上自主管理阶段，我这个班主任也可以做一下"甩手"掌柜，好好地歇歇了。

周一，政教黑板上赫然写着这样一行字：7(1)班值日生未签到，扣1分；

周二，学校广播里播放一则消息：7(1)班卫生区有一小堆垃圾没撮走，扣1分；

周三，早操时，101寝室里的寝室长一看见我就诉说昨晚"案件"，一同学提议学狗叫，就有人随声附和，一同学感冒头疼，讨厌之极，就用手拧学狗叫的同学，寝室长早睡，另一同学上前制止。于是，互相指责，寝室大乱，被管理员发现，视为违纪并扣分。

……

我忍无可忍，勃然大怒，呵斥声响彻教室里的每个角落。

看着一个个耷拉着的脑袋，我痛快之极，胜利之感洋溢心间，甩出一句"谁再违纪，请选择离开！"然后大步流星地走出教室。

回到办公室，打开教科书，我却一眼也看不进，刚才的一幕历历在目——我真的胜利了吗？

我开始反思自己，反思自己的言行，反思自己的管理，我是谁？我是干什么来的？我将带领孩子们往何方而去？孩子们会因我的存在而感到幸福吗？我现在这样不就是因为班集体给我这个所谓的优秀班主任脸上抹黑了吗？我难道就是为了把班集体建设成为我争得荣誉的工具吗？

反思之余，我否定了自己，否定了自己的独断，否定了自己的专制。下午，我向全体同学公开道歉，为我的"暴怒"之语，为我的不分青红皂白，为我的自私自利。然后，我真诚地向同学们保证：再也不会在教室里发"怒"，并请同学们监督。

一调皮鬼嘟囔："空说无凭，立字为据。"

"立字据"三个大字撞击心扉，我们何不——

"对，立字据！同学们，咱们下午第三节自习课就执行，但是老师建议换一个名字——签协议。这个协议不仅是我来签，大家都可以签，可以与老师签，可以与班级签，可以与同桌签，可以和组长签，可以和任课老师签，签订的内容由我们根据自己的情况确定，但内容可以是学习上的，如课堂的参与情况，提问是不是主动，讨论是不是积极；或是学习主动性，作业是不是按时完成，是不是工整认真；或是自习寝室纪律方面，是不是做到入班即学，是不是入室即静；或是卫生情况，是不是随手扔垃圾，是不是积极负责，按时打扫等等。根据实际情况拟订协议内容，找到协议人，即监督人，签订协议，公示于众。

后来，大家一致同意布置一面"协议墙"，让协议约束大家的行为，激励大家的自律性，从细节做起，互相监督，养成好习惯，成就美好未来！

如今，在同学们的精心设计下，创意之"协议墙"以最美的姿态与大家"见面"了，那是一颗颗心灵之声啊，那渴求上进，改变自我的决心熠熠生辉！

案例解读
AN LI JIE DU

这，岂止是一面墙，乃是心灵成长之翼啊！张老师的小小创意，一张张协议，酿造出浓浓的师生情、同学谊。只有想不到的，没有做不到的！用班级协议来培养守信用、有责任感的未来好公民，这是教育的应有之义，也是国家未来发展的希望。"诚信"两字将在师生"君子协议"的契约精神下种植到学生的心灵中去，使之开花结果，让学生受益终生。

与学生签订协议，一旦将其理解为迫使学生去实现某些教育目标的手段，那么这样的协议只是教会了学生善于钻营的商人势利。相反，真正的班级协议的目的是为了让师生相互接近，在学生个体生命成长中更好地合作。因此，这样的协议应该是老师洞悉学生心灵需要的结果，是老师对学生成就动机的一种把握，是一种成人之美的君子协定。保证这样一种协定的教育性，最重要的标准既是把减轻班主任的工作量作为协定的出发点，也是把促进学生的自我完善作为出发点。"协议墙"的成功来自于对学生心灵的唤醒，这种让每个学生天生的上进心得到萌发，其教育价值不可估量。其实，班主任就是通过协议让学生明白，他们具备那样的力量。

已经有很多这样的实践演绎出了经典的教育故事。美国堪萨斯州一所小学四年级的老师卡瑞尔对学生说，大家若在堪萨斯数学评估测验中通过80%以上，他就会与猪亲吻，结果学生很争气，老师也不失言。1998年11月9日，美国犹他州土尔市的一位小学校长——42岁的路克爬行上班，在雪地里爬了3个多小时，爬了1.6千米，受到全校师生和过路行人的热烈欢迎。原来，为激励全校师生的读书热情，路克校长曾公开打赌：如果你们能在11月9日前读完15万页的书，我就在9日那天爬行上班。一言激起读书热。

正如苏联著名教育家加里宁所说:"教师仿佛是蹲在一面镜子里,外面有几百双精细的、富于敏感的、善于折射出教师优点和缺点的孩子的眼睛,在不断地盯视他。"正如上述教育协议,是出于自愿而签订的平等规定双方权利与义务的协议,而非一厢情愿的强制规定。否则,它就将失去自主管理的意义,也将违背契约之精神,与协议之初衷背道而驰。因此,坚守规则,向着我们需要的新秩序发展,是每一个班主任的美好愿望!

行动指南
XING DONG ZHI NAN

在市场经济社会,班级协议是一个微妙而重要的话题。一份民主、科学的教育协议的诞生,确实有不少技巧可言。

一是要以班主任的人格魅力去影响人。教育家苏霍姆林斯基说过:"教育是人与人的心灵最微妙的接触,学校是人们心灵接触的场所。"在孩子们眼里,教师是美好的化身,是他们效仿的典范。也许,我们不经意的一个微笑,一个肯定的眼神,一句温暖的话语,一个安抚的动作,一次体验的机会,都可能拨动孩子心灵深处的琴弦,改变他的学习态度,甚至改变一生的命运。因此,双方的协定虽是平等的,但教师一定要完成自己的义务,在必要的时候应该优先于学生完成。1998年11月9日,美国一位小学校长路克从家里爬行到学校上班,就是对这种教育精神的完美诠释。

二是要让学生通过完成协议能感受到成就感。协议的产生往往是在学生自我管理能力较弱的情况下产生的一种教育方式,目的是为了增强学生的信心,逐渐培养起学生的自我管理能力。因此,这样的协议应该在学生有完成的意愿下建立,并保证学生在现有能力下能够完成。虽说在适当的时候,可以修改协议,但最初的协议必须让学生有实现的动力。值得说明的是,这些协议应多带有鼓励的性质,因为双方在人格上是平等的,教师应作为甘愿"做出某些牺牲的一方"来强化学生的成就感。

三是协议要具有个人针对性。写下这一节的时候,笔者内心有一种担忧,害怕班级协议被"规模化"运用于班级管理而导致其变了味,成为一种流于形式的事务。在此,我们想声明的是,班级协议虽是一味良药,但也要妥善使用,适量使用。其用途无非就是针对学习落后学生的鼓励和自控能力差的学生的警示以及对有特殊才华学生的挑战,针对不同的目的、协议的内容肯定会有所不同,产生的方式也会因人而异,我们需要根据不同情况综合考虑。我们班主任要善于蹲下来与学生交流,用童心去体验学生的内心世界,了解学生的内心需求,倾听学生的心声,明白学生的感受,在乎学生的想法,这样,我们才会真正打开学生的心灵之窗,做学生成长的真正导师。

第三讲　组织，班级新秩序的支架

班级，凭借什么让学生获得发展？

班级，凭借什么让学生变得强大？

组织演化成的目标，相互协作的班级秩序，无不给学生成长以强有力的支撑。

（一）

构建班级组织，是班级秩序重建过程中最为重要的环节。将班级组织有效优化，就好比盖房子需要坚固的屋架，组织的重要作用在于构建班级秩序这顶屋架。大家都知道，在阶级社会中，秩序维护统治阶级利益。同样如此，班级组织的运转情况从某种程度上决定了班级秩序的性质，即是条理的还是紊乱的，是民主的还是专制的，是恶性的还是良性的。强化班级组织建设，根据班级组织的自身和学生决定，从班级环境入手打造，一切为了学生发展的需要，只有促进学生更好地发展，班级组织才会更加牢固，才会成为学生的爱之屋。

（二）

赋予组织力量，打造班级强大的"军团"，要给班级组织定好位，把管理中提升学生品位的主动权还给学生，把参与管理时组织渗透的机会还给学生，培育学生的灵性，这样，完美的教育才会水到渠成，学生的强大才能成为自然而然的事情。

班级管理中，诸如目的性、整体性和开放性等，最终决定组织最大的功效是让人人有事干，事事有人干。当然，这一切，都将由班主任的组织定位给出方向，而后方能延续着后面的历程。

（三）

班级管理最为形象的体现，莫过于组织方法的掌握。组织定位与给力，是班主任最重要的工作之一，只有如此，才能让学生找到适合自我成长的位置，只有组织得当，其组织意图才有实现的可能。

组织方法的掌握依然基于班主任有序组织下的秩序调整，从整饬行动开始，再到组织的崛起，这样才会变得简单。在组织过程中，需要班主任有一双慧眼、一颗慧心和一颗仁心，做到心中有班级，时刻呵护学生，这样才会真正做出富有创新的班级管理。

（四）

班级组织的实现，拥有巨大的现实意义。亲爱的读者朋友，在本章中，我们将把思维聚焦于班级管理、组织建设、秩序构建等关键词之中，让我们更进一步明白培育学生的责任意义，以"用"促培，组织作用才会发挥到极致。真希望我们能带给您班级管理的启发，帮助你们构建起一个强大的班级。

第一节　重建班级组织结构

在班级管理的诸多论题中，我们似乎很难找到一个像班级组织设计和组织结构这样被充分重视和反复提起的论题。今天的情况是，传统的组织设计的方法在教育领域受到了广泛的质疑，班主任需要找到能支持和促进学生有效地完成教育任务的结构设计方案，既要取得高效，又要保持灵活性，而这些都是现代班级管理走向成功所必需的。如今，班主任面临的挑战是，如何设计出一个组织结构，使学生卓有成效地开展工作。

组织建设服务于多重目的，主要有：将任务划分为可由各个职位完成的工作；将管理职责分派给各个班级职位；协调组织的多项任务；敲定组织和学生个体之间的关系；建立起正式的职权线；分配和调整组织的资源等。

正如我们所知道的那样，学生是班级建设中一支重要的、不可缺少的生力军。一个真正强有力的班集体，不仅班主任省心省力，而且班风必正，学风必浓，班级秩序必定井然。让每一名学生成为得力助手，关键要看班主任的组织能力是否可以改变班级环境。值得强调的是，单单选好助手，还是不够的，必须从组织的角度入手改变班级环境，让人人参与班级管理，人人成为组织的助手，才能真正理顺各重要因素之间的关系。在本小节中，我们将加强组织建设的重点，转向给力于班主任的研究，转向对班级组织环境打造的研究。

1. 打造组织助手

组织是由很多个体组成的集合，组织的发展依赖于每个个体。班级组织依托得力的助手，实为班级管理中给力的重要手段。教育教学确立的诸多工作任务，多是通过任务的分解、组合和协调达成的。在整个管理中，不是将事项任务交由某个学生承揽，而是将之细分为若干步骤，将任务细分为若干狭小的、标准化的工作，充分发挥组织的作用，日复一日地开展下去，从而提高管理组织效率。可见，班级管理要充分依靠学生配合，学生不配合，一定打造不出一个强大的班级。

优秀的班级管理，往往与有优秀的班级管理助手息息相关，但助手作用的发挥如何，还得看班主任的管理行为。一个班级健康向前推进，直接受到班主任对助手的理解的影响。我们必须明白，任何一个学生都是组织的人，都可能发展成班级的得力助手，甚至包括与班级有关的教师和领导，都可成为班级发展中的得力助手。

原规则：把管理还给学生，人人都成为助手是班主任组织工作到位的反映。

组织建设的作用在于解放班主任。单看这个"助"字，左且右力。"且"的意思，即是当下的流行语"给力"。所以，"且"与"力"联合起来的这个"助"字，正有"力上加力"之意。作为班主任，耐心细致地管理班级；此为一力。得力助手，辅助班主任维持班级秩序，此为又一力。精心选择得力助手，正是智慧型班主任"力上加力"的高明之举。

班级管理中的组织形式，必须遵循一个原则，即适合才是最好的。班级管理不能只是班主任一人的事，事无巨细的教师不仅吃力不讨好，而且剥夺了学生锻炼的机会，而优秀的班级管理，往往能把管理还给学生，让学生去管理。只不过，很多涉及管理中一些非常普通的知识,我们很多班主任却没有掌握。如,班级管理中,从组织高层延伸到基层的一条持续的管理职权线,帮助回答"班级管理中遇到问题时向谁请示",或"我对谁负责"这类问题。

现象纪实

XIAN XIANG JI SHI

听任于教育的组织,班级其实就是教师、学生集合在一种特殊的场所里的共同体。在班级管理中,学生助手是班主任老师活脱脱的影子。学生不配合,何谈实施班级管理?

每一个人都是这个组织中的一分子,任何个体不会随便地游离,因为中心强大的引力不会游离。不知大家发现没有,无数班主任虽然已经建立班级组织的概念,但没有理解组织的作用,除了尽力发挥班主任教师一人的作用,学生的组织作用并没有得到发挥,他们仅仅是一个个随性体,又怎会专注于班级管理呢?那种把班主任作为班级组织的权威者,任其发号施令,班级其他成员被动执行,这不是我们现代教育所需要的班级组织。

现实是,让每一个学生成为班主任老师的得力助手的机会并不大。自我反思一下,我们有多少学生成为了班主任的影子?学生没有成为班主任的影子的比例越大,没有成为班主任管理中的得力助手的比例越大,只能直接说明此班级通过组织的调和,还有很大的提升空间。班主任要充分发挥其协调和组织能力,让组织成为学生发挥才能的平台,给予学生强大和提高的机会。

→ 案例3-1

长春明德小学设立轮换班干部

在明德小学,学校班级干部胸前都佩戴着一张卡,常务班干部上面是红色的字,而轮换班干部则是绿色的字。校长初颖说:"学校采用这种方法,就是希望孩子们从小能有责任感。"

初校长说,以前在人们的观念中,传统的班级工作就是班主任"一统天下",学生干部和学生只是执行者。实施班级干部轮换制后,提倡"把班级还给学生",让全体学生真正成为班级的主人,与班主任一起来管理和经营班级。班级共设有班长、学习委员、生活委员、体育委员、纪律委员、宣传委员、文艺委员等职务,每种职务分为常务和轮换两种岗位。而竞选班干部也是通过竞职演说、民主投票来确定常务班干部。常务班干部负责本学期的班级管理工作,其他同学可根据自己的特长自由申报轮换岗位,在常务班干部指导下负责当天的工作。轮换班干部的工作期限也跟他们的工作成效有关系,工作成效好的还有机会当选常务班干部。

案例解读

AN LI JIE DU

人人都是班级组织中的重要元素,人人都可以成为班主任的重要助手。长春明德小学的班干部轮换制,给了每个孩子尝试的机会,这实为组织建设得到充分发展的体现。现在的孩子,大多都是独生子女,上学前与其他小朋友接触特别少,很容易形成一种以个人为中心的心理。明德小学实行的常务班干部和轮流班干部的教育方式,可以让每个学生都得到锻炼的机会。让每个学生在当班干部时,生发出一种集体荣誉感,从而努力学习,尽力做好各方面的班级工作。因为他们会有一种相互攀比的心理,比谁当班干部时做得更好,有利于形成一种竞争意识和精神。这种教育管理方式会增强学生的责任心,培养学生合作、共处、探究等方面的能力,全方位地促进了学生的发展,也为孩子将来融入社会,成为社会的好公民做好了铺垫。同时,通过这种方式让人能感觉到组织的作用,让人人有事干,都能成为管理者。

需要指出的是,我们无数教师在班级组织建设中存在着一些错误的认识,特别刻意地认为组织属于管理的范畴,只是那成绩优秀、表现良好的学生的专利。不知大家想过没有,为什么有的学生游离于教育目的之外,一个根本的原因就在于,这一类学生习惯于被别人管。思维的问题更会导致行为问题,改变班级组织方式,让人人都受到组织的束缚,产生束缚他人之力,如此的班级想不优秀就不可能。

选择得力助手,做得尤为突出的是魏书生老师。他常年在外讲学,班级仍然井然有序,学生学习成绩也十分好,这一切都离不开魏老师所建立的助手队伍。在魏老师的班级里,有值日班长,有各个岗位的监督员,班级大小事务,都有得力助手专门管理。目前,全国各地很多学校和班主任纷纷学习魏老师的班级管理经验。一个又一个小助手,小值日班长在班级组织中,发挥着重要的作用。

其实,班级组织建设成功的秘诀,正是这样,只要通过组织的作用,让助手"形成习惯",班级的大小管理事宜都会"变得简单";只要让学生"形成习惯",无论是永争上游的学风,还是积极向上的班风的形成,都会"变得简单"。能否拥有井然有序的班集体,关键看班主任能否调动"学生主动去做"的积极性,能否促使"学生形成习惯"。这就是习惯形成了秩序,秩序保障了组织健康发展,最终形成教育的合力。

行动指南
XING DONG ZHI NAN

我们真诚地建议作为班主任的您,在抓好组织建设时,能善于借学生之力,助推班级健康发展。

一是要多给学生表现的机会。每个学生都存在潜能,班主任如何在组织中挖掘学生潜能至关重要。班级需要得力助手,我们选择助手的依据是什么?是看才能还是看背景?答案不言而喻。选择助手,班主任一定要根据班级特色,挑选精兵,做到人尽其才,让人人都有参与的机会,更重要的是,每一个学生都有强项,让每一名学生通过管理自我从而带动管理他人,去做更有意义的事情。这不仅是锻炼学生的好机会,班主任也能有更多精力去做细做实班级组织管理的事务。我们可以采用民主方式,由学生选举出自己最为信任,有能力、有威信的同学担任某一方面的管理负责人为班级服务,我们还可以采用学生"自由结合轮流干"的方法,调动每一个学生参与管理的积极能动性。只要加强组织建设,以培养人为目的,所产生的一切行动都会带有美的内涵。

二是要完善组织机构,充分依靠学生。组织不是一人高高在上,其他唯命是从。在当下,"和谐"是主题词,组织建设也同样如此。"和谐"的基础是平等,所以我们在此真诚地倡导班主任营造"班级自由平等"的秩序,提倡学生给自主权,反对班主任全权包办。毋庸置疑:班主任独断专行,不仅不利于班级秩序的调整,而且吃苦的只有自己。我们真诚地提醒您:没有组织建设能力,独断专行便是管理中最直接的反映。只有我们的一切安排都依靠学生,才能维护自己的威信。在班级建设中,班主任应多方沟通,更全面深入地认识学生,了解学生的性格特点,包括长处与短处,通过组织管理达到培养的第一目的。

三是要发挥优势,物尽其用。正所谓"没有最好,只有更好"。每一名学生都有自己的优点,只要善于发现,当通过组织的力量把他们放到真正适合的岗位上,他们就一定能得到锻炼。班主任可以对学生采用定期管理考核制度,考核成绩不好的,给予第二次机会,或给予新的岗位。通过考核给压力,给动力,他们才会有战斗力,才会真正成为班级管理的主力军。一旦把学生放在不适合的岗位上,无论是对学生成长,还是班级组织,都是没有益处的。教师要创造机会让人人参与班级管理,让人人发挥自己最大的才能,物尽其用。及时优化班级管理团队,十分重要。

2. 打造组织环境

我们想把思维转向当前的老城改造。当下,在广大的农村为什么要投入大量的资金搞风貌改造? 为什么在老城要投入大量的人力、物力和财力搞旧城改造? 当这一切真正升级改造之后,周围环境便会提档升级,展现出一种新感觉,给人留下文明、富强的印象,改革的目的一下子全然实现。班级管理也如此,组织建设实属一种可行的方式,实施中给予提档升级,诸如旧城改造一样,一定少不了组织换血的过程,这样才可能旧貌换新颜。

让一个班级提档升级,有道是"看花容易绣花难"。单单把适当的学生,放在适当的岗位上,还是远远不够的。在明确班级责任分工后,班主任首先要做,而且必须要做的事情就是培训成员,让助手掌握工作方法,打造有生命力的班级管理"军团"。

原规则:打造班级组织,实质就是打造班级人文新环境。

组织环境,差不多就像一个原子核结构。亲爱的朋友,在班级管理中,我们面对的毕竟是孩子,组织环境有时就仿若轨道的升级,班主任操纵组织就像那车头的司机。我们反复强调要让助手掌握工作方法的重要性。我们认为,组织最基本的解释,便是给班级管理工作方法,甚至解释成一个带倾向性的富有灵魂的工作方法,给组织、给方法,就像最近北京到广州启动担当升级的高铁提档,一个庞大的组织系统环境,方才保证了和谐号的正常运行。

作为班主任,努力培养一支愿意工作、敢于工作、善于工作的素质高、能力强的团队,有一套解读组织行动方程公式,能从组织角度入手做课题,且行且思,且思且行,这近乎是近年来天下优秀班主任抓组织环境最有作为的一条通途。只是,如今没几人真正理解班级组织环境的内涵、功效,很少有人投入精力耕作而已。

现象纪实
XIAN XIANG JI SHI

班级环境重打造,打造过程就是一个组织过程。优秀的班级人们最看重的便是其优美的班级环境建设。班级管理的提档升级,本是一个智慧的举动。以前,我们的教师无智慧吗? 非也。一个真正的根源,就在于无数的教师缺乏班级环境的组织打造意识。

班级环境的营建,往往会产生无穷的影响力。为什么有的班级给人的印象,就像一个无声无息的环境？无数班级就像一句诗，悄悄地来了，悄悄地离去，没有留下一点儿痕迹。只要审视这样的班级，便会发现他们的组织环境之差，存在着两种普遍现状：一是有管理无组织，二是无组织无管理。有管理无组织，似乎就像缺少班级灵魂一样，无组织无管理，天然中真还难有景色产生。

➡ 案例3-2

45 + 1 = 1

45 是指我们班的 45 个学生，+1 是指我。"班主任也是班级中的一员。"所以便有了"45 + 1 = 1，我们相亲相爱，一家人"。为此，我班便召开了一次"班级因我更美好"的演讲会。

开场白：三十四班是一个整体，每个人都是其中的一份子。大家在一起学习生活劳动组成了这个朝气勃发的集体。每个人就像一颗星星熠熠生辉，用自己独特的光辉支起了一面面独特的旗帜。班级因每一个人而精彩，班级也正因为有了我们才会更美好。大家应该像玩"两人三足"那样手挽着手向着成功的方向冲去，少了谁都不行，因为我们是一个整体，班级因我而精彩。

学生发言前，班主任提出演讲要求：

一是陈述班级与个人的关系——每个人都是组成这个集体的一份子，缺一不可。

二是强调个人对班级的重要性——只有每一个人都优秀了班级才会更美好。

三是怎样才能发展自己让集体更美好——首先要有集体荣誉感，其次要发扬个性展现不同自我，最后要提高自身素质与能力。

发言简要：

学生A：每一个人都独一无二，每个人都光彩四射；表扬同学们在学习上，运动会中及课外组织活动上积极向上的精神风貌；"一枝独秀不是春，百花齐放春满园。"大家要团结起来共同为集体荣誉奋斗。

学生B：强调学习的重要性——成绩是综合竞争力的核心；介绍学习方法及正确的学习态度；

没有付出就没有回报，大家应该共同努力，打造顶尖班级。

学生C：三十四班有家的温暖，同学们在一起就像兄弟姐妹一样充满温馨；概括同学们在前期的精彩表现，为能加入这样的集体而深感自豪；提出对未来的希望——大家共同奋斗，让三十四班在一中这个大舞台上更加夺目。

学生D：介绍学习英语的方法，点明同学们在英语早自习、背书、收缴作业等方面不够积极。给予同学们鼓励，倡导大家共同营造先进班级。

学生E：班级如何因"我"更美好——要建立一个纪律好学习氛围浓厚的班级才能施展同学们的才能。班级纪律有所好转，希望同学们能继续保持。强调时间的紧迫以及时间的重要性，希望大家抓紧每一分每一秒，时刻记住班级因"我"更美好。

……

结语：班级因"我"而精彩，班级因"我"更美好，让我们携起手来让三十四班变成"一中"永不落幕的神话。

案例解读
AN LI JIE DU

班级提档升级，其实就是一个班级环境建设。打造优美的班级环境，任何一位班主任，都有不同的招数，但我们这里所关注的环境是组织环境。班级组织环境打造永无定法，全是管理策略的体现，其组织力多像绳子一样，最怕的是让某一个学生被忽略。但可肯定的是，因为组织到位，就像以上案例一样，"45＋1＝1"便是一个组织环境建设的反映。这样的环境，班级中的每一个学生和班主任就会融入一个整体，让每一个人都有自我运动的轨迹，就像一个圆一样，高速运转中有永远的向心力，并无惰性。

在班级中加强组织环境建设，我们应该让每一个学生都融入班集体。但在现实中，往往许多班集体的构建忽视了一部分学生的存在，让他们游离于班级之外，虽然这部分人是少数，但只要有一个学生在班级环境之外，这个班级就不是一个真正意义上的优秀班级。真正优秀的班级，就是要打造一种健康的舆论氛围，让每一个学生都能感觉到自己是集体的一分子，自己的一言一行都是代表着集体的形象，这样的班级环境才是我们最期待的。

在班级组织系统中，由于学生个体的性格、气质以及兴趣爱好的不同，在相互交往的过程中，往往根据兴趣或能力形成班级组织系统里的亚文化群体组织，这种亚文化群体我们一般把他们列为班级系统里的非正式组织。他们或一两人，或三五成群。虽然是"组织"，但他们一般来说没有自己明确的"组织"目标，也没有外在的组织规范。它基本上是依靠组织内某个别成员的能力去开展活动，对其内部成员的思想和行为有着重要的影响，而这种影响常常会波及班内的其他成员。班级内的非正式组织是班级组织系统里不可忽视的力量，如何让非正式的组织更好地融入集体，有效发挥他们的正能量，我们不妨借助"45＋1＝1"给我们的启示，帮助他们找到归属感，使他们的想法融合，让他们各尽其才才是硬道理。

行动指南
XING DONG ZHI NAN

高超的组织艺术，往往能体现于对每名学生的关爱，能促使班级环境改善，最终演变成为一个班级提档升级的理由。为此，我们倡导班主任在加强组织建设时，要做到"四要四不要"：

一是要高瞻远瞩，不要鼠目寸光。一个班级就是一个战斗群体，能不能打胜仗，能不能长期打胜仗，这是班级持续发展的关键。作为班主任，我们就是这个战斗群体的总指挥，把班级带向何方？让班级具有怎样的战斗力？这是考验班主任能力的关键。长远谋划，替孩子一生健康发展着想，是班主任首要考虑的问题。因此，班主任从带班开始起，就要为班级的长远发展做好计划，营造班级舆论氛围，打造班级战斗力，千万不能两眼直盯学生考试成绩，不能让班级陷入被动应付检查的小圈子里去。

二是要精心指导，不要放任自流。得力助手再得力，他们也只是助手，不能完全替代班主任的作用。班主任，作为班级秩序的首席维护者，必须重视适时恰当地指导，帮助班上的每一名学生在管理工作中积累更丰富的经验，锻炼出更强的工作能力，更好地为班级管理服务。这就像一个森林公园一样，一旦每一棵树都在发挥作用时，就会绿树成荫。班主任要管理到位,不能做"甩手掌柜",要把自己变成这一环境中的助手,为每一棵树苗的健壮服务。班主任要放手但不抛手,适时地扶助手一把;班主任要信任但不放任,适当地修枝剪叶,为学生指引明路。

三是要善于激励,不要常泼冷水。得力助手,之所以得力,在于他们能成为优美班级环境中的支撑。所以,即使有一名学生错误行事,对班级环境造成一定影响,我们也不能"迎头棒喝",一盆冷水泼过去,否则,它丧失的不仅仅是班干部的自尊心和积极性,还会损害他们在同学们心中的威信。我们倡导抓住组织引领的作用,对学生多多激励,犯了错误以指导、提点为主。我们可以采用打补丁的方法对问题学生进行心灵修复,但语言要尽可能地平实,让学生易于接受。比如,下次你一定能做得更好;想想怎样做同学们会更加信任你等。我们反对朝进步中的每一名学生泼冷水,不给他们改正的机会与自我反省的机会的错误做法。

四是要即时矫正,不要错失教育良机。得力助手虽然得力,但是也不可能"好"声一片。对于学步的婴儿来说,他们最需要的,其实不是"你真棒",而是跌倒了,去帮助他重新站起来。同样的道理,真正促进班干部个性发展能力提高的,不是虚华的赏识与赞美,而是在他们错误行事时,及时矫正,帮助他们明确目标与方向。其实,当学生犯错误的时候是教育的最好契机,因为他暴露了自己的弱势,如果能抓住教育契机,走入学生内心,帮助学生分析原因,找到解决问题的办法,学生的成长就会上一个台阶。相反,如果对学生错误不及时矫正,或方法不当,不仅对孩子成长不利,对班级发展也会产生不利影响。矫正要注意方法,我们可以创设相似情境,让学生在情境中自悟错误,自得矫错办法,也可以让他写出下一阶段的打算。方法灵活多样,合适的才是最好的。我们要因人而异,依据个性特点选择适合的方法。及时矫正,对实现班级组织秩序调整十分重要。

第二节 班级组织定位与引领

组织定位能带来什么?想想刘邦被逼,荣登皇帝宝座,创下汉室江山。刘邦当年作为草根,并没有宏伟大志,他的成功全因为有其身后强大的政治组织和军事组织的支撑,逼迫,方才促其拥有天下。班级管理,这可能是天下最小的联盟组织,也是最难给未来之人定位的组织,但让其发挥应有的功能,一切也皆有可能。可以肯定地说,只要在班级组织中得到锻炼,培养未来卓越之人的大梦就能够变为现实。

班主任,作为掌管班级组织之人,我们应该时时刻刻想一想,自我尽职了吗?谈管理之道,当然与开窍有关联。"主动"与"自然",其实就是一对反义词。主动多有自发的含义,全然一种自行奋发。纵观班级组织,一个自发秩序。长期的班主任工作经历告诉我们:班级自发秩序真的不是靠外力维护,而是靠人人发自内心的主动维护目标,并将自我管理有机结合。

组织定位,涉及个人的便可称其为理想。班级管理给孩子们增添鸿鹄冲天的勇气,在无序与有序间寻到升空的平台,当然不是"画饼充饥",更多需要一种新的运作与引领,让孩子们实实在在地做着让羽翼丰满的事。班主任朋友们,抓住班级组织的平台,给孩子飞翔的天空吧。在本小节,我们将从引导学生做事谈开去。

1. 在干事中提升品位

近来,经常给自家孩子提醒,你读书学习的目的是什么,经常关注孩子所做的事有没有提升品位。家庭,对于孩子而言,也是一个组织,量化孩子的成长,真还不能是空洞的说教。孩子长大后去做什么,成为什么样的人,最现实的就是从身边的事做起,前前后后一番对比,看打理家务能力是否增长,待客之道是否更周全……班级与家庭组织道理其实是相通的。谈理想,就是给学生指明方向,就是让其成为有品位的人。譬如,一年级与二年级比,明显感觉他们所作所为的不同,一句话,就是更有品位。透彻地说,今天的学生和昨天的学生相比,他们更懂得去做有意义的事,这就是品位。

原规则:带着学生干事并不断提升品位,方才会接近教育理想。

在班级管理中,优秀班主任最明显的变化,就是所做事与事相比,品位规格明显不同。干事能力是一个不断提升的过程,品位提升也应是一个不断修炼的历程。作为家长的我们,责任就在于给孩子事干,让其选择做事的品位有所提升。作为教师,我们的责任是什么? 相对于班级管理,我们全然可用君主与臣子之能来类比班主任与学生。如《人物志》中言:"臣以自任为能,君以能用人为能;臣以能言为能,君以能行为能;臣以能行为能,君以能赏罚为能。"在班级管理中,如若我们真正能恪尽职守,何谈学生不会做事? 何惧学生无品位?

要让学生体验自身的价值感,首先要让他们明白自己能干什么,应该干什么,可以努力干什么。当他们真正享受了做主人的美好体验后,他们能够自发地教育自我,明显地感觉自我成长,给自我更高的要求。这就是我们倡导的"班级组织自发秩序"的一个具体表现。

现象纪实
XIAN XIANG JI SHI

班级组织的一个功能,就是让成员学生引导大家主动做事,让学生明白自己应该干什么。可在实际的班级管理中,很多班主任在这方面的作为并没有到位。能提出让学生做应该做的事,达到相应的要求,并体现于班级管理中,这样的实践者更是少之又少。可以肯定的说,让学生做事,并无得体的要求,这是在当下班级管理中,涉及组织管理的最突出的问题。

古希腊思想家把因才定分,各守其分,循分服职,各得其所及和谐一致作为秩序的标志。在班级管理中,班主任组织能力最典型的表现就是能依据学生的不同特点,细化责任分工,让学生明确自己应该干什么,并主动地提升品位,在各自的岗位上发光发热,建立和谐一致、积极有为的班集体。作为班主任,我们真还不能糊涂,不能当甩手掌柜,否则,我们就一定完不成时代赋予我们的使命,培养不出伟大的后生。

➡ 案例3-3

幼儿园的班级管理

了解孩子的思维特点,通过针对性的教学使管理,能使工作变简单有趣。

案例一:衣服也会做早操

天气渐渐变热了,做完操后,好多孩子出了汗,纷纷脱去外套,按老师的要求把衣服放在床上。我进去检查了一下,发现好多孩子根本没学会叠衣服,将衣服胡乱扔作一团就算完成了任务。怎样才能教他们快速学会正确地叠衣服呢?这时耳边传来小班早操的音乐声,我灵机一动,心想何不让我手中的小衣服、小裤子也活动几下呢!于是中午午睡前,我喊口令,请小朋友让衣服"伸伸臂"(将衣服拉平,将两只袖子向外拉直)、再"拍拍肩"(将两只袖子向内叠)、再"弯弯腰"(将衣服对折整齐)。叠裤子时,要求孩子先让裤子"立正"(拉直拉平两条裤腿),再"两腿并拢"(强调一条裤腿不动另一条裤腿叠上面),再"下蹲再下蹲"(将裤子对折整齐)。孩子们边听口令边操作小衣服、小裤子"做操",都学得特别开心、快乐。不知不觉中将叠衣服的技能学会了。从今以后,衣服乱卷的现象杜绝了,孩子们将衣服叠得出奇的好和快。

案例二:衣裤找朋友

在寒冷的冬季,小朋友们穿得又棉又厚,就像一个大粽子。衣服一多,麻烦就来了,孩子的上衣和裤子常塞不妥帖,这样一来很容易感冒。

在检查中我发现经过训练的孩子已基本学会了塞裤子,只不过常常一股脑将所有的内衣内裤不等理平就塞在外裤内,看上去塞好了,但摸上去鼓鼓囊囊的,一弯腰就又脱出来了。怎么办呢?我突然想到"找朋友"这个游戏,心想何不利用它呢!于是我拿出一件毛衣,告诉幼儿毛衣哭了,因为找不到它的老朋友毛线裤了,你们快帮忙呀!看到小朋友热心帮助寻找时,我连忙拿出毛线裤,告诉孩子快点把自己的毛衣塞进毛线裤里,让两个"好朋友碰碰头,拉拉手,这么一来毛衣就不会哭了。接着又用此方法教会了幼儿让棉毛衫、棉毛裤找朋友。就这样,在形象地比画及讲解下,幼儿很快掌握了塞好衣裤的要领,每次起床及小便后,值日的小检查员一问,被检查的孩子会立即掀起外套,骄傲地告诉他:"我的好朋友找到了。"

案例解读
AN LI JIE DU

班级组织作用的发挥,最主要目的就在于引领孩子在某一阶段中达成相应阶段的成熟。就像上面的案例一样,虽然是发生在幼儿园管理中,但只要我们深入体会,便能从中发现当孩子们掌握穿衣的窍门,养成打理的习惯,这里便是教育已经催生出一批具备实践能力的孩子。这里实则体现了管理的品位,以及孩子们从不会到会做事中的品位。我们中小学班级管理,其基本原理都相同,只是对不同阶段的孩子有不同的要求罢了。其中最需要的是,能通过发挥组织的作用,让学生发展,让其感受到成长和体悟到品位。

班主任中有管理品位的,当属魏书生老师。在他的班级中,管理的主体永远是学生。他设立了细致的责任分工,还发动每一个学生进行责任承包,形成了由班主任、班级干部、学生组成的三级管理体系。人人都是管理者,人人又都是被管理者;管理因时而动,权力彼此制约,而教师则处在一个服务的位置上。这就是魏书生的班级能在没有班主任管理的时间内仍然良好运转的奥妙。因为,即使班主任不在,也事事有人为,每个人都能主动完成自己份内的工作。其实这就是班级"自发秩序"下的"自主文化"的生动写照。

平日事,天天做,同样反映不同品位;特定事,特定时间做,更是品位的体现。做事与品位,分分离离之久远,就会让更多的教育机会溜走。让学生做事中体现品位的要求,就像给石头雕塑成"思想者"头像一样,让所做的事像石头一样有了灵魂。

有品位,是对进步者的要求。让人人有事做,班级组织必须发挥平台的作用,加入品位的要求,这样,前进路上的内驱力方才会产生。不知你发现没有,就因为让学生做了自己能做的事,让其所做之事意义生成,给了学生"面子",学生才永远难忘。

行动指南
XING DONG ZHI NAN

学生发展了么?得看班主任的要求。学生成熟了么?要看班主任的引领。班级组织发挥作用,凸显组织引领,让孩子们有事干,让孩子们在体悟中感觉到进步,聆听到拔节的声音,这无不是班主任智慧的体现。围绕如何让学生学会做事,如何提升品位,我们提出以下建议:

一是要提供机会,培养学生的自我管理能力。教育教学的终极目的是让学生自我成长,是学生自我能力的培养。引导不是单纯教知识,不是通过命令让学生屈从,应该逐步引导孩子在做中学习自我管理,避免不必要的管理行为。在班级管理工作中,生活管理是一大重头戏,是教育工作的前提,它构成了班级管理的基础。如果这项工作做不好,班级问题就会屡屡出现,班主任尽管忙得焦头烂额,却常常是事倍功半。在日常的生活管理中,有很多事是孩子们不仅能做,而且能做好的,可老师们却吃力不讨好地全包办代替了。这非常不好。我们应通过一些训练使孩子们在实践中建立起良好的习惯。当他们会做事时,其自理能力、自我保护能力便会提高,同时也将大大减少老师的管理工作量。

二是要抓住契机,提升学生的品味。相比喧闹的集市,很多人更喜欢去超市。安静地挑选,安静地称量,安静地结账。两者的区别在于,超市虽然人多,但是有固定的购买程式和规则,人们悄然维持着超市秩序。同样的道理,我们提倡让孩子们人人有事做,但是我们并不提倡让学生忙得不可开交,甚至忘记回头品味一番自我的成果。如果有的学生甚至身兼数职,却忘记了品味,时刻都在忙,这样,他们就少了生活的情趣,失去了成功的时机。因为,只做事并不代表着成长,代表着成熟。我们在给予学生做事时,一定不能关闭学生自律的门窗。作为教师,我们要善于创造和把握教育的契机,在一个个鲜活、具体的教育情景中通过各种激励、引导措施提升学生的品位,这样一点点积累就达到了教育的目的。

三是教师要"悠而不闲",创造性地给予指引。班级组织,成功在于给予学生的是精神。让学生在做事中成长,这是一件创新的工作。如果没有掌握其要领,只会给学生增添繁重的负担。海尔集团的 CEO 张瑞敏说过:"如果是中国制造,就一定会被打败。如果是中国创造就一定不败!"这种精神叫做勇于创新。画家郑化改说过:"强者回顾大坎坷一带而过,弱者叙述小挫折喋喋不休。"这种精神叫做不论逆顺的超然。盛大网络董事长陈天桥说过:"人生可以适当游戏,但不可以游戏人生。"这种精神叫做慎重。做事的激情像涌泉一样来自激励,奋力前进的动力之源来自品味的过程。教师借助班级组织之力,让学生在做事中学会创新、超然、慎重,才能为孩子们创造新的成长价值,才能使人人实现又好又快的成长与发展。

2. 实现组织大传承

班主任不只是一个独立体,他更是班级组织的代言人。班上的孩子们能否真正与班主任之间形成心通,这是对班主任工作的重要考量。其实,班主任的作用更多是对自我意识理念的传承,特别是让孩子们依照其要求做事。可以这样说,班主任代表着班级组织的认定,对孩子们的发展起着不可估量的作用。相对于成人,组织鉴定的重要性不言而喻;相对于孩子,一位教师代表着班级学生认定,其重要性更是不言而喻。人们所说的"期望效应"差不多印证了班主任的期望值等于孩子的成长,组织认定往往确有说其行,就一定行的魅力。

前面小节,我们对提升做事效果,拥有更高格调的品位进行了探讨。在本小节中,我们将进一步探讨提升品位的路径,特别是对优良作风的传承,以期达到心灵相通的境界。诸如家庭教育,孩子往往如家庭组织的影子一样,在冷、暖、吃、穿、住、行等很多事情上,家庭成员间全然在细节中折射出心心相通。我们深信,在班级管理中,各成员间达成如家庭组织间的默契,其管理那才算是真正的高明。

原规则:乐此不疲地通过组织传承,开辟一条致其优秀的通途。

孩子们的成长靠的是引领。郑学志老师说得好:"每个学生都能够自主学习、自主教育、自主管理、自主发展,关键是看你怎么撬动他内心的动力系统。"要想学生人人主动为班级做事,关键要看班主任怎么撬动学生"内心的动力系统"。在笔者看来,真正要撬动学生"内心的动力系统",并不是单靠"班级责任分工一览表"达成的,也不是单靠班主任或班干部的分工与监督完成的,最恰当的办法便是通过班级组织,传承永远优良的作风。试想,当孩子们言、行、思都向着优秀出发,还能不意气风发吗?

当孩子们有了主动管理的内驱力的时候,发自内心地尝到了为班级付出的甜头的时候,"班级自发秩序"才真正地建立起来,班主任组织建设的重要作用就更加彰显出来。在笔者看来,这差不多就是组织给予的认定。诸如,笔者总有晚睡的习惯,家里的孩子每晚洗漱之后,总会再打一壶水加热留着我用,孩子习惯的养成都是得到家庭的认定方才能继续坚持。班级管理,何尝不是这样?当一个优良的作用得到班主任的认定,全源于孩子们对老师认定的心知肚明,而后顺着老师的意愿做,哪怕当初对美丑善恶的真谛还不是很懂。

现象纪实
XIAN XIANG JI SHI

让孩子做无数的事,能达成教育目的吗?现实中,传承优良文化,能引领学生正确地做事,做正确的事的,真还不多见。无数精细化管理虽备受推崇,但效果并不见佳。其主要原因就在于引领缺少一根弦,所做之事无因无果,茫然行事罢了。

班级组织发挥作用,从传承优秀做起,在这方面做得最好的,李镇西是其中之一。李镇西老师非常注重陶冶学生的心灵,努力让"人们因为我们的存在而感到幸福"的思想走进学生的心灵,让学生人人乐于为班级做事,并把它看成是一件幸福的事。其实,李镇西老师的做法就是在构建一种健康积极的班级精神文化。当这样的精神文化在班级根深蒂固时,班级组织就水到渠成,"班级自发秩序"也就真正地建立起来了。

李镇西老师的成功经验,充分证明,最高层次的班级管理,是用优良作风传承治班;用他那"未来班"的优良理念引领着他后面的学生,让其所有孩子的心灵享受着"精神文化"大餐,方才真正使他所带的班级总是很优秀。

亲爱的朋友们,在班级组织优秀传承这方面,您实践与探讨了吗?

案例3-4

"雷锋班"里故事多

"王老师,再过一年我们就要毕业了,在离开母校前这一年里,我们全班愿轮流为老师们打扫办公室,以报答母校的培育之恩,怎么样?"

"当然好哇!"

这是去年秋开学第一天报名时,六(2)班学生找到班主任王转运老师,主动要求承担六年级办公室打扫任务时真实的一幕。

从此,这个班的学生每天坚持到办公室打扫卫生,每次都是既干净又彻底,在全校历次卫生检查评比中都是优秀,办公室门上的卫生星都快贴满了。去年"国际志愿者日"(12月5日)到来,该校评选表彰了第三届优秀志愿者集体,六(2)班榜上有名,成为该校人人皆知的"雷锋班"。

现在的独生子女个个都是父母的掌上明珠,到了六年级的学生往往很叛逆,缘何能主动替老师们做值日?这个问题勾起了笔者极大的兴趣。经过几天的了解,发现这个班的"雷锋"故事还真不少。

"雷锋班"班主任王转运老师是一个雷锋精神的崇拜者和践行者。他始终像雷锋那样"不问获得,只讲付出"。她时时刻刻严格要求自己,尽心尽力地做。王老师经常利用班队会让学生讲雷锋故事,唱雷锋歌曲,展雷锋图片,使学生受到潜移默化地教育,雷锋精神渐渐植根于孩子们心田。

带头学雷锋是王转运老师的一贯做法。和她搭班的单老师是学校领导,管理事务多,有时难免要找她调课、顶课。不管何时,只要有求她总是必应,从未说过"不"字。班上的同学病了,她常常把学生送到医院里治疗完毕才通知家长,家长给她医药费,她总是不收;要是知道哪位同事生病住院了,她总会带着礼物去探望……在王老师身上,像这样的"小事"多得不胜枚举。

在王转运老师言传身教的影响下,她所代班学生涌现出了许多活雷锋。

"雷锋班"班长钱梦雨担任"雷锋班"班长已近4年,提起她帮助别人的事,简直就有"一揽子"。哪位同学成绩不好,她就与人家"结对子";哪位同学病了,她就替人家做值日;哪天老师要检查背书,她就帮老师来检查;哪日学校安排公益活动,她总是冲在最前面……被同学称为学雷锋的"领头羊"。

"雷锋班"里的童燚林,她每天第一个到校,为同学们摆座位、擦讲桌、拖地板;课间又在走廊上、楼梯上、操场上捡果皮纸屑;下午一放学,不管哪个组值日,她总会帮忙。

……

在采访即将结束时,王转运老师一再强调,自己只是做了一点儿该做的事,孩子们的表现时常让她感动,孩子们快离开她了,她还真有些舍不得。她希望孩子离开母校后,还要坚持把学雷锋的好传统坚持下去,让雷锋精神永放光芒!

在班级管理中注重传承,这是引领学生走向优秀的起点。在班级管理中,涉及人文教育,多具有历史的厚重之感。当下很多新时尚被大众认可的价值观,真还不是凭空臆造,实则是优良传统的传承,并在实践中发扬光大。在班级管理中,班主任明确的教育目的,指明传承的方向和评判的标准,往往能让孩子们少走弯路。诸如以上案例所谈的雷锋精神的传承。雷锋精神,是以雷锋的名字命名的、以雷锋的精神为基本内涵的、在实践中不断丰富和发展着的革命精神,其实质和核心是全心全意为人民服务,为了人民的事业无私奉献。在当下的教育中,新时代给予了它全新的诠释。助人为乐、勤俭节约、敬业爱岗、集体主义以及钉子精神等,通过班级的组织形式,轰轰烈烈地传承下去。

著名作家毕淑敏在《学会看病》中有这样一句话:"我知道应该不断地磨炼他,在这个过程中,也磨炼自己。"在班级组织建设的过程中,我们班主任要引领学生学会怎样做事,引领学生学会自主做事,逐步提高学生自我管理的能力,让其朝向传承点进发,这样才可称为具有了教育的先进性。让其传承,这个磨炼学生的过程,其实也是磨炼我们班主任自己教育思想的过程。只是,眼下不少的班主任并不懂什么才是教育学生的先进武器罢了,他们总是忘记从传承做起。

在打造有生命力的班级管理"军团"过程中,因为有了传承,很多时候虽然与孩子间并没有多少沟通,但呈现出来的结果却胜过沟通。要打造有生命力的班级管理"军团",班主任要做到"当扶则扶"——给予学生正确人生观的引领,"该出手时就出手","扶"他们一把,帮助他们但不替代他们去把工作做好。在传承的过程中,虽然学生有时的表现无法令我们百分之百满意,甚至还可能是一团糟,但可以肯定,只要有了一个好的开端,最终定然会有好的结果。

班风的传承,依靠的是心灵的相通,只有能走进学生心灵的风尚才能真正得以流传。为此,我们应努力做到以下几点:

一是不要"逼鸡吃食"。借助班级平台,做好传承教育,做好前期的引领是非常必要的。陶行知曾经在武汉大学的一次演讲会上做过这样一个实验:他把一只活蹦乱跳的大公鸡放在桌子上,又从衣袋里掏出一把米,让鸡靠近米。可是不等鸡吃米,他猛地抓住鸡头,逼鸡吃米,但大公鸡只叫不吃。他又扒开鸡嘴,把米粒硬塞进去,但鸡仍挣扎着不肯吃。接着,他轻轻松开手,又后退了几步,那大公鸡便从容地低头吃起米来。陶行知的实验告诉我们,优良传统的传承,形成良好的班级秩序,绝不是逼出来的!我们逼着学生做事,有时便会如同"逼鸡吃食"一般,很难让学生发自内心地主动去做。我们要通过一定的方式让学生发现,我们的很多要求是符合社会认知的,是属于他们每一个人必须去做的事情时,他们才会自由自在地去做。只有这样,学生才能开心快乐地为班级付出自己的一份力。

二是不妨无为而治。道家思想的核心是"无为而治",其实并不是什么也不做,而是要靠万民的自为实现无为而为,靠万民的自治实现无治而治。对于班级组织建设来说,我们同样强调班主任的"无为而治"。这里的"无为",也并不是什么也不做,而是靠给学生指明方向,给学生提出明确要求后,让他们自发地、自觉地去做,从而实现"无为"而"无不为";靠每一个学生的自主、自律,实现"无为"而"无不治"。不过,"无为而治胜过有为而治"的前提是:让每一个学生都意识到自我的行为表现出"我很重要"。在让学生做事时,要让他们知道自己的工作很重要,自己的一言一行都关系到人生的成败,只有学生都能有这样的想法,我们的班级管理才能真正实现"无为而治"。

三是注重打造班级精神文化。许多优良传统在传承之中,便会发展成为一种精神。在我们的班级管理中,传承时往往会产生文化间的矛盾冲突,解决时多注重示范与引领,方才会形成一种班级秩序或一种风气。塑造精神文化,重视班级精神文化建设,是把学生凝聚在一起,拧成一股绳的有效策略。一支竹篙,难渡汪洋海;一棵小树,弱不禁风雨。这里提出班级精神文明建设,一方面,要倡导"团结文化",学生只有"并肩战斗",才能营造出和谐有序的班集体氛围。另一方面,要倡导"自主文化",学生只有主动"划桨",和谐班级这艘大船才能开动,并直趋向前。学生的协作意识、责任意识、参与意识等,都是班级建设用之不尽的精神文化财富,班主任只有主动地去培养和调动这些意识,为班级发展服务的精神文化才能真正建设起来。

第三节　打造先进班级组织

一幢房屋随着岁月的流逝,靠什么能一直赢得世人的青睐? 有人曾提出建筑师设计时必须要有 10－20 年依然不落后的理念。现实非常残酷,诸多的房屋像人的容颜一样,逐渐苍老,最终从人们的视线中消失。但也有例外,有些房屋总会定期整饬,为此永远定格在一个很高的格调上。班级虽看似无形的东西,其间的组织结构与房屋近乎一样,全然需要给予生命的整饬,像人的保养一样定期修整,抓住最根本的根基巩固基础。只不过房屋整饬更多的是结构性的物件,班级整饬更注重人的发展。

人们一谈到班级秩序,往往首先想到的是班级组织,而实际上许多班级组织已经成为班级秩序僵化、老化和衰败的根源。谈到班级秩序,首先需要回答的问题是,学生的发展重要,还是有利于班主任的管理更重要。尽管这两个问题在妥善处理之后并不矛盾,但在那些无意识中将自己的管理凌驾于学生发展之上的班主任所构造的班级组织无疑成为班级秩序中的淤血。由此,我们对班级管理原规则的思考包含着对班级组织的重新理解。

就如人的肌肤一样,班级组织间必定有新陈代谢的过程,给予发展就必须像生命体一样,必须抓好组织发展问题。在本小节中,我们将进一步探讨发展与规划的内涵,引向对整修过程和升级过程的诸多要素的认识,从而让一个班级有强大的发展动力,能习惯地与时俱进。

1. 从整饬开始行动

教育管理中的一切,都不能抛开发展谈所谓的意义构建。学生成长了么? 就像一棵树一样,定期给予松土、施肥、锄草,定期给予修枝等,更能加快它的生长速度,促其成为有用之材。我们扪心自问,涉及班级管理,除了那些束缚学生行动的一些举动之外,也有像培育一棵树那样给整饬的过程吗?其实,班级组织作用没有发挥,更多的原因在于没有发挥出组织的功能,组织环节做得不到位。

我们应借助组织的力量,从整饬开始促进学生学会有条理地做事。给组织方法上的指导,定期整饬以及注重扬长,多像花圃中的园丁,如若没有修剪整饬的过程,就只能任凭野长,严重时更会影响整个公园的形象。而且,在修整的过程中,如若没有围绕每一株不同花草苗木的特性给予特长关注,最终难以培养出优秀的品种。

原规则:组织定期整饬,是抓住特长与个性发展的关键。

我们必须搞懂组织管理的内涵。在班级管理中,除了需要构建群体意识、个别意识,更应构建阶段性的动态发展意识,我们眼里不能只见树木而不见森林,甚至看不到整个发展的动向。包括借助组织力量开展好整饬行动,也应如此。在笔者看来,开展好整饬的内核便是集体性的统一行动,即统一决定行动,并给予全程督导。比如,有"饭前须洗手"的班规,统一组织全体学生饭前洗手,这过程便可称其为组织管理。研讨整饬,直接面对班级中的普遍问题给予清扫,无疑就像早晨起床后洗脸提神一个样,以从容有序地开始一天的征程。

班级管理中,需要借用组织开展整饬活动。正如开展好清扫工作,往往能给人舒爽的感觉一样,通过班级组织抓好整饬工作,更能激发人的上进之心。长期的班主任工作经历,让我们惊喜地发现,当从清扫残余思想开始,学生更易调动自我的潜能,而后悄然改变着,步入成长发展的轨道,慢慢成长起来,发展起来,强大起来。

现象纪实
XIAN XIANG JI SHI

空地因为清扫,才会变得干净;一幢房屋因为定期修整,才会变得亮堂。组织彰显,提高学生的做事能力是其最明显的证明。不知大家发现没有,少有整饬的过程,近乎就少了推陈出新的过程。优秀班级的学生最突出的表现就在于做事情的条理化,甚至能通过组织训练达到一个非常高的层级。大量的案例证实,整饬无不是特殊发展的启蒙阶段,班级管理中整饬方向往往决定整饬结果,当加强某一方面的整饬,其班级特性便会朝着某一方向发展。

在班级管理中,班主任管理的强弱,其组织引领能力——教给学生有序处理事情的程序性知识,无不是重要的考证。

而现实是,我们不少的班级就像一个古老的河道一样,流水总在向前流着。其实,自然似的生态环境因新陈代谢,其后便会逐渐增多垃圾,严重时更是河床增厚,河水污染,于是人们便开始等待一场洪水的到来。在班级管理中依然会有如此的垃圾产生,只是我们的班主任没有雪亮的眼睛,没有发现整饬的方向,更没有像定期组织清扫环境一样给予整饬的意识罢了,其管理自然只能是迷茫向前。

➡ 案例3-5

"雏鹰之星"

学生毛晟由于年龄小,孩子一入学就显得比同班孩子"稚嫩",尤其表现在卫生意识方面。每次卫生检查，他的座位下纸屑、笔屑、染料渍、药水渍从不间断。两年后的今天，他养成了良好的生活、学习习惯，还被评为第一批"雏鹰之星"飞上了颁奖台呢！

这一切要归功于南海实验小学的唐文娜老师。她借助班级组织的力量，从整饬开始，分以下三个阶段便解决了问题。

第一阶段："我的一平方米"（即：自己课桌椅下的地面要保持整洁）：事先分给每个学生一块抹布，养成在每天的活动课前先打扫一平方米的习惯；每天早上的大课间要接受值日生的检查（结合不定期地抽查）；每次美术课和手工课后要养成重点打扫的习惯。检查结果关系个人的学分竞赛及星卡的发放，同时也关系到优胜小组的评比。这样更有利于组内同学互相监督、互相帮助。

第二阶段："我们的一平方米"（通过评比"自理小能手"和"白鸽卫士"，逐渐培养学生的大局意识）。

"自理小能手"的评比条件：一是一周内保持自己的"一平方米"整洁光亮，做到"零扣分"。二是不随地乱扔垃圾，不破坏别人的劳动成果。（此荣誉每周评一次，评上次数累计作为下一阶段绿卡队员的评选资格。）

"白鸽卫士"评比条件："小白鸽"所到之处，垃圾随手来清理。即：无论教室内外还是校园内外，"小白鸽"都是光荣的环保小卫士。此荣誉依靠老师、同学的互相举荐，培养大家赏识的习惯与善于观察的目光，同时互相欣赏的过程也融洽了同学关系、师生关系。

第三阶段：评比红卡队员与"雏鹰之星"。

案例解读
AN LI JIE DU

班级组织功能的发挥，体现于学生身上最明显的对比，那便是不同个体前后行为的变化。案例中毛晟的变化，来源于唐老师从不文明现象着手，而后借助班级组织的力量，着力于班级制度化、系列化、规范化、生活化等方面的探索，即从整饬开始得其良好班级管理效果的见证。我们在班级管理中，不妨借助班级组织的力量教育和管理学生，从学生表现出的问题开始整饬，并针对不同的问题给予不同的解决办法。可有的班主任，虽有类似的行动，那只称得上是随意的行动，没有一个明白其中的管理道理，致使其班级管理效果不明显。

问题即是整饬的"着手点"。在我们平时的班级管理中，只要有一双明亮的眼睛，便可从整饬开始进行班级管理。整饬的基本过程通常是从组织发现问题开始，而后找到解决问题的方式与方法，再借助组织的督导作用促进学生上进，从而有效地达成教育目标，并将此转化为学生的"成长点"。

记得小时候学过的一篇课文《我要的是葫芦》，笔者对此感触很深，至今记忆犹新。其实，现实生活中，"要葫芦"的人，不在少数。在班级管理中，只盯着结果，一心"要葫芦"的班主任也不少。我们往往太注重结果，总是盯着结果看，而忽视了学生是鲜活的个体，是成长的个体，是变化的个体。解决这个问题，最有效的办法便是定期地整饬，像给葫芦捉虫子一样，不再一味盯着结果看，而是更加关注成长的转化过程。大千世界的风景就是这么一个样：如若不定期地给予整修，便会像一栋干净的房屋一样，室内不知何时布满灰尘。我们的班级必须不定期地加以整饬才行，否则便会逐渐走向落伍的行列。

班级管理中,融入整饬的理念最大的优点,那便是效果的凸显。一个班级,如果真想要长期地拥有"不一样的风景",定期加强整饬,无不是一个非常重要的举措。组织整饬虽然面对的是某一具体的学生,但与个别教育明显的不同就在于,整饬多是一次集体性的清扫活动,整个旧貌往往因重新修整焕发新的容颜。

行动指南
XING DONG ZHI NAN

通过整饬开始行动,往往能营造积极的班风、健康的班貌,凝聚强大的团队力量。只要班主任有一双发现的眼睛,有定期整饬的意识,其班级管理就显得轻松,效果会更凸显。为此,我们提出以下建议:

一是戴上"放大镜"看班级。戴上"放大镜"看班级,看班级的闪光点。它需要班主任的细心,于细微处发现班级的整体面貌。班级的优点,往往是通过发现并整饬而发展起来的。这些优点有的藏在了学生缺点的背后;学生身上很多在班主任眼中看似缺点,实际从另一个层面上看,正是一个了不起的优点。其实每一个班级都有优点,这就需要我们班主任认真去观察,去发现,我们要有一个等待的过程。

二是通过整饬让班级更"闪亮"。整饬的目的在于让班级的形象更亮丽,但这一切行为的效果都得通过学生的行为反映出来。把学生的短处,放到最后给榜样的位置,深信只要班主任能对症下药,一切皆有可能。我们要让班级组织在整饬中发挥作用,如来自班主任的赞美,同伴的赞美,都能激发起学生内心的成就感,让每个学生都意识到自己的重要性,促使他们主动积极地发展自我,从而让缺点得到改正,让闪光之处更"闪亮"。如在整个班级中,学生知识面窄化现象突出,班主任便从引导学生开展读书活动,而后辅以平时的练习,定期地活动,以及教师相应技巧的讲解,往往只要给予等待,这几乎便有成为班级特色的可能。又如班级书写水平的提升,往往整体水平会参差不齐,如若班主任老师有一个整饬行动,通过一些相应的整饬活动的举办,效果便会迅速地体现出来。

三是让短处"安个家",长短互补,长短互化。世界上没有绝对的长处,也没有绝对的短处。学生的短处,如果没有整饬的过程,学生的长处,如果没有定期激励的过程,短处依旧,长处也有消失的一天,甚至可能转化为短处。所以,我们提倡让短处"安个家",有效拓展管理。让短处"安个家",我们需要给每一个学生扫清短处,张扬长处的机会,到合适的位置上,做有价值的事,发扬并稳固自己的长处。我们应让他们在合适的位置上,锻炼自己的心力、智力、耐力,发展自己的选择力、想象力、创造力。班主任应善于根据学生的短处,给他们一个更能发扬长处的岗位。

2. 班级组织的崛起

中小学班主任究竟能给学生多大的影响?这几乎是无数人都在求证的问题,但至今没有人能给出一个准确的答案。在笔者看来,对学生影响最大的莫过于班级这一组织的模糊影响,它将给一群人,甚至一代人打下深深的烙印。

前面小节所谈的从整饬行动开始,那也只能称做完全受制于班主任的意识掌控,重振班级精、气、神,给班级树立一个好的形象。着眼于当下,更应放眼未来。班级组织作用的发挥,抛开眼下的所能见到的活动,可能更在于无数的模糊影响。为此,在本小节中,笔者倡导班主任有创新班级组织的意识。创新班级组织的过程,就好比给马儿一片草原的创意,它是促其个性与野性回归的过程。

原规则:打造班级组织,等同于给学生提供成长的机会。

拿什么影响我们的学生?创新班级组织的崛起。班级除了原始的组织主体,如若能在其影响下生成一些新的组织,可以肯定地说,其影响力无法估量。关于班级组织产生方式的探讨,班主任思想的具体体现,从产生到发展,将抽象的思想变成管理,更多的方法体现在让组织崛起,让一群人依托有一个从无到有的过程体验。

班级组织的崛起是一个因此而带来行动的组织方法。可以肯定的是,因其功能具有模糊性,最终全然燃烧起星星之火———一种燎原之火。在班级管理中,组织始终将是一个核心词语。不过,我们必须分清"群组织"和"组织群"两个不同的概念。我们不可否认,组织具有群团的性质。在笔者看来,"群组织"即由班主任引领下的向下发展,最终生成若干组织群。抛开班级"群组织"功利的因素,便会发现"群组织"更带有班主任特别的人格魅力,其永生性的作用,往往影响着一群后生十年、二十年,甚至更长时间的发展。

现象纪实
XIAN XIANG JI SHI

打造班级组织并不是一件非常艰难的事,但致使无班级组织、少班级组织,班级组织功能不强大的真正原因,就在于班主任将学生的成绩看成了学生的全部,为此除了学习行动以外,便很少给予关注。

班级组织最大的作用,就在于给学生成长的舞台,让他们注意力转向,对于短处的包容,对于长处的挖掘,促使其转化为促进自身成长的不可估量的财富!关于班级组织的作用,我印象最深的莫过于一个叫做"山泉"的文学社团。那是笔者曾就读于中等师范学校时的一个文学社团,当年只要加入这一组织的同窗,80%左右的都已成为各条战线上的骨干。就二十年后的今天来看,在一个小小的文学社团感召之下,真正成为文学爱好者的不多,无数后生成为了适用性的人才,无不是在这个阶段打下了基础。试问,在当下的班级管理中,我们真给学生:有关怀性的确组织了吗?

对班级组织的关注,几乎能说成是通过组织对学生施加影响,甚至也可以说成是人对人刻意的影响。只要我们想给学生有影响的地方,都可因有一群学生而后组成一个组织,哪怕这影响是模糊的。当然,对于班级组织的组建,需要我们的班主任有创新管理方法的勇气,否则,班级群体演化成组织那就只能是空谈。

➡ 案例3-6

管建刚:班级报纸掀起"作文革命"

1998年,管建刚仍然是一位默默无闻的乡村教师。当时,他出于偶尔的兴趣写了一篇三四百字的小文《三月》,机缘巧合下在当地的报纸上发表。这件事情让他信心倍增,陆续写出并发表了《四月》、《五月》、《六月》……这一经历给他的生活状况和精神状态带来了巨大的改变,"不仅别人看我的眼神变了,我自己从镜子里看自己的眼神也不一样了"。

发表文章的经历让他开始反思自己的教学，他意识到"写作是为了自我表达和与人交流"，后者尤其重要。这是一切作文教学的根基。当班上学生的作文长期没有起色的时候，管建刚灵机一动——何不办一份班级作文周报，让学生也能体验到发表文章的成功，从而激励他们提高作文水平呢？

办报伊始，管建刚明确了一点，这份报纸不是办给作文特长生的，而是面向全体学生，尤其要激励作文后进生。他连续三期刊登了一位班级公认的作文后进生的习作，第四期，管建刚碰巧有事耽搁，没能按时去印刷室拿报纸，那个后进生多次跑进办公室问："管老师，报纸怎么还没出来？"报纸领回来，看到自己的作文又被刊登，那个学生的眼神让管建刚似曾相识——"我看到了自己当年的眼神"。从此，这个后进生一跃成为班上的写作积极分子，作文再也不是他的"拦路虎"了。

用办报来激励学生写作，这种方法其实并不鲜见，但为什么独独管建刚的报纸能够引发学生如此高涨的写作热情呢？这就不得不谈谈他独特的"管式"激励。

第一种是"等级评奖"。学生每发表一篇，就发"刊用纪念卡"一张。凡获得3张"刊用纪念卡"的学生，可以换取一张奖状，名为"作文新苗"奖。"作文新苗"奖之后，再在班级作文周报上发表5篇文章，获得"作文小能手"称号。再发表7篇文章，获得"班级小小作家"称号。"班级小作家"称号后是最高奖"班级诺贝尔文学奖"，需要在班级作文周报上刊出2—3个"小作家专栏"，并且必须在外面的报纸正式发表文章1—2篇。获得"班级诺贝尔文学奖"的同学，有资格出版一期"个人专刊"。所谓"个人专刊"，面向全校发行。

第二种是"积分活动"。所谓"积分活动"，就是学生在《评价周报》上每发表一篇习作，根据字数获得一张相应的积分卡，如学生甲发表的作文合计491字，就获得491分的积分卡。积分卡——也就是名片纸，印上如下的话："祝贺您在第×期作文周报上发表文章，据统计，您的这篇文章获得×分的积分。期待着您再次写出精彩之作，祝愿您在下一次获得更多的积分！"学生写作一学期，积分卡上累积的分，是他"素质报告单"上"作文"项成绩的决定性依据。不但有积分，还有扣分。每一期《评价周报》出版后，都由班上同学轮流担任的4人小组对报上的作文进行评审，一旦出现病句和错别字，就会扣分。

第三种是"稿费活动"。如果说发表是"精神"刺激的话，那么稿费就是"物质"刺激。办班级作文周报，本质上是模拟成人世界的真实写作方式与状态，从而端正学生写作态度，激发学生写作动力。管建刚发给学生的"稿费"不是真"钱"，而是一张模拟稿费单。"稿费单"有什么用？——换课外书。

学生写"每周一稿"的劲头超出了管建刚的预想。越来越多的同学一周写几篇稿子，说老师不看我功劳，也看我苦劳，总得帮我发表一篇吧。无论是选稿前的修改，还是录用后的修改，学生修改的劲儿比"积分活动"时更炽热。

【反思】

在我们的教育教学中，应该看到：学生都有自己的优缺点，关键要看怎么去挖掘，怎么去教育，充分挖掘孩子的优点、天赋、潜能和爱心，孩子就能很好地成长起来。管建刚的"作文革命"为我们提供了一个很好的范例。

影片《放牛班的春天》中马修的行为、杭莫治的成材、佩尔诺的成长，有力地印证了我国著名教育家陶行知先生的一句话："漫天撒下爱心种，伫看他日结果时。"

在班级管理中,打造组织不是凭空臆造,而是自我能力素养的延伸。马修因为自我音乐才华,虽然没有一个响亮的组织名称产生,但他以音乐为载体,将一群学生给组织起来,给予教化与影响。1949 年的法国乡村,主人公马修到一家学校担任学监,这个学校被称为池塘之底,由调皮的孩子、残忍的校长、冷酷的教师和严厉的制度构成。马修怀着一颗仁爱之心看待这些孩子,对学校残忍的"行动—反应"制度深恶痛绝。他热爱音乐创作,他用爱心关怀孩子,在他的执著下,费尽心思组成了一个合唱团,为他们谱曲,用音乐引导他们的心灵。最后,他的音乐净化了孩子的心灵,对他们的人生产生了巨大的影响。

我们提倡的群组织倡导"学生本位秩序",强调团队统合,团队连带,团队与个人和谐。只要学生人人乐于合作,并享受合作的种种好处,那么,完美的"自发秩序"就自然会水到渠成。

现代人的发展已经少有"慎独"的品质,进入组织参与某个群体几乎成为人们共同的心理需要。从学生的维度来看,随着主体意识的增强,他们渴望在与班集体对话中发现自己、定位自己、成就自己。"群组织"的崛起既是一种教育过程也是一种教育结果。成立组织是一件简单的事情,但真正有生命力的组织完全是一种成长的学习,是学生在生活和学习过程中兴趣产生的结果,在这样的学习氛围中,每个孩子都有自己喜欢做的事,而班主任的主要任务就是为孩子们提供时间、空间的便利,并进行有针对性的指导。打造班级组织,可以采用借鸡下蛋的方式。如把自己的学生引向其他组织,让其受到他人的点拨,或根据学生不同的特长,给予相应的组织安排……

行动指南
XING DONG ZHI NAN

打造班级组织,将给予学生纵深影响,比如胆小害羞怯于发言的、自制力差的、偏科的等等,这样的学生更需要锻炼的机会。为此,我们建议:

一是使用"变废为宝"的组织高招。学生的短处是另一种资源。关键看班主任怎样去利用它。如能有效地利用,也能将学生的短处"变废为宝";同样,如果无效地闲置,学生的长处也最终会"变宝为废"。班主任其实可以做一个高明的"魔术师",把学生的短处当成宝藏去解读,去挖掘,带着同学们一起,带着欣赏的心态,一起慢慢地帮助他们,相信一定能迎来"见证奇迹的时刻"。例如,我们发现某个学生个性十分活跃,但经常违纪,我们就可以发扬其阳光的一面,让他在班会、课堂上,做班级的发言人。让他的活跃,变成班级的财富,多给他创造帮助他人、组织活动的机会。这样,学生的缺点,反而能给班级组织建设带来意想不到的巨大收益。

二是要提升群组织的思想性。组织群的萌发需要班级有着共同的思想,在某些方面应该达成共识,统一思想。让学生明白,在我们这个集体,最优秀的人应该具有哪些品质,最优秀的人是怎样做事的,最优秀的群体应该具有哪些品质,哪些事情是在我们这个群体中大力弘扬的,哪些事情在我们这个群体中是坚决不应该出现的。电影中马修虽然只是组织了个合唱团,但他无时无刻不在告诉学生如何做人,告诉学生如何去认识自己,认识生命,尽管很多时候他的教育是无声的。其实,很多地方,很多组织,人才总是成批地涌现,这并不是什么传染或者基因,而是一群人学会了思考,学会了一些共同的正面的价值观和思考方式。

三是要培养群组织的生命活力。 群组织虽然也有一定的文化意识，但说到底，主要还是为了追求一种个人的需要和情感的满足，是因为个人的利益而"志趣相投""很谈得来""不约而同地走在一起"。因此，它是极其脆弱的，往往会因为个人需要和情感得不到满足而自动解散。班主任的工作，就是要引导初级群体，将共同的学习意识保存下来并逐渐放大，将各自的发展目标和个性化需求同组织建设的目标有机结合起来，将共同的学习意识孕育成为学生稳定的行为规范与价值追求。当然，更多的时候，群组织不是规范的结果，而是点燃的结果，人们需要以组织作为参照物来判断自己的行为；在组织背景下又害怕被人指称为"怪异"，就助长了"从众"心理，这样的一种效应本身就具备一种野性的力量，因此，班主任在主导了群组织的思想航向之外，更多的是让组织回到自由生长的状态，让学生群组织能够满足学生最基本的需要，比如学生的自尊、好胜心等，都需要被关爱、需要被重视等等。

第四节　实施组织终极意图

重振班级组织，核心在于"凝聚力"和"合作力"。对班级组织的理解，可能人们依旧感觉抽象。其实，只要稍加引入社会组织概念就会发现我们身边的组织无处不在、无处不有，再理解人类与动物的最大区别就在于人类有复杂的组织系统，如此一对照，你一定会对班级组织是什么而有新的感悟。

前面几小节，对班级组织的秩序结构、功能以及方法等给予阐释，我们将其前期形象地得比做修建一座房屋，全然一种缔造之美。在本节，我们将对班级组织带有的明确的目的性作研讨，将对培养什么样的人，怎样培养人等问题作回答，重点探讨班级组织的管理目的，其中包含让学生生成包容意识（道德修养）和责任意识（行为自觉）等，以期待为达成教育目标服务。即对班级组织功能的挖掘，对外在表现的管理意图作阐述。其实，班级管理要达成高效的育人目标，有明确的终极意图，它就像描绘一张高层建筑的蓝图一样，必不可少。

1. 重责任意识培养

班级组织的意图是什么？只要大家重新审视班级组织，便不难发现班级组织的核心价值观便是责任、是使命的召唤、是能力的体现、是制度的执行。教育者的责任，几乎可以说是让学生成为能够承担责任、善于承担责任、勇于承担责任的人，成为可以依托未来的值得信赖的人。班级如社会，最初级的秩序是遵守，最高级的秩序是每个人作为秩序的因子去胜任自己位置上的事情。这是一种对人生负责，对行为负责，对自己所在的位置负责的一种责任感。其实，我们早已明白，决定一个人成功的重要因素不是智商、领导力、沟通技巧等，而是责任———一种努力行动，使事情的结果变得更积极的意识和行动。为此，我们再次重提构建班级组织，实现班级教育的目的——以责任意识的培养为切入点。

原规则：培养了责任意识，方才可称作组织管理成功。

什么是责任意识？即对某种事情负责任的意识。班级组织，要求班主任对学生负责，这已是不需要再进行论述的话题，只是人们对学生通过学习明确该对什么负责任、怎样培养责任意识等的回答，还不太明确。大量的一线班主任工作案例告诉我们，强化班级管理，重视班级组织,真正的奥秘就在于从最初的对于学生行为的强制监管到最终让学生产生一种自觉行为,明白什么是责任,对什么负责任,并自觉、认真地履行组织职责和参加组织活动,把责任转化到自己的自觉行动中去,这便是一个完整的责任感养成过程。

班级组织是一个载体,学生积极参与,其间培养的责任,是一种能力,又远胜于能力,是一种精神,更是一种品格。对自己不喜欢的工作,毫无怨言地承担,并认认真真地做好,这就是责任。班级管理中要重组织功能的发挥,我们必须明白,其真正的目的,那便是培养学生的责任意识,让组织给力。在班级管理中,为了能让学生明天能成为对社会、对人类负责任的人,今天完全应该强化学生学会为班级负责的意识。

现象纪实
XIAN XIANG JI SHI

组织强,则班级强;班级强,则学生强;学生强,则责任强。对于班级组织而言,所具备的通常只能称是一些模糊功能,当剩下的只有责任意识的形成,方才可称其达成了教育的目的。不可否认,班级组织带有浓浓的使命感,学生因为班级组织有较强的使命感而受感染;也不可否认,学生自觉行为的产生,是组织目的最直接的反映,有没有责任意识,便是最直接的考证。

在班级管理中,班级组织无形中成为管理转型的一个重要标志。良好的班级管理,组织无处不在,学生责任意识无处不显。其实,我们只要稍微留意就不难发现,因在组织的带领下,总有这样一些学生让人感动,他们用行动诠释责任意识的最高境界。比如:不同的责任岗位,担任不同的角色,学生在承担集体责任和角色时,产生对自我的积极期望,并在发挥作用中,促进个性情感、能力、社会性、行为等方面发生积极变化。

管理成熟,需要有一个从有形到无形的过程,它并非一日之功。我们经常在生活中听到或者看到,有责任意识,再危险的工作也能减少风险;没有责任意识,再安全的岗位也会出现险情。责任意识强,再大的困难也可以克服;责任意识差,很小的问题也可能解决不了。有责任意识的人,受人尊敬,招人喜爱,让人放心。

班级组织是否有效,可以通过学生的做事能力来反映。班级组织虽然具有模拟的特征,但他依旧富有组织的社会性,需要学生在班级这一小的社会集体中,能在相互联系、相互配合、相互促进、密不可分的协作关系中,明确各自的分工,认真履行各自的责任,并有共同承担起社会大系统的责任需求。值得指出的是,在当下无数的班级管理中,班级组织只能称做是在搞花架子,依然缺少有效的组织,中看而不中用便是最直接的反映,很多组织没有学生责任意识的形成,没有让学生自觉养成负责任的习惯。

案例3-7

楼道口履职

实施人人都当小干部以来,孩子们的自主管理意识明显增强。值日班长,虽只当值一天,但孩子们却是做得认认真真。

马上就要期末考试了,忙着抓复习,班级管理有些荒芜。1月6日,结束大课间锻炼后我带着孩子们准备上楼,队伍刚靠拢,两个小家伙便飞快地跑出队伍跑向楼道口,当时我甚至没有反应过来,俩孩子跑得如此迅速是要做什么。可当我看见他们手臂上的红袖套时便一下明白了,他们是要去站岗,维持那里的秩序。当班级队伍通过楼道时,我看见那两个值日生神态端庄,俨然一副责任在肩严肃认真的样子,平日里的嘻哈笑脸荡然无存。

大课间结束的上课铃响了,两位值日生迅速出现在了教室门口。很认真地向我报告了今天班级队伍通过楼道时的情况,还像模像样地点名批评了个别超越中线走到线路左侧的同学,然后他们快速回到了自己的座位。我发现他们的课前准备比往日做得更好。我表扬了他们,孩子们露出惬意的神情。这一天,他们的干部工作做得很不错,他们的自我管理也更优秀。

案例解读
AN LI JIE DU

从这一案例中我们不难看出,班级组织是培养学生责任意识的摇篮。让学生富有责任意识,通常都是在不经意间形成的。诸如班级小组给学生的任务,给学生明确的责任分工,虽并不像社会生产中那样需要严格执行,但凡学生自觉参与并完成,无不是一个历练的过程,有时虽然举动与行为较小,但这对于达成教育目的却无不是又推进了一步。实施班级组织意图,强化责任意识是根本。强化责任意识的主要表现和目标就是"完成任务、不出问题"。今天,我们完全可以围绕"增强责任意识,为自己负责,为集体争光"的主题,开展系列活动。

有责任意识的人,有助于社会的可持续发展,有助于实现自身潜能的发展。有责任意识的人,给人以安全感和信赖感,使人愿意与他交往。一个人对自己的行为负责,也会激发别人对他负责,久而久之,自然会建立起深刻而持久的良好的人际关系。责任意识平凡而朴素,并不惊天动地,它常常通过一些平凡的细节而表现出来。一举手,一投足,一次细心的值日,一句真诚的"老师好",这些在我们看来平凡得不能再平凡的细节,却恰恰彰显了我们的责任意识。不同的角色所要承担的责任是不尽相同的,以我们当前的主要角色——学生身份而言,我们应履行的主要责任包括:学好功课,学习与他人友好相处与合作,积极储备身心健康资源,养成良好的学习习惯和行为习惯等等。

但丁说过:"一个人的责任心常常能填补他在智慧上的缺陷,而智慧永远填补不了责任心上的缺陷。"在现实中,我们都把精力和时间用在培养学生能力上,培养学生的创新精神与实践能力常常成了我们富丽堂皇的教育借口。教育的终极目标是什么?我们该如何定位如何回答呢?试想,一个人虽然知识渊博,能力超越,但却不懂得造福人民,服务社会,缺乏必要的责任意识,学有所长又带来何等效果呢?最终也走不出名利场,走不出个人利益的小圈子。所以,笔者认为,教育是一种责任培养,是教育学生对父母,对自己,对他人,对社会,对万物有一种责任。这样责任意识的培养应该是渗入骨髓,融入血液的,而不是挂在嘴上的所谓的"道德教育"。

行动指南
XING DONG ZHI NAN

责任是一个人成长的动力。它无论对人或对社会都是一种庄严的承诺。责任感培养是一项系统工程，它的有效性决不单纯是在班级内所能奏效的，需要班主任积极与家庭、学校、社会形成合力，通过多种途径来培养。为此，我们特别建议：

一是要培养责任意识。责任意识的培养主要从大、小两方面来讲：大的方面是引导学生树立正确的世界观、人生观和价值观，把个人的前途命运融入社会；着眼于服务和奉献，引导学生服务他人、奉献社会，在这一过程中实现个人的正当利益；着眼于爱国主义和集体主义，引导学生把班集体、个人的利益有机结合起来，坚持班集体利益高于个人利益。小的方面是做好自己的本职工作，每个人的尽责是对班集体的尽责，每个班集体的尽责是对自我的尽责。班主任在班级日常事务中要敢于放手，给每一个学生注入一个积极意识："你是班级里的一份子！"在纪律、卫生、制订班规、班约、出黑板报等班级活动中调动学生参与的积极性，让他们在参与的过程中体验到辛苦及愉悦，爱惜自己的劳动成果。

二是要内化责任感。让学生把责任意识转化为自己的行动，这是当下最应该思考的问题。班主任应多想办法，多提供机会。不妨在学期开始的时候和学生共同制订一份班级奋斗目标，让每位同学同心同德地朝着理想的愿景不断地奋进。我们还可以通过设立班级服务岗位，如班级纪律监督岗，两操监督岗，日常行为服务岗，学习、作业帮扶岗，班级文化设计岗等等，帮助学生角色定位和施行角色转换。比如放学有人整理路队，劳动工具有人摆放，班级文化有人更换，黑板报有人办……让更多的学生敢于担当，积极主动地承担班级活动的各项责任，促使他们在不同的岗位受到磨砺锻炼，并体验到集体主人翁的自豪感。

三是在实践中培养责任感。从某种意义上讲，学生责任感培养并非是德育课上的说教，它需要学校、家庭、社会三位一体的教育，渗透到学生生活的方方面面中去，需要在实践中去培养。责任是一种发展自我的机遇，是一种发展自我的手段，班主任可以借力培养。比如，可以通过召开家长会，评选最具智慧力的家长，进行家校联合，帮助家长转变观念，促使学生的父母在日常教育中不断地去培养。可以让学生替父母分担一些工作，做力所能及的事，为力所能及的事负责任。可以通过在校内外开展以责任为主题的活动、训练等，如以主题班会、国旗下讲话为内容而开展的周活动、学校的红领巾服务基地、综合实践活动课等，对学生进行对自己负责、对他人负责、对社会负责、对家庭负责、对自然负责等多个维度的责任教育。

2. 以"用"作引领

"马不伏枥不可以趋道，士不素养不可以重国"。用，就是给予学生尝试，展示自我潜能的机会。只有用，才能激发学生的活力，让潜人才有条件成长为显人才。班级秩序，说到底就是把人放在适合他的地方，让他去生长。很多人在成年之后总是哀叹自己当年有多好的天赋，只是没有找到适合自己的地方。这虽然带有一些怀才不遇的悲叹，但也从一个方面说明人的发展需要放在适当的位置，以"用"引领学生前进的道路。

在一个班级中，我们向往人人都是人才。而现实是，很多学生无形中被排挤到人才"队伍"之外，随着时间的推移，越来越多的学生更加趋向平庸。导致如此结果的真正原因在哪里？对此，笔者可以肯定地给予回答：在教育、在班级管理中已经失去了应有的公平。很多学生几乎被班级组织遗忘，少有或甚至没有给予'用'的机会。

原规则："用"是班级组织培养学生的前提条件。

班级,可谓是"早期"的社会,是未来人才素养培养与储备的摇篮。在班级管理中,发挥班级组织对未来之人的培养功能,借鉴人才培养的方式,虽然就像前面小节所谈,更多的是模糊功能,更多的是不确定因素,但大量的教育实践证明,前期的教育,尤其是中小学前期的教育,有意识的培养无不对后期人才素养的形成,特别是对卓越、创新、领导型人才的成长,起着奠定乾坤的作用。

在本小节中,我们更是强调借用班级组织平台,通过"用"来达成培养学生的目的。当然,班级管理中的"用",不可否认这也是一种"权变"之术。后面的论述,可能我们会放大班主任手中拥有组织权变之术的功能,因为在我们看来,相对于学生,班主任虽然没有掌控着他眼下的命运,也无从给眼下的命运做出安排,但他近乎掌控着未来。

现象纪实
XIAN XIANG JI SHI

人,可以有多条道路成才,但是每一条都离不开"用"。不知大家是否发现,在班级管理中,因为创造了不同的组织,为此给学生无数不同的组织,让其承担着不同的职责,从而让不同才干得到激发与培养。

在游泳中学会游泳。人才越使用越能够从实践中获得本领、增长才干,越使用越能够发现自身的不足,找到前进的方向,更上一层楼。在班级管理中,往往对于学生才能的培养并非一日之功,甚至呈梯形状。它如同爬楼梯一样,必须从第一级开始,方才由此而到顶端,如若从没有给予开始爬第一级的机会,直接飞跃顶端,概率可谓少之又少。

培养人才与使用人才相统一。现实是,无数的班级没有用好用活组织平台,没有给予每一位学生发展平台和空间。特别值得提醒的是,无数班主任并不懂得"用"才是培养人之道,为此没有很好地拓宽班级组织舞台,没有给予有力的措施,没有给学生的发展提供创新空间、机遇和支持。

清朝王夫之说:"才人用而日生,思以引而不竭。"班主任在班级管理中,不懂"用"人之道,怎能培养出人才?

➡ 案例3-8

给每个学生施展才能的机会

人人有官当

从小喜欢下棋的我就从小小的棋盘中得到一个启示:一个集体就像一盘棋,集体中的第一个成员就像棋盘上的一颗棋子,下棋要取胜,必须发展每颗棋子的作用。班级管理也一样,我就是借用这种理念进行班级管理。根据每个学生的性格特点、兴趣来安排班干部,让每个学生都当官。例如推选班长2名,要求管理能力强,责任心大,在班里有一定的威信;有管理能力强,责任心不大,就当每天一名的"小老师",处理班里大大小小的事务,充分得到锻炼的同时减轻班长的负担;成绩好,责任心强,欠缺管理能力的,当各科的科代表,发挥优势的同时约束自己的行为;集体感强、做事负责但成绩较差的当组长、卫生委员、午餐管理员等等。还可以根据有特长的个别同学设立宣传委员、体育委员、学习委员等等。总之,像下棋一样,把每一个"棋子"都调动起来,扬长避短,各施其能。

责任到人

"官职"多了,同学的"三把火"烧得就越旺。如果不合理分配工作,责任到人,到时乱用官威的肯定少不了,事没人管了。只有完善的规定、明确的分工才能充分地让学生真正各尽本能,施展才华。

班长:分工2人,1人抓学风,1人抓班风。

每天的小老师:这天班级第一责任人。纪律不好,先他负责,搞不好的班长再辅助。

科代表:各科代表负责本科的作业收缴情况,上课表现、学习情况。

值日组长:一天的卫生情况,各组员的出勤率、表现情况等。

总之,层层落实,责任到人,一人做事一人当,还有连带关系。

竞争上岗

当上"官"的同学大多数都会想尽办法保官不掉,尽心尽力,但不排除有部分同学会失职,所以为了更好地调动同学们的积极性,打击浑水摸鱼者,我们班的职位都要通过层层考验才能当,上岗了也不代表"官职"稳定,不适者立刻下岗。通过自己努力所得他们会更加懂得珍惜,班干部的作用才能更好地发挥。

选自海南省临高思源实验学校齐慧芳博客

案例解读
AN LI JIE DU

我国著名心理学家、教育学家林崇德教授说过,一名中小学教师不做班主任,就不会尝到做教师的真正滋味。正如案例中齐慧芳老师所阐述的道理一样,一名学生不当班干部,就不会尝到做干部的真正滋味,也难得有被"用"的机会。可以肯定地说,让学生都当班干部,这绝对不是简单的官本位思想的体现,而是班主任给其管理学生一个"用"的机遇。

"用"是人才价值实现的根本培养途径,将人人都培养成人才,将人人都给予"官位",这是针对那些"老大难"或棘手的管理问题而设置的,我们十分有必要搞清楚,如此的目的在于"用"中给予培养,方才不会给管理带来偏差。

人才的最高需要是追求自我价值的实现,最大的愿望是让才华和成果得到认可。从人才管理的角度来看,只有通过使用才能达成班级培养的最大化,才能真正达成全面发展、个性发展的教育目的。在班级管理中,贵在借助班级组织,用其所能,任其所宜,才能最大限度地将学生的潜能激发出来。换句话说,只有合理地使用达成班级意图,人人才皆可成才。

马克思说:"人所做的一切努力都是与他的利益有关,人的活动的直接目的在于符合人的自身利益。"人才的最高追求是自我价值的实现。"以用为本"的"用"是打通人才价值与人才价值实现的关键环节,是班级管理中培养人才的突破口。其关键点在于以用好、用活组织平台,促进每位学生以全面发展为最高价值。在我们的班级管理中,借用人才价值观,实现的是内在素养通过实践转化为外在的能力的过程。在促其完成使命后,学生一定会通过教育实践锻炼,不断调整、更新的和提升原有的才能,最终实现才能的结构性增值。

千里马常有,而伯乐不常有。班主任在平日的工作中,需要当好伯乐。有时,要敢于大胆地"用"学生。不用其才,何以成才?人,往往是被推上其位后,聪明才智才能发挥出来。墨子云:"君子如钟,扣则鸣,不扣则不鸣。"同时,还需要善用才。老子曰:"有才不难,能善用其才则难。"每个学生都有其特点，性格脾气等也不尽相同，善用人就要全方位、多角度锻炼他们；善用人就是要扬长避短，将每个人的长处培养发挥到极致。良才美器，宜在尽用。善用，深信在我们的班级管理实践中，依然可以达到"智者尽其谋，勇者竭其力，仁者播其惠，信者效其忠"的状态。

行动指南
XING DONG ZHI NAN

宋朝林逋《省心录》曾言："木有所养，则根本固而枝叶茂，栋梁之材成。"班级管理，充分发挥组织作用，"用"就是为学生提供锻炼的平台。在此，将作如下建议：

一是要敢于放手，让学生有尝试的机会。"教育即生活"、"教育即实践"，人的能力就是在实践中反复锻炼取得的。要让学生成才，就必须让他们得到相应的锻炼机会，让他们经历"用"的全过程，从而形成真正的能力。教育学生增强责任意识、提高学生自我管理的能力，当委以重任。如，班级日常性事务放手让学生去做，实行分工承包制，每位同学都负责一项，做到班级事事有人管，人人有事做，让每位学生都有机会参与管理班级，提高每位同学为班级服务的意识，增强班级的凝聚力。在用的过程中，更需要的是班主任要跟踪班级管理，发现问题，及时解决，使班级工作不断得到优化。如此，学生在班主任的指导之下，不但学会了做事与做人，他们的才干也会因此而被充分挖掘。

二是要善于牵手，教给学生基本方法。以"用"促培，哪怕给予学生一个很小的锻炼机会。不过，学生在"管理"和"实际工作"方面近乎一张白纸，班主任此时的牵引作用非常重要。放手给学生机会，并不是班主任撒手不管，让学生像野草一样生长。在放手的同时一定要牢牢把握方向，要能帮助学生认识到自身的优势与长处，坚信挖掘潜能，超常付出，一定会创造出奇迹来，从而对自己的前途充满信心；要指导学生养成良好的行为习惯，学会做人，学会求知，使学生认识到一个人的成功关键不在于智力水平的高低，而在于是否有良好的行为习惯与强烈的责任意识。我们可以通过成功人士的事迹和班级中的模范典型，通过主题班会、学生个别谈话和班委会的工作等方式，促使学生的责任意识增强，对自己的信心增强，并且注意规范自己的行为，注意培养自己良好的行为习惯，最终促进优良的班风、学风形成。需要特别提醒的是，我们的班主任在教育学生时，在借助班级组织给其任务时，应特别强调服务意识，方才能展开以"用"促培。

三是要会用妙手，变"因岗设人"为"因人设岗"。长期以来，班长、学习委员、科代表、小组长之内的岗位已经成为班级组织的定式，这种层级式的组织结构已经成为中小学生"官本位意识"建立的基础，常常容易消减班干部工作的创造性和积极性，很多职位有名无实或者干不了实事，无疑会让学生的能力得不到所"用"。"因人设岗"则会打破已有的职位名称，让学生关注职位的"价值之实"，抛弃职位的"地位之虚"，让学生把握住"用"的机会。新课改承认学生的个性差异，但又相信每个学生都能够成才，这就给教师提出一个要求：要呵护学困生的心灵，要设法减轻他们的思想负担。只有让班内的学困生从其他方面感受到自己依然有用武之地，他们才会毫不气馁，信心百倍，有坚定的信念：现在的差并不等于永远差，天生我才必有用，我一定会学有所长。

第四讲 情感，班级新秩序的黏合剂

班级仿若一艘航船，秩序全靠情感支撑，否则一定达不到理想的彼岸。

班级仿若一次远行，成功全靠情感铺垫，否则一定走不到计划的尽头。

从无序走向有序，除了对班级影响的认同外，全以真实的师生情感和生生情感作为见证。否则，秩序中涉及情感的因素将被抽象得不可理喻。

（一）

《心理学大辞典》中说道："情感是人对客观事物是否满足自己的需要而产生的态度体验。"一般的普通心理学课程则认为："情绪和情感都是人对客观事物所持的态度体验，只是情绪更倾向于个体基本需求欲望上的态度体验，而情感则更倾向于社会需求欲望上的态度体验。"相对于班级这一特殊场域，为了促成未来之人的良性发展，我们将依旧结合幸福、美感、喜爱等构建基点作进一步阐释，使我们对喜、怒、忧、思、悲、恐、惊等情感元素的掌控，对他人评价引起思想、行为和生理状态的掌控，对交往活动、不确定情景以及对自身状态的掌控得以加固。

（二）

班级管理中，秩序是发展的基础；离开情感支撑的秩序，近乎无价值可言。关于秩序，特别是学生由秩序引发的对班级的认同，诸如安全感、责任感、依赖感、归属感、认同感和荣誉感等，我们将作为整个章节的内核进行研讨。在研讨过程中，涉及师与生、生与生之间的情感，我们将围绕班级这一特殊的物质，抓住发展这一主线，希望能牵引着读者朋友的视线，对秩序与情感间具有的特殊的价值意义加以辨识，并进一步地阐释。

（三）

情感的研究，需要与时俱进。

（四）

情感是人的大脑对于价值关系的主观反映，情感的客观目的在于满足人的价值需要。当下教育环境突变，我们将同窗情纳入班主任管理的内容，将信任、沟通作为论述的关键词，强调班级管理艺术，希望能给每一道班级秩序找到存在的理由。为此，我们更专注于发现适合教育发展的秩序。

第一节　同窗情感的秩序意蕴

　　立足于秩序重建的班级管理研究,常常近乎于对一系列班级资源进行挖掘与开发。现代的班级管理,缘于人口变化、社会改革等因素的突变,教育必须与时俱进。在本章节的起始,针对独生子女这一普遍现象,以及家长、社会更加看重的同窗情感,我们将从教育的视觉来挖掘同窗情,将传统教育中无意识的同窗情纳入有序的教育建构过程,纳入班主任的义务。

　　任何一项研究必须有其作为支撑的物质基础,将同窗情纳入教育内容,其实便是如此。诸如,人们通常喜欢身边的人。人受社会活动圈的限制,正如"物理上的就近性",班级其实已成为孩子们生活与学习的空间基础。值得说明的是,关于同窗情感培养,抛开势利的局限,特别是关乎未来生存的话题,其意义是无穷的。当下和谐班级的构建,都将是我们值得尝试的工作。笔者坚信,只要现实生活的确存在,就应有教育值得留意、关注和思考的空间。笔者认为,涉及同窗情的构建更易于良好班级秩序的形成与巩固,特别是经过多年后,一位班主任的教育更易在当下这特殊的年代留存久远。

1. 爱给予同窗新秩序

　　当下,孩子们少兄弟,少姊妹,同窗情现实意义凸显。

——题记

　　秩序,只能是教育的结果。班级这一小小的社会,如若谈秩序,似乎可将秩序解释成交往,因为同学间的交往,将构建班级管理中一种特殊的秩序。同窗情,更是人性的一种非常复杂的秩序构建过程,班主任施加以外力的过程,就是教育的过程。

　　人一生的发展,需要伟大的友谊。班级是友谊的发源地。良好的同窗情感将使人愉快、惬意,不佳的同窗情感却使人郁闷、焦虑。将同窗情纳入教育,真可谓是一项既时尚而又古老的话题。

　　原规则:同窗情的培养,诠释着班主任的责任与义务。

　　班级管理中,教师之爱是构建班级大友谊的前提。"没有爱,就没有教育",这是马卡连柯的至理名言。我国著名儿童文学作家冰心也强调"爱是教育的根本","有了爱,便有了一切,有了爱,才有教育的先机"。教师将同窗情的培养纳入教育,其实是多么美妙的一件事情。只是如此的教育实践,将给传统教育带来无数新的挑战。

现象纪实
XIAN XIANG JI SHI

　　一个秩序井然的班级,必然是教师爱同学,同学爱同学,同学爱老师的场景。突出的表现在于,遇到困难的时候,都将伸出一双手,献出一颗心,共同应对而后而渡过难关。

　　秩序是可以延续的,构建同窗情能让爱延续。我们发现,一个优秀的班级,往往是一个充满人情味的班级，爱的传承在这里时刻彰显，同窗情在这里不断传递。不过，这关键在于班主任的作用。对此，那些已经形成教育意识的班主任，往往能抓住契机而后扩大教育的收获；相反，无意者只能将那一些美好的时光变作一丝内疚的回忆。

一个班级有无良好秩序，关键看师生之间、同学之间是否构建了良好的关系。爱会使人感到安全、快乐，更重要的还在于提醒。一个班级有没有内涵，不仅在于全体成绩是否优秀，更多地在于班级同学之间相互关心、相互爱护的良好关系是否建立。细心的人们便会发现，优秀的班主任，他们几乎是操纵同窗情的高手。

目前班级管理中，同窗情再现有多种形式，如班级随意性的管理生发；班主任为主干的管理生发；家庭式的班级管理等等。班级管理随意性，多出现在没有教育管理思想的班主任身上。他们虽对班级抱有一定的热情，但往往不知道友谊构建的重要性，除了完成学校交给的任务外，其余角色往往就是消防员，突出的表现在于管理的无人情味。

→ 案例4-1

难忘同窗情

世界上有一种情意，虽久不联络，却一见如故，那就是同窗之情。

国庆期间，经班长等几位同学的艰辛组织，我们这个分别了20年之久的大家庭成员终于聚到了一起。同学们一到宾馆，不顾旅途的劳累，欢呼雀跃起来，幸福地纷纷围坐一团。20年的情感如同火山爆发，积蓄的情怀一下奔涌千里，横跨时空，久违的泪水伴随着激动夺眶而涌。多少年了没有如此地肆无忌惮、毫无顾忌。大家仿佛又重新回到了校园，找回了逝去的青春，那个我们曾描绘未来的年月又重新走近了我们，我们再次为青春而欢快、喝彩！这份真情不约而同，源于每个人的心灵深处。

在这欢快愉悦的氛围中，大家绷紧的神经一下子舒展开了，宛若置身童话世界一般，在这里，没有权位、贵贱、贫富。无论你从事什么职业，挣多少钱，有什么地位，大家都是平等的，充斥在我们其间的只有真挚的情与意。我们暂时忘记了生活的奔波与烦恼，尽情地沐浴在这欢乐的海洋中。在如今越来越功利化的社会，没掺杂一丝利益的同学聚会，把我们带到了世外桃源般的仙境。

在这深厚的同学情谊中，我们携手重温了母校的课堂、操场、长廊、餐厅、宿舍楼。最值得我们骄傲的是，给我们"讲课"的是小阴与美峰的女儿。在"班会上"，人人踊跃发言。我们忘不了朗朗的读书声、操场上任凭秋雨绵绵、傍晚大侠的"飞刀剑影"、林间同学的亲密长谈、南方同学听不懂的语音……人生如梦，岁月如歌，如今我们的孩子已健康地成长起来，我们的故事已成他们的今天。

岁月沧桑，同学之情弥足珍贵。酒桌上的欢快、同吃同住的嬉闹、迪厅的同唱金曲，我们把握住这分分秒秒，我们能为拥有欢聚而欣慰，抓住这快乐时刻，过去、现在、未来……

短短三天，让我们尽享了人世间的美好情意，虽然贵州的两位同学因路途遥远，没有及时联系到未能参加而有些遗憾。但我想他们的心是和我们相同相融的，无论天涯海角我们彼此牵挂着、惦记着，我们为真情赞歌，为真情喝彩！

岁月如水，情意如酒，醇绵依旧。

这是一成年朋友对于同窗情怀的回忆。从我们教育的角度出发,对学生间同窗情的关怀,无疑具有一种更加现实的意义。我们通过无数的案例发现,如若一位班主任非常注意对其所管理班级中孩子们同窗情的关注,往往更易让自己获得意想不到的收获。对于孩子同窗情的教育,这种对于情商的关注,其收获一定不会小于教师只是对其智育的培养,特别是对孩子们未来发展的影响。

一位教师如若不关注孩子的未来,这样的教师一定不是一位合格的教师。值得说明的是,在对孩子们同窗情关注中,班主任必须作出一些正面的引导才行。特别是面对进入青春期的孩子,更应提前备课。诸如对早恋的防范等。当下,希望班主任能像辛勤的农民一样,给同学间播下春天的种子,给予合适的土壤、阳光、水分,让他们努力向上成长。

现实生活中,当下更多的孩子们都是独生子女,在同学间培养深厚的友谊,有重要的现实意义。我们的班主任,对此需要变换思维,如重新定位孩子们间的关系。思想决定行动,班主任的思维决定了他管理班级牵引孩子时采取的方法,处理班里问题的手段。诸如,借助无数活动,把困难抛给孩子们,让其共同克服,从而提升孩子的友情。

打造一个有爱的班级,让学生感受老师的爱,同窗的爱,让这种爱成为班级的主题,是每一个有理想的班主任的不懈追求,也是为学生的成长发展创造的最适宜环境。作为班主任,我们必须提升自身素质,让自己内心充满爱,通过构建同窗情让班级充满爱。在此,我们提出以下几点建议:

一是要让自己有爱心。一个没有爱心的班主任,很难带出有爱心的学生。作为班主任,自己的一言一行对学生都有深刻的影响。班主任要在班级中渗透自己的管理理念,最好的方式是用自己的行为为学生做出榜样,构建起一种浓浓的师生情,让学生变得有爱心,有责任心,懂得尊重和理解别人。为此,班主任首先得是一个有爱心、有责任心、懂得尊重和理解别人的人。如果班主任的行为和自己提倡的理念不一致,那么,很快就会失去学生对你的信任,班级管理就会出现被动。要落实班级管理理念,最好的途径是班主任做出表率,以自己的一言一行引导学生爱班级、爱同学,特别是通过做一些实实在在的事,让孩子得到体验。

二是要加强舆论攻势。一个班级应该有自己班级的文化,打造同窗情,将之融入班级文化,这种文化的打造首先得从营造班级舆论开始。班级秩序如何维持,同学之间如何相处应该从班级舆论中看出端倪。一个优秀的班级,应该是充满了爱的集体,从班级舆论中更好地体现出"我为人人,人人为我","让每一个成员因为我的存在而感到幸福"。我们的班级各项活动要不断强化这种意识,让这种舆论深入人心,成为每个成员做事的准则。

三是要让班级活动起来。一个优秀的班主任,不是时时处处作为班级警察、消防员来维持班级秩序、处理突发事件,而是作为班级发展的蓝图设计者、实践者,提前为班级谋划好发展方向并不断实践。在班级发展每一个阶段要通过活动引导学生顺利渡过关键时期,比如起始年级做好学生适应性调整,通过开展走向大自然的活动,让学生感受同学间的温暖;八年级阶段是学生逆反心理最严重的时刻,开展学生心理辅导活动,让同学间内心苦闷得到宣泄等。

2. 尊重方可延续同窗情

世间没有两片完全相同的树叶,一个班级里更不可能有两个完全相同的学生。李镇西曾提出,因为班上有特困生、特殊生、问题生是值得庆贺之事,因这增添关爱的对象,让其享有与众不同的教育资源。其实,这便是我们长期以来主张的观点,即尊重不同的个体。

伸出一只手,五个指头长短不一。其实,就因为学生之间有差异性、独特性,方才有真正的美。不知读者朋友们发现没有,尊重不同的个体,方才有了教育之美。在一个班级里,爱,往往是一些非常具体的事件,甚至是一种秩序,诸如教师对每一个学生施加爱,或班级中强者对弱者施加爱等等。

原规则:边缘人的出现是班级最该摒弃的不和谐之音。

一个人走得快,一群人走得远。引导孩子们构建同窗情,教师有责任与义务。在本小节中,我们将由较传统的管理理念,教师必须爱班级中的每一个孩子转向对教师如何促成每一个孩子学会爱每一个同窗的论证,让我们的教师真正能在引导上做出一些更具体的事情。

现实中,更多边缘学生的出现,使班级中产生了不和谐的声音。其实,尊重在其间是一双隐形的翅膀。在一个班级里,共享阳光,共同成长,学业进步,友谊增长,这样的实例并不鲜见。诸如,依靠班集体的力量,上演兄弟姊妹情谊,上演青春与花季间的疯狂和激情,上演人性之美等。

现象纪实
XIAN XIANG JI SHI

在目前的班级管理中,通常有以下两种现象:

其一,教师帮助学生,平等关爱每一个学生,真要做到并不是一件容易的事。但现实是,教师必须关爱需要关爱的学生,可真能做到的班主任却为数不多。因为,班主任也是人,面对故意违纪、课堂捣乱、学习滞后的学生,真要不让他们自我失控,能冷静地面对,实是强人所难。

其二,学生帮助学生,平等关爱每一个同窗,真要做到也不是一件容易的事。不知大家发现没有,因为班级环境中人为的因素,无形中刻画出了一道沟壑,优秀的学生远离了问题学生。

没有想到的事,一定办不到。两种较常规的现状,总会因为有一部分学生没有享受到公平的阳光与雨露,从而不被推崇。教师不是神,但没有想到要关爱每一个学生,这其实便已是教育行动前就已有的失误。其实,在当下的班级管理中,也有第三种现象,即被推崇的一种管理:教师从心底里关爱每一个学生,同时用自我的行动,引导班上的每一个学生都奉献爱心,去关爱班级中的每一个人。

➡ **案例4-2**

小平变了

2009年秋季开学的第一天,班里转来一名叫小平的男孩。他右手一直缩在袖口里,很少说话,因为学习成绩差,休学一学期。我为这个孩子绞尽脑汁,他严重自卑,能否融入到集中来? 同学们是否会接纳他? 他会不会在班集体中找到自信?

在详细了解了他的情况后,我带他到班上去,老远就看见班长小芳笑着跑过来。

"老师,听说班里转来一名新同学? 我代表班级所有成员来欢迎的!"我为小芳的懂事感到自豪,本来这就是留级生,我就没有想到用新生来介绍他。新生,对他不是更容易接受吗?

"好呀,既然你代表班里欢迎他,那小平就交给你了。"

小芳带着小平进了教室,大方地说:"今天我们来了一位新同学,大家表示欢迎,今后我们班就是46人的集体。"因为班里没有多余的课桌,小平暂时没有位置。

"谁能和小平挤一挤?"我的话刚说完,有四五个同学已经站了起来,同学们纷纷挪开了自己书本,我看到小平的脸通红通红。

由于小平一直游离于班级之外,他显然很难一时融入班级之中。上课不回答问题,作业也不按时交,很少和同学交往。于是班里学习最好的娜娜便主动要求和小平坐同桌,担任他的辅导老师。在一次周记的批阅中,我发现小平的文笔很好,于是在班里特意表扬了他,经过修改的这篇文章《我的爸爸》在一家省级刊物发表,这一次小平成了班里的红人,大家有空闲的时间便和他交流写文章的经验。

学校举行演讲比赛,大家一致推荐小平参与,他红着脸说"我不行"。可同学们却大声说"我们相信你一定行!"看来小平这次被逼得没有退路。临场还有几分钟,小平紧张得已经说不出话了,额头上的汗珠不断往外冒。同学们赶快上前安慰,"别紧张,把那句话说完就可以了。"调皮的小涛说:"我们班的大天才,你紧张我们怎么办啊?"一句话让小平笑了出声。该进场了,每个同学都大声喊"加油!"或做个"V"的手势。小平终于战胜了自己,虽然他只获得二等奖,但同学们依然对他报以热烈地掌声。从此,他好像变了一个人似的,什么活动都争抢参与。

案例解读
AN LI JIE DU

此案例的作者在反思中写道:"不能让一个孩子掉队。每个有问题的孩子,都是有原因的。只有最终找到问题的根源,才能对症下药。作为班主任,一定要充满爱心,对每一个孩子负责,永不放弃! 我很庆幸,小平在同学和老师的帮助下,快速地跟上了班集体的步伐,越来越自信,越来越积极。"

良好的班级,要靠教师的理念来指引,特别是集体之爱的力量往往是无穷的。如果我们的班主任真能擦亮眼睛,时刻关注需要帮助的学生,时刻引导同学帮助同学,这样,同学间的友谊会更浓,教师也就更省心。这就要求我们的教师不选择、不挑剔学生,学习好的学生是宝,最后一名也是宝,违纪的学生也是宝,表现优秀的也是宝。班上的每一名学生,只要关爱他,他就会像一块璞玉,都存在着成器的可能。在一个班级中,尊重不同的个体,集体之爱对于那些已经失去上进心的学生来说，更易让他们重新鼓起上进的勇气，重新找回自信，恢复往日的朝气和勇气。

美国于2002年开始实施《不让一个孩子掉队》法案，旨在衡量公立学校的教学水平，目的就是保证每一个孩子不仅有受教育的机会，而且受教育的机会是一致的，在教学中实际上就是指在阅读和数学方面不能掉队，因为他们的教育在创新能力、创造能力、实践能力等方面已经远远地走在了世界的前列。为了使学生在基础知识方面得到较快的提高，以弥补教育中的不足，而提出了"不让一个孩子掉队"的教育口号，因此，我们班主任开发同窗情，可以肯定地说，这是一剂良药。

我们认为"不让一个学生掉队"是一种教育理想，这种理想应是推动教师去研究学生、研究教学的动力之一。但是，现在我们一提到"掉队"，不少人都用分数来衡量这个"队"，认为只有分数达到一定量才算不掉队，这都是应试惹的祸，其中最大的误读就是学生的学业成绩，更准确地讲是考试"不能掉队"，这样片面夸大考试这个层次肯定不利于学生的全面发展和个性特长的发挥。根据多元智能理论，学生的智能是多方面的，我们只用一把尺子去衡量和评价学生，显然是不行的，不利于学生的快乐健康成长，也不利于社会的需求。

不让一个学生掉队。我们的观点是：在教育思想方面，让班集体里的全体人员要有正确的学生观，让全体学生得到科学发展。在教育评价方面，引导他人时要用多元智能评价体系，在教育实践方面，要做到给成绩优秀的学生提出更高的目标，给他们创设更广阔的成长空间，使他们更加出类拔萃；对学习中等的学生给予足够的重视，让他们经常感受到教师的关注，从中获得成长的动力；让成绩好的学生帮助学习吃力的学生找到优势，让他们在不断的进步中体验成功的喜悦，让一群人关爱一群人，在班级里实现最大可能的发展，包括知识、技能，更包括态度、情感、价值观，都成为一个最好的自己。

行动指南
XING DONG ZHI NAN

公平、公正、阳光，应是我们每一个人的向往与追求。让每一个人都享受到公平、公正和阳光，让每一个人的心里都充满阳光，在班级管理中，如果真能实现这一目标，你就可自信地说，这才算教育的成功。为此，我们提出如下建议：

一是教师要带头并带领学生尊重每一个学生。很多孩子不关爱他人的原因，就在于教师首先不尊重他人，给其他孩子以坏的示范作用。有的孩子选择自暴自弃的主要原因就在于他们得不到班主任的接纳，更得不到全体学生的接纳，仿佛没有人注意到他们的存在，于是为了引起别人的注意满足自己的成就感便会做一些违友班级纪律的事情。其实，每一个孩子每一次犯错误都是有内因的，都是可原谅的。在实际的教育教学中，任何一次犯错对孩子来说都是一次转化的契机，关键是教师的示范作用。

二是要走进孩子的内心。这些年来出现了一些极不正常的教育现状，很聪明很可爱的幼儿一跨进小学的大门，就显得特别的忙碌，往日的小天使变得特乖巧、特老成，本该灿若桃花的小脸不知何时堆满了与其年龄不相称的忧愁，冷不丁地就变成了所谓的"差生"、"弱智生"、"低能生"、"问题学生"，而且在同一班内随着年级的增高，这类学生越来越多，这种现象到初中、高中愈演愈烈,成为事实上的淘汰式教育。学校、家长推着他们迅速完成"义务教育",然后进入更残酷的选拔教育,这样的结果怎不让学生厌学、失学,甚至产生一些偏激行为。在班级管理中,除了建立不让一个孩子落伍的理念,更应主动地走进每一个孩子的内心,知己知彼,管理方才百战不殆。这就要求我们的班主任老师平时里对学生多观察,多了解,一举攻破他们的内心世界,不让每一个掉队。爱是最佳良方,教师能秉持爱与尊重的信念,方才会让孩子们在一个班集体里快乐地学习和生活。

三是班主任要做到不掉队。"不让一个学生掉队"是我们的教育理想,也是教育的目的,怎样才能真正做到呢,首先就要让每一位教师不落伍。为了学生不掉队,教师必须要让自己首先不落伍,要能不断地创新教育观念。特别是着重学生观的创新,树立以学生发展为本的观念,把学生看做是自己发展的主人。要树立正确地素质教育观念,全面提高学生的创新精神和实践能力;要建立新型的教学评价体系,学会让班级里的每一个孩子都承揽着压力,学会帮他人承担压力;要构建和谐的班级文化,形成新型的同窗关系,使班级真正成为孩子们一生的家园。

第二节 师生情系班级新秩序

上一节我们说的是同窗情,已经对同窗情与教师的影响进行了探讨。本小节中,探讨师生情,我更主张情谊的回报之观点。作为教师不能只是付出,需要得到学生的回报。因为笔者发现,将常规的秩序打破,重新建立一种需要得到回报的秩序,这样更利于学生的发展。为此,我们将对师生情系师恩回报进行阐释,即明确的提出回报师恩更是教育成功的见证,并鲜明提出,"教育无私"等高调实是误导教育的真实原因。

师恩得以回报,无不是教师最幸福的时候。这一观点其实可以反推,真正懂得回报恩师的学生,无不是成功的学生。可能有读者会指向教师势利,非矣,教育效果并非这样。本人依旧记得,近30年前的那个冬天,家里杀过年猪后,我父母宴请老师的场景。说句真心话,现在的我无不感谢我的老师,特别是他们愿意到我家去接受师恩回报。现今,在笔者看来,倡导师恩回报更是一种久违的符合人性的教育理念,借这更能激发孩子们的上进心,更能给孩子们灌输感恩之思想,让他们走出社会后拥有更多成功之机。

1. 始于回报师恩

在教育的道上,获得成功的方法是非常多的。班主任管理,其目的就在于让学生能健康成长、成才。本章中谈情感,其更多地将回归到人性的话题上。这世间,无论如何演化,但终究不能脱离动物原有的一些本性。我们的教育,必须涉及情感,真还不能一味地唱貌似无私实则无"情"的高调,远离人的本性。只有这样,才可能更好地发展我们的教育事业,培养出更优秀的人才来。在本小节里,我们作为教育人,一方面,不能回避自私(笔者有时将自私等同于争取幸福)的理念,我们更应努力地创造得以回报的条件;另一方面,只有在获得满足后,才能甘心为孩子们创造成长与成才的条件,从而提升教育的品位。

原规则：创新回报师恩的机会，成熟与成才便有开端。

谈回报师恩，我们不得不回到一些最现实的话题上来，比如精神上的回报以及物质上的回报，或者两者兼顾。师生情的建立，并非简单几句话的事情，没有合适的媒介，凭空臆想建立不起伟大的师生情谊。在这里，我们不得不提出，班主任作为孩子们成长中最重要的他人，必须与每一个学生建立深厚的师生情谊，必须真正发挥纽带的作用，不但让自己，同时也让其他教师一块儿建构师生情，这样才能真正借用好一切可培养的力量，让学生成长与成才。为此，我们的班主任不能独享学生的回报，必须将孩子们的回报与他人分享，要创造更多的让其他老师一同分享孩子回报的机会。

现象纪实
XIAN XIANG JI SHI

为师多年以前，自以为深深地理解教师的伟大，教师的无私。可近年来，让我对无私的教师有了重新的认识。我们在调查中发现，100%的教师渴求回报师恩。教师对学生付出了爱，同样渴求学生对教师心灵的感恩，渴求学生对教师辛苦的理解……

师恩，一种特殊的精神产品，回报，人文特色是它最重要的体现。谈教师对学生无私的爱，谈回报，不仅仅指物质上的回报，更希望学生能从心底里理解自己的老师，如在学校读书时支持老师的工作，走出学校后不忘记自己的老师，时不时地在现代通讯这么发达的时代，问问自己的老师等等，天下的老师可说都渴求得到这样的回报。

大师们何尝不是这样得到过回报。公元前460年的孔子，得到弟子如子路、曾皙、冉有、公西华等照顾，孔子一句"吾存点也"，至今绝响犹存。苏格拉底也是满足的，他人长得丑，衣服也不常换，身上的虱子奇多，一边捉虱子一边谈话，弄得雅典城里的小青年都像今天的追星族一样，聚在他的周围。

师恩回报，必须去面对师爱的付出，因为只有付出才有回报。现实的师恩难以得到回报，多与师爱降价分不开。学生不尊敬教师的现象日益突出，如果得不到解决，是很难谈及师恩回报的。师爱真难以得到回报吗？防微杜渐，为了我们教育的成功，我们更应该反思教育曾走过的路，找到有效的方法来。不然，教师那一套"师爱"，在学生面前或者不受卖，或者学生不接受那一套，那真算是教育失败。那样，真可谓是教师心中的一道硬伤，是教育中的不幸。

案例4-3

对师爱降价的调查

师恩难以得到回报，师爱降价，有人说种瓜不得瓜，真是那样吗？笔者对师爱受损，对学生的顽劣，对为啥难以得到回报展开了调查，发现约有40%的师爱受损。

笔者近悉，某中学的一位兢兢业业的教师，在课堂上与学生发生争执，被学生踢进了医院。想起教师被学生敌视遭殴打这件事，另一位有20多年教龄接近50岁的老师之形象又浮现在眼前。他爱学生不比爱自己的孩子差。学生渴了，饿了，生病了，都由这位教师伺候。可当这位教师从他的学生身旁走过时，竟然还有学生朝老师身穿的白衬衣上甩墨水……

痛定思痛,发现这两位教师都有一共同点,不善经营师爱。

笔者作过统计,教师群中有10%的教师善于经营高尚之师爱,"门生若干","桃李遍天下";有70%-80%的教师一生不注重经营师道,默默无闻;大约有2%-3%的教师没有为师经营之道,不受学生尊敬与欢迎。我们发现约60%的无价师爱真降价,在于教师职业低线的失落处。这样的事例还真不少。如:

案例1:取消"差生"上课资格。福州市闽侯实验小学某班40个"好孩子"日前在公开课上尽兴表演,赢得福州市普教室及福州市五区八县各小学老师的一致好评。但令人痛心的是,该班另外29名盼望上公开课的"差生",却被老师留在班上做作业。(源于《人民日报》)

案例2:不让差生参加期末考试。老师不让学生参加期末考试,称成绩差丢人。2005年1月18日是呈贡县小学生期末考试时间,斗南小学三年级2班的7名"差生"两周前却被告知,不准参加考试,于是考试似乎成了他们不可企及的愿望。(源于《生活新报》)

案例3:差生座位分类。近日,河北省沧州市八中初三(8)班定下一种新规则,即把上学期期末考试的分数作为安排座位的依据,分数高的可以挑到靠前的好座位,分数低的只能坐在教室后面。(源于《中国青年报》)

案例4:班级评选差生。省级示范高中安徽宿州市第二中学的一系列令人匪夷所思的事件:有的班主任发动全班学生评选"差生",并以"光荣榜"的形式公诸于众;有的教师辱骂成绩差的学生为"败类、人渣、不要脸。"(源于《北京青年报》)

案例解读
AN LI JIE DU

在现代的班级管理中,呼吁重塑师生真情世界。

在《一个都不能少》电影中,临时顶岗的魏敏芝老师代课期间,为了不让成绩差或家庭贫困学生辍学,费尽周折,最终让学生一个都不少,令人感动,人们都因这个小教师的伟大而发出由衷地赞叹。"差生教育"现象应引起我们深思:我们当前的教育体制还存在缺陷。"素质教育"虽然目前成为我们教育的基本方向,但是"应试教育"的阴霾还没有完全散去,学校要评比,班级要评比,学生要排队,"评比教育"无处不在。因此,我们的学校教育的改革不仅需要制度体制的变化,还需要观念理念的变化,实行人性化"素质教育",体现博爱宽容、和谐文明的教育理念,真正做到"以人为本"。

中国有句古训,"一日为师,终身为父"。这句话,表面上似乎反映了中国人朴素的报恩心理,但实质上揭示了非常深刻的文化内涵,也说明了师生关系对人的成长所具有的重要意义。每个人的发展,实质上是其生命价值不断完善、升华的过程。人的生命从本质上又是生理性生命与文化性生命的复合体,生理性生命是父母所赋予的,文化性生命则是由教师所赋予的。也就是说,教师给了人的生命以文化价值,也才使人有了存在的意义。如此来看,对一个人生命的成长而言,教师与父母具有同等重要的地位,师生关系就如亲子关系一样,是每个人都值得珍视的一种社会关系。

师生之间这种基于文化与生命意义的双向建构,所形成的具有崇高精神与情感价值的人际关系,又在社会关系结构中居于内在的、基础的层面。尤其是现代社会,师生关系几乎涉及每个人、每个家庭，师生关系的状况会对社会人际关系会产生重大影响。良好师生关系可从实际意义上把教师和学生纳入到一定道德范畴之中，决定一代人的道德面貌和精神特征，这对促进社会文明，改善社会风气具有重要作用。

回报师恩，须善教育。常言道："学高为师。"倡导教师经营自己的才学，以教师智慧启迪学生智慧，相伴以爱为源，因材施教。是学生，就会跟从学富五车、才高八斗的教师，并"信其道"。

回报师恩，须善教育。常言道"德高为范"，倡导教师经营自己的"师德"，以教师高尚塑造学生高尚，相伴以教师的健康培养学生健康。是学生，就乐意相伴在德高望重之教师左右，"敬其师"。

行动指南
XING DONG ZHI NAN

回报师恩，须善教育。"信其道"，才会有"敬其师"的出现。著名教育家张文质在《灵魂手书》一书中说道："所有的美德与理想的品格，均是教育的结果，在精神沦落的地方教育的沦丧必定先于一切而又罪孽深重。"教师善经营、乐经营、巧经营师爱，只有这样才能堵住师爱降价。回报师恩，须善教育，其实也不是一件很困难的事情，为此，我们提出如下建议：

一是教师要"露一手"经营。师爱中加入智慧，就会显得更有理性。新学期开始，张老师在一个轰走过老师的差班里，并没有采取武力"镇压"，站稳了脚跟后就是露了几手。学校办墙报评比时，这位教师在众学生面前，"刷刷刷"几下子把绝招使了出来：粉笔字飘逸大方，插图新颖、栩栩如生。就这一经营一折腾，获得了学生们个个颔首赞许，睁大眼睛看着新来的老师。再如，讲评作文时，这位老师先表扬班上写得好的同学，过后不失时机的朗读起了自己新发表的小诗，并郑重地告诉学生此文的作者，最后还拿出了一百多元的稿费。就这一经营一折腾，发现学生们眼里流露出来的尽是对教师的羡慕与神往。接下来，这位教师还更多地抓住机会，努力地展现自我。如语文课中用优美的男中音将课文演绎成华彩乐章；班会课上，拉起了二胡曲子；课外活动时，超越同学生第一个跑到百米终点……后来，这个班级面貌变化发生了很大的改进，这位教师在总结时，曾非常感慨那几次露一手。

二是要懂得理解孩子。记得这样一则故事：锤子想打开一把坚硬的大锁，在耗费了巨大精力的情况下，以失败告终。但是钥匙在锁孔里轻轻一转，就轻松地打开了锁。钥匙的话很耐人寻味：因为我知道他的心。作为学校教育，理解比什么都重要！教师要时时刻刻做到，对学生不分智愚、长幼，不分勤惰，不分恩怨，能用自己的爱心和耐心点燃他们心灵中那支待燃的火把，要为学生的整个人生负责，不把学生看成学习的容器，盯住的只是分数，而是用智慧去唤起每个学生对求知的渴望和对理想的追求……深信如此理解真能万岁！

三是要善于研制糖衣药片。不知从哪一天起，凡是苦的药都包上了糖衣。这样就给我们一个启示：良药也可以是不苦的。孩子毕竟是孩子，由于知识的局限，由于心胸的局限，由于阅历的局限，他们不很懂得教师对他们的爱。相反，教师对他们的严厉管教，常常让他们认为是教师在整他们，是故意和他们过不去，是故意让他们难堪，所以他们就与教师作对，甚至反过来整教师。如果向著名教育家丁有宽老师那样去"偏爱学生"，还会有哪位学生不偏爱自己的老师呢？俗话说，良药苦口，看来，良药也可以很甜。我们要善于给良药包上糖衣。

2. 需要师恩回报

教师凭什么接受回报？

人的成长需要精神动力，人的价值体现依旧需要精神动力。师恩得以回报，是一种价值体现，一种精神体验，但给予精神支撑需要种子的力量，即依旧离不开孩子们的成长。回报师恩，其实享受的更是一个过程。相反，正是教师基于对回报的认可，更多的便是对孩子近来表现的认可，只是其外在的体现——让无数人没有读懂此时包含着浓浓情感的表达方式。

原规则：在最短的时间内建立信任，最好的办法就是接受师恩回馈。

教师凭什么需要回报？

再次提及教育需要师恩回报产生的正能量，以安抚当下教师对付出得不到回报的懊恼，同时解除学生总是无法抚平与教师沟通的间隔。接受师恩回报，这绝对与教师是否清贫无关联，与所谓的吃拿卡无关联，更与违法或受贿等有本质的区别。比如，笔者亲眼见过无数到高寒山区工作过的教师，他们或多或少的都曾接受过孩子及家长在物质上的帮扶，比较而言，物质上帮扶过教师的孩子（家长）与教师的亲近程度高于其他孩子。其实，教师依旧是公平地对待每一位孩子，但这期间自然而成如此的微妙关系。

教育的成功，往往是情感的结晶。我们倡导班主任要做有心人，即要师恩得到回报，同时更要勇于回报师恩，真正成为学生成长中重要的他人，甚至给予学生知遇之恩，成为学生终生成长的恩人，这样的教师人生才会更加幸福。

现象纪实
XIAN XIANG JI SHI

现实中有很多悲哀，不少教师已经培养了无数优秀人才，但因为不注重情感的传递，其间师爱荡然无存。无疑这是让人痛心的事，也是值得反思的事。

成为恩师？恩师，有时就是人师。

很多班主任几乎不曾思考这一问题。其实，每一位班主任自己也曾为学生，心中不免总会记得曾经某一老师对自己的特殊照顾，其实这便是人们心目中对恩师的一种印象。成为学生的恩师，这其实并不是难事，只要多给予学生特殊的关照，用真情达到感化而促其成长的目的，往往便已成为学生成长过程中重要的他人。

奉献师恩的人，往往能获得更多的回报。也许有人会说，人的一生不可能有太多的恩师，为此也不能成为太多学生的恩师。持这种观念的教师，其教育理念之根几乎就有问题，只能说明他们依旧将恩师的概念与非理性牵连在一块。

笔者坦言，只要我们每一位教师有足够的爱心，成为每一名学生的恩师都有可能。因为，每一个学生都是有个性的人，有特别需要的人，只要为师者善于观察，能深入学生的内心，在他们成长的过程中，送去及时的阳光和雨露，日久师生情更深时，便可谓成为学生心目中的恩公。

成为学生的恩师，需要的是付出，这种付出往往就像静静地等待开花一样，需要在自然的状态中实施。这就是现代人所倡导的无痕教育。

案例4-4

我的恩师

我出生在一个贫苦的家庭，小时候常常因为交不起学费被老师驱出去，那种可怜而无助，我至今记忆尤深。直到小学三年级，雷春娥老师当我的班主任。

雷老师当时已经三十有余，因为是代课老师的尴尬身份，仍然未婚。后来我们才知道，并不是因为身份尴尬，而是她对学生的拳拳之心阻挠了她的婚姻。

雷老师的父亲是蓝山二中的名教师，从小的熏陶，雷老师也爱上了教育。这一爱，就把雷老师"害"了。雷老师的第一个男朋友家里比较有权势，他们恋爱7年，男朋友的父母就是不喜欢一个当老师的媳妇。最后男方以远走西藏来结束这段感情。

"长大后我就成了你……"这首歌我百听不厌。是雷老师对学生爱的撒播培育了一代代优秀的孩子，是雷老师对我的爱引导了我，从此我也爱上了"老师"这一行。

"干一行就爱一行"，这是雷老师给我的鼓励，也是她一身践行的诺言。小学三年级时，我家依然处于贫困中，期中考试了，学费还没有交，被驱逐的恐惧感再一次袭来。就在我惴惴不安时，总务处有人告诉我"雷老师帮你交学费了"。我的眼泪"唰"就下来了……

那一年，我家里多灾多难，我已经面临着失学，要不是雷老师帮我，我只能变成流浪儿。一开始，不懂事的我还以为是雷老师想留住学习成绩良好的我，后来我发现，无论对谁，只要是雷老师的学生，就会得到雷老师的关爱。我们村一个神经病患者，经常把孩子掐得鼻青脸肿的，雷老师就经常给孩子买药，留她吃饭，还给她买衣服；雷杰林的爸爸是跛脚，管不住孩子。雷杰林很调皮，有一次还拿弹弓打了雷老师的额头（至今留有凹痕）。雷老师没有骂他，更没有打他，也没有上报学校，而是循循善诱，耐心教育。感恩于雷老师，雷杰林变了，从此认真学习。现在雷杰林是村里的村主任，村民致富的带头人。

那时候，一些有工作有固定收入的人，就是人上人，生活富裕。但是雷老师却是贫穷人，因为她把学生当做自己的孩子，50多个孩子，没有哪一个没得到她的资助：买药、买衣服、交学费、买胶鞋……甚至还给学生理发的钱（后来雷老师学会了理发，就是为了免费给学生理发）。朴实大方也很爱美的雷老师，带了我们四年，没有添置一件新衣服。

现在雷老师已经年近七旬，早些日子我们去看望她，她还是那样精神矍铄，依然把我们当孩子。问及她老人家的身体状况，她爽朗地说："好得很啊，心底无私天地宽吧。"这就是我的恩师——雷春娥。我想，我之所以能够"安于清贫""爱生如子""痴心治学"，这就是雷老师给我的爱的延续。

祝老师幸福安康！

选自《2012年国培计划》

案例解读
AN LI JIE DU

案例中的雷老师，因为有爱，从而让师爱传承。现实的班级管理中，这样的实例是非常多的。只是受恩泽的方式、对象、时间等不同罢了。班主任朋友们，作为与学生走得更近的人，作为给予学生帮扶理应最多的人，在学生需要帮扶时，你伸出手了吗？

世上有很多东西,给予他人时,往往是越分越少,而有一样东西却是越分越多,那就是爱! 爱,不是索取,不是等价交换,而是付出,是奉献。

身为一名班主任,我们深深懂得,谁爱孩子,孩子就爱他,只有爱孩子的人,他才能教育孩子。我们要用自己博大的爱去温暖每一位学生,做到爱中有严,严中有爱,爱而不宠,严而有格,宽而有范。在班级管理中,往往这种"爱"源于高尚的师德,这种"爱"意味着无私的奉献,这种爱是稳固的、深厚的,这种爱能超越一切。

我们也不能不承认这样一个事实:班主任工作是辛苦的,每天都进行着大量平凡、琐碎的工作,日复一日、年复一年。那么,是什么构成了无数教师兢兢业业、勤于奉献、淡泊名利、默默耕耘的内在动力呢? 是什么使教师安于寂寞、勤勤恳恳,甘当人梯呢?"孺子牛奖"获得者、几十年如一日扎根青海高原的乡村老师刘让贤的所思、所想、所为,恰好是一个最有力的证明。他说:"我的生命在一批又一批孩子们身上延续,我的乐趣在一代又一代孩子身上寻找,我的幸福在年复一年的工作中获得。"师爱是学生树立良好品质的奠基石。面对一张张童稚的面孔,一双双求知的眼睛,难道只要教会他们知识就足够了吗?

作为班主任,我们的爱往往能创造孩子的未来,我们的爱往往能托起孩子的期望。当我们真正付给学生爱时,深信你也一定会发出"因为我在一中找到了我心灵的归宿,从教人生我有泪无悔"这样的感叹。

行动指南
XING DONG ZHI NAN

一个人在成长过程中,肯定会遭遇很多的坎坷。教育界普遍认为,班主任是班级的组织者、教育者,是学生全面发展、健康成长的导师和引路人,热爱学生是教师最为可贵的职业感情,师爱更体现出不可估量的作用。为此,我们提出如下建议:

一是要对学生的生活关心。班主任与学生的关系是师生关系中最基本、最直接的一种人际关系,它是学校教育过程中对学生影响最深刻的关系。为此,我们的班主任应从关心学生的生活开始,特别是对生活上有困难的学生,及时地提供帮助。现代教育,对于贫困学生帮扶的方式非常多,如引导班上的每一名学生献爱心,帮助申请援助项目等,便能解决学生生活上的问题。在我国传统的观念中,师爱兼有亲爱和友爱的优点和长处,在关爱学生时,如若能对学生的生活加以关爱,如此方堪称为学生的"良师益友"。

二是要对学生的学习关心。爱是做好班主任工作的前提。班主任工作的焦点问题是如何处理好"两极生"。所谓的"两极生"指的是表现好、成绩好的"尖子生"和表现差、成绩差的"后进生"。不管对待哪一种学生,班主任都应能做到一视同仁,站在较高的层次上看问题,特别是务必做到尊重学生的人格尊严,以平等的态度爱护学生的自尊心。特别是那些学困生,其脆弱的心灵更盼望得到老师的尊重和关怀,作为班主任,我们应适时为他们开一剂"治疗"心灵深处创伤的良方,这种"雪中送炭"的行为能给学生带去内心的感动,更能激励他们重新站起来。

三是要了解和尊重学生。班主任要有效地开展各方面的工作,必须从了解自己的学生开始。俄罗斯教育家乌申斯基说过:"如果教育家希望从一切方面去教育人,那么就必须首先从一切方向去了解人。"全面了解学生,是指班主任要全面了解班上的每一个学生。不但要了解班干部,也要了解一般的学生;要了解成绩好、表现好的学生,更要了解成绩差、表现差的学生;不但要了解学生的个人情况,还要了解学生的家庭情况等等。全面了解班级每一个学生,才能从班级每个人的实际情况出发,因材施教,从思想上、学习上、生活上全面对每一个学生给予所需要的帮助。同时,在教育过程中,班主任应当始终做到尊重学生的人格,特别是对待"后进生",班主任更要尊重他,主动靠近他,用自己的爱心感化其脆弱的心灵,有进步时就及时地给予肯定和鼓励,使他们在反思中振作起来。

第三节　用情感优化班级新秩序

师生情、同窗情的价值,抛开功利的因素,多体现在能解决教育中最现实的问题。在分别讨论完班级中最重要的两种感情之后,我们将探讨建立情感秩序的具体技巧。真正促进师生建立牢不可破的情谊,一如收藏陈年老窖,让情更浓、情更真、情更纯。

我们在这一本班级管理的著作中,专谈情感与秩序的关系,真正的缘由有二:一是我们看到了情感的魔力,诸如许多本是非常难解决的问题,情感往往能成为解决困难的金钥匙,从而理顺了秩序;二是师生情、同窗情是本已存在着的两种资源,因为忽略,致使教育资源的浪费。开发情感这种于教育有利的因素,我们坚信其价值无穷,相信它是解决班级管理中更多难题的灵丹妙药。

就像本章的标题一样,情感是一种黏合剂,因为情感将不同的人黏合在一起,让其因为向着共同的目标努力(促成人才、期盼成才)而拧成一股绳。在本小节中,我们将进一步探讨情感深化的过程,探讨像化学反应一样的情感,探讨用情感促进学生嬗变的过程。我们将探讨师生、生生情感升华过程的两个层级,一是让情感成为一种精神,一是让情感成为一种文化,以便我们的班主任更能把握情感升腾的规律,促进班级工作快速进入和谐运行的轨道。

1.让情感化为班级精神

精神,"定心在中,耳目聪明,四枝坚固,可以为精舍。精也者,气之精者也。敬除其舍,精将自来。精想思之,宁念治之。严容畏敬,精将至定"。精神乃情感意志上升后的产物,具有极大的能动性。

精神,一种上进的力量。关于班级管理的情感,在笔者看来,就像农民种植庄稼一样,种子随着时间的推移,在发芽、开花、结果等的过程中,因为有情感的投入,哪怕是生长的过程,几乎就成为了一个休养生息的过程。师生情、同窗情,在我们看来,其情就是一种精神,就是一种让个体生命得到休养生息的过程。

原规则:班级常常因为个人的情感力量重整旗鼓,全然调整了原定的秩序。

让班级拥有一种精神,这近乎是对无数优秀班级考证后的结论。一个人的成长需要一种精神,现代的教育场所——教室,无不是精神诞生的场所。人之上进,环境影响不可低估。对于现代班级化教育中的中小学生而言,因受外因的牵制,关注精神层面更加重要,这几乎就像一个摇摆的天平秤，稍有不慎，情感这一力量便会让其失衡。前面的小节中，我们强调班主任引领的作用，在本小节中，我们更是指明情感有着牵制作用。同窗情、师生情就因其有着牵制作用，所以能防止学生走入歧途。班主任的作用彰显就在于能让情感产生的牵制之力发挥正面效应。

现象纪实
XIAN XIANG JI SHI

这几乎是一种约定俗成，同窗情、师生情必然会生成一种正面的牵制。因为在同一个现实的空间学习，同窗、师生之情自然就已经建立，不过这只能称其为一种最原始的牵制力量。因为共同的任务，老师和学生集合在一块，如果有意识地加以培养，此情感才会像给水加热一样慢慢地升温。置于当下班级现状的是，我们的班主任并没有充分地认识情感升温之规律，或心底里根本就没有建立此意识，很多只能说是一种随意性的生成，几乎无可控性。

让情感成为一种精神，其实也有成功的实例。诸如，在某些班级中，因为某一个班主任与某一部分学生间特殊之情的存在，仿佛就像给人一种崇拜情结，让一些人更改了行为；就像某一个学生与另一个学生间友情之深，有一个似乎就像英雄一样，让一群羊演变成了一群狼。

优秀班主任全然是传承精神的化身。当下更多人忽略情感的牵制作用，更无掌控能力，这不能不说是班主任朋友们必须认真反省，用心经营的一门学问。

→ 案例4-5

李云龙的带兵

电视剧《亮剑》，整个剧情扣人心弦，关键点在于成功塑造了李云龙的形象。

李云龙是个粗人，农民出身，没什么文化。但在他的带兵、用兵方式里却体现着很多的哲学智慧。

纵观全剧，李云龙的带兵之道莫过于爱兵如兄弟了。战士爱戴李云龙也同样不含糊。战士小五子是跟随李云龙长征过来的，见李云龙没有香烟抽，抽的是旱烟，他看见一个鬼子尸体衣袋里露出半截香烟盒，不顾一切地搞到了手，却不料被敌人的子弹夺去了宝贵的生命。这个情节看得人莫不眼睛湿润，为小五子这么年轻的生命过早地牺牲而惋惜不已，但从另一个侧面体现出来的却是战士们对他们团长的真情。

他爱兵，但杀了猪，却没有为求形式上的无私把猪肉煮成一锅稀汤，每个士兵分一口，而是鼓励士兵说，谁投弹投得远或者搏斗能胜过他就能吃肉！无形中，他给士兵们建立起一个现实而残酷的观念，强者才会得到生活的奖赏，强者才能够更好地生存。而弱者，今天被剥夺的是吃肉的权利，明天很可能还会被剥夺生存的权利，强大自己是刻不容缓的事情。

他让战士们平时练兵要拿出实战的劲头，哪怕在训练中受伤，也比在真正的战场上丢命强。这叫居安思危，危机感必须时刻保持。他组织营和营之间进行比赛，利用战士们都不服输的性格，调动了他们的竞争意识，并让这种竞争发挥了最大的良性作用。

李云龙的这些富有哲学智慧的处事方式当然不可能来源于书本教育，而是他对于自身经历和经验的全部总结。然而智慧无论来自哪里都是值得重视和尊重的。赵刚正是因为完全领悟到这一点，才对李云龙的行为本质真诚地赞同，并同时也被李云龙真诚地接纳。

案例解读

AN LI JIE DU

为何李云龙这一人物深受观众喜爱？电视剧《亮剑》中的李云龙,作为我军抗日战争、解放战争战场上的一名中、高级指挥员,其身上所表现出来的战场指挥能力、带兵艺术,都堪称为典范。带学生如带兵,可以肯定地说,在我们的班级管理可从以下几方面开始学其凸显的亮剑精神。

李云龙很会带团队,他的队伍有战斗力,像狼一样,所向披靡。拿破仑说过,一头狮子带领的一群羊,能战胜一头羊带领的一群狮子。李云龙是一头狮子带领着一群狼,他的这种团队管理管理能力,在班级管理中非常值得效仿。

李云龙的思维非常活跃,脑子没那么多坛坛罐罐、条条框框。他能用犀利语言,贴切比喻,激发士气,巧妙向团队表达意愿和决心:"我们团要像野狼团,每个人都是傲傲叫的野狼!吃鬼子的肉,还嚼碎鬼子的骨头。狼走千里吃肉,狗走千里吃屎,咱独立团啥时候吃肉,啥时候改善伙食啊?那就是碰到小鬼子的时候!"话音一落,群情激昂,蠢蠢欲动,瞬间点燃战士们的战斗激情。这种战斗动员最直白、最有效。"我估摸着城门楼子是块难啃的骨头,老子就是崩了门牙,也要在鬼子增援部队赶到前咬开。"

李云龙善于做思想工作,几句话能让战士卸掉思想包袱。"什么他娘的精锐,老子打的就是精锐!""都说鬼子拼刺刀有两下子,老子就不信这个邪,都是两个肩膀扛一个脑袋,鬼子他是人养的,肉长的,大刀进入也要穿个窟窿。就算是见了阎王爷,老子也能撸它几跟胡子下来。"本来有些战士还有点儿畏惧日本鬼子,让他这么一说勇气便上升了。

李云龙爱兵如子。他说,独立团成立以来,从没丢过一个弟兄。他为"和尚"报仇的行动,无疑成为爱兵的典范之举,赢得了广大官兵的爱戴。正因如此,段鹏在他受重伤后才急成那样,爱是相互的!

李云龙懂得适当地放权。他让独立团化整为零,各营自己发展队伍,大大调动了营长们的积极性。短时间内,壮大了队伍。"这么多人,啥时钻出这么多人,看来你们身子骨都硬了,个个的都成了土财主了。"

李云龙擅长于巧抓战斗素质训练。他能把枯燥的战斗比武,演化成和吃肉相关的活动,谁的手榴弹投得远,谁就能吃肉,规则简单,奖品有诱惑,娱乐中提高了战士的战斗素质,还形成了一种公平竞争、大比武的氛围。

行动指南

XING DONG ZHI NAN

在笔者看来,精神实为一个活生生的人,在我们的班级管理中,情到深处便产生精神,最终生发种子的力量,将精神种植于每一个学生的大脑,从而使孩子们正直、善良、好学、向上。我们更是看重集体优秀的班级,必须让优秀成为一种精神。对此,我们提出以下建议:

一是要激发精神内能。情感有很强的目标导向功能,班级管理中,班主任拥有打造精英团队培养的诉求,方才会有使班级内学生齐心协力,拧成一股绳,朝着一个目标努力。对单个学生来说,优秀班主任更能将其演化成各个小目标,在每个学生身上得到落实。传统的管理方法往往淡化了感情和心理等方面的需求,若通过对群体意识的培养,更易引导学生产生共同的使命感、归属感和认同感,从而产生一种强大的凝聚力。情感上升为精神,有其强大的激励功能和掌控功能,能让学生自觉地要求进步,以努力向优秀的学生看齐获得认同和尊重,能加强对个体行为需要的控制,这种控制更为持久有意义,而且容易深入人心,最终让一个群体有无穷的战斗力、凝聚力,从而促使集体变得优秀。

二是要加强班队精神建设。班队精神能推动班级发展,在班级精神的作用下,学生更容易产生互相关心、互相帮助的交互行为,体现出关心同学的主人翁责任感,并努力自觉地维护班级的集体荣誉,自觉地以班级的整体声誉为重来约束自己的行为,从而使班级精神成为他们自由而全面发展的动力。一个具有班级精神的团队,能使每个孩子显示出高涨的士气,有利于激发学习的主动性,由此而形成集体意识,共同的价值观,这样,学生才会自愿地将自己的聪明才智贡献给班级,同时也使自己得到更全面的发展。打造班级精神,有利于提高班级组织的整体效能。通过发扬班队精神,加强班级建设,能进一步节省内耗,提高学习效率。

三是要注重精神需要的培育的过程。一支有良好的班队精神的团队,具有以下特点:在团队风气上,能够容忍不同的观点;支持在可能接受常驻范围内进行不同的试验;对班级忠诚;为共同的价值观并愿意付出努力;在合作上能坦诚交流。不过,这样的团队要有一个长期的培育和合作过程,班主任必须在组织上为班级建设提供支持:有明确的班队目标。班队的目标只能由大家一起决策提出,才能让队员明确,并能给予一定的支持。包括场所、人力、物力、信息等支持。班主任要对学生不断地进行培训和教育,让学生不断地产生新的活动方式,从而全面提升班级活力。

2. 让情感化为班级文化

情感凝练为精神,精神再提升是什么? 在班级管理中,情感发展到最后,将成为一种文化,这近乎是笔者的一种切身认识。正如,很多优秀的班主任,他们总是带出优秀的班级,其存在于班主任身上的特质,笔者以为那便是他们与众不同的情感元素,最终上升成了一种影响他人的文化。

教育管理中,情感的最高级表征便是文化,一种共同的需求——精神财富。我们不可否认,文化最初的形式就是情感需求,离开了情感,提升文化无从着手。班级管理的最高目标是打造班级文化。其实,班级文化非常易查寻。譬如,与两群不同班级的孩子相处,你便会发现他们往往会有不同的需求,仔细辨认,便会发现其背后分别打着不同的文化需要的烙印。

原规则:野蛮与蒙昧发展至文明和责任,情感文化就会成为新秩序的代名词。

用情感建构班级文化,情感构建班级新秩序。确切地说,我们所指的班级文化,只是一种小文化。专注于精神创造活动及其结果,主要是心态文化,有时是制度、有时是行为,常体现于班级对行为规范、思维方式、价值观念等的诉求。

对于班级文化内涵的认识,其外在表现,这多像笔者多年前所打过的一个比方,农民赶集时,他总会换上一身干净的衣服,方才出门,那个现象便可称为文化。其内在作用,在笔者看来就如一溪流水,因其流动性,方才防止腐臭的发生。在本小节中,我们力求与读者朋友一块,沿着情感这一主线,加深对班级精神文化打造过程的认识。

现象纪实
XIAN XIANG JI SHI

关于班级文化,几乎所有的班主任都不陌生,但是真正能说出班级文化的本质是什么的人,可能是凤毛麟角。在笔者看来,班级文化的内涵就在于情感的高级反应,当班级中的一群人理想、目标、要求一致,班级文化便已建立,当使命结束、群体解散,其文化消失,便知其影响永远。

现实是,我们的班主任对于班级文化的认识,近乎还处于一个模糊概念的认识状态。用其有意识地构建新班级秩序,哪怕在做,因不明白文化建构规律,多也只处于一个最初的层级。看一个班主任是否优秀,看其是否有自我的教育思想便可得出结论。无数班主任只有管理技巧,而无教育管理思想,这就是为什么打造不出优秀班级的原因之一。

文化是教育管理之情感发展的产物。打造班级文化,真还不能没有班主任的思想意识和行为。因为,哪怕你有更多技巧、更多行为,最终都要指向希望将孩子们培养成为什么样的人,将一切指向对教育的情感思想,对学生的情感思想,甚至对班级的情感思想至关重要。

案例4-6

魏书生的班级管理

特级教师魏书生教书经历令人惊讶:他担任实验中学校长与书记兼任两个班的班主任,承担两个班的语文教学,一年平均外出开会达 4 个月之久,却从不请人代上一节语文课,他学期之初即进行期末考试,一学期教材他用 30 多课时就讲完了;他不批作业,不改作文,但他的学生在升学成绩却能比重点中学平均高7.8分……面对这一切,人们不禁要问:魏书生究竟依靠什么获得教学的成功?

魏书生是怎样进行管理并以此服务于教学的呢? 他的很多做法诸如竞赛机制、代谢机制、协调机制、督导机制、引导机制、监控机制等的引入,内核几乎都指向一种人本之情,正如他自己提出“尊重学生,理解学生,关心学生”的口号,他擅长赏识教育,这样就很容易拉近与学生的距离。他找学生谈话,不管是普通学生,还是“班官们”,总能得到学生的真话。这为他能够有效地对班级实施遥控埋下了重重的伏笔,从而实现高度自治。

关于管理,魏书生说他一靠民主,二靠科学。的确,魏书生在管理中采用的“民主”管理的策略和以“法”管理的方法是他班级管理中最鲜明的特征之一,也是他管理思想中最具价值的认识之一,其实质是现代管理思想中的“人本”观念和“法制”思想。

让学生进行自我管理,是“人本”思想的发展,它并非魏书生的创造,然而魏书生管理本身最鲜明地体现了这一思想,其教学策略之高明,教学手段之巧妙令人称道。

魏书生是个具有哲学头脑的人,他十分善于从哲学的角度来思考教育问题,他认为,管理从空间上说是人与事(学习活动等)相互协调的系统(如他提出“人人有事做,事事有人做”即证),而从时间上说则是一个从决策到执行再到反馈的系统运作的过程,为此,他花费了大量的心血来构建他庞大的管理工程,在推进管理自动化方面作了有益地尝试,且取得了成功的经验。

管理中他特别注意班集体的班风建设，并采取了多种措施增强学生的向心力和凝聚力，这些为学生的发展进步提供了一个良好的外部环境。值得一提的是魏书生在管理中还体现出高度的质量观念与效益意识，如上面提到的将教学管理与班级管理合二为一即为一例。他管理注意整体规划，分层管理。内外协调，有序运转，从管理内容的优选到管理过程完善健全以至到具体时间的统筹安排和运用（比如他提倡"高效"学习，提倡控制"三闲"，提倡利用放学路上时间记一个单词等），无不集中体现出他管理思想的成熟。

案例解读
AN LI JIE DU

为什么总有人能将班主任工作做得如此出色？一切答案几乎都指向对班主任工作的热爱，更在于一种理性管理，甚至是一种由爱最终发展起来的班级管理文化。优秀的班主任都有对自我班级文化独特的解读，诸如班级所有或部分成员共有的信念、价值观、态度等的倾向性，其个性标识，这几乎也是人们在努力效仿而总无法再造第二个魏书生的原因。笔者以为，班级文化可能在一个班主任身上沉淀，差不多一个班主任便是其班级的形象代理。班级文化只能是独有的东西，不具有复制性，但创造之路已为人人打开，班级文化不是某一人的专利。

人是情感的浓缩，人即文化，文化即人的观点，其实质依然是对班级文化外延和内涵的理解与开拓。发展的班级文化，是一个班级的灵魂，其功能至少自发地体现在五个方面，诸如引导功能，可以调动学生的兴趣，同时指明方向；凝聚功能，共同的奋斗目标，为班集体增光，学生们一起努力，在同一个环境下生活，大家会更加的团结；激励和教育功能，因为好的环境会激发学生学习的兴趣，让学生陶冶情操，增长见识；制约和规范功能，可以用制度来约束学生的各种行为；辐射功能，一旦被学生所认可，就会产生巨大的力量，把他的精神散发出去。作为一名班主任教师，主要职责之一就是要在接任一个班级之后，用情于班级文化的构建，让其产生辐射带动作用。

笔者近年非常赞同生命化教育，认为由于班主任对与学生一块共同生命成长的理解和需要才创造出文化，当下我们应明确地让班级文化在它所涵盖的范围内发挥着主要作用。诸如，让班级文化具有整合作用，实现让全班学生能够有效地沟通，消除隔阂、促成合作；具有导向作用，能让学生知道自己的何种行为在对方看来是适宜的、可以引起积极回应的，并倾向于选择有效的行动；能维持秩序，班级文化的形成和确立，就意味着共同的价值观和行为规范的被认可和被遵从。

行动指南
XING DONG ZHI NAN

情感的投入，即优秀班级的产生作为必然结果。但我们的班主任依旧需要对班级文化加以认识，方才可有更加明确的教育目的，方才有更加有效的方法和策略生成。在此，我们将对涉及班级文化的两个分支，即加强"硬文化"和"软文化"建设建议如下：

一是要加强"硬文化"的建设。所谓硬文化，是一种"显性文化"，比如教室墙壁上的名言警句,英雄人物或世界名人的画像;摆成马蹄形、矩形、椭圆形的桌椅;展示学生书画艺术的书画长廊;激发学生探索未知世界的科普长廊;表露爱心的"小小地球村";悬挂在教室前面的班训、班风等醒目图案和标语等等。苏霍姆林斯基曾经说过,要使教室的每一面墙壁都具有教育的作用。在一个窗明几净,富有极厚文化氛围的班级中,全体学生会自发地形成一股浓郁的学习风气;学习和掌握丰富的现代科学文化知识;勇于探索,勇于创新,热爱劳动,热爱科学;学会发现美,欣赏美,创造美;真诚地与同学和老师相处,友好地进行合作,促进并加快学生的社会化。班级文化通过加强文化之间的互动,潜移默化地使学生主动接受文化的熏陶,从而不断提升个人境界。在这样一种积极向上、温馨和睦的环境里会让学生产生强烈的归属感,促使学生自发地加入建设班级文化的行列,使班级文化的建设与学生的发展构成积极的互动,从而取得教育的成功。

二是要加强"软文化"的建设。班级"软文化"环境是班级文化环境的核心,是最能体现班级个性的,班级整体形象的优劣的重要衡量指标。软文化,则是一种"隐性文化",包括制度文化、观念文化和行为文化。制度文化包括各种班级规约,构成一个制度化的法制文化环境;观念文化则是关于班级、学生、社会、人生、世界、价值的种种观念,这些观念弥漫在班级的各个角落,潜移默化地影响着学生;因制度和观念等引发出来,从学生身上表现出来的言谈举止和精神面貌,则是行为文化。

班旗、班歌、班徽的设计及其对学生发展的影响,这是班级"软文化"环境建设起始点。在设计时,班主任应调动全班师生人人参与,设计完成后,应通过集合、比赛、年级活动等各种场合展示班旗、班歌、班徽,使本年级本校师生注意到本班的形象标志。班旗、班歌、班徽作为班级和班级特色的标志,有助于学生对班级产生认同感和自豪感。更为重要的是,他们的设计活动有助于挖掘其创造力、合作力,加强班级的凝聚力,增进学生间的了解和信任。

"班风"的建设及其对学生发展的影响,是班级"软文化"环境建设的重头戏,也是整个文化环境建设的核心部分。它包括了班级风格和班级风气,是班级对外的社会形象。面对丰富的班级制度文化,学生学习吸收内化,本身就是一个教育过程。班级制度文化的建设,不仅为学生提供了一个制度化的法制环境,还为学生提供了评定品格和行为的尺度。

由此可以看出,班级的"软文化"弥漫在班级的各个角落,时时撞击着学生的心灵。学生经过长期的耳濡目染,社会化的水平不断地得到提高。班级"软文化"的主体是班风,良好的班风是无声的命令,是不成规章的准则,它能使学生自觉地约束自己的思想言行,抵制和排除不符合班级利益的各种行为。建设优良的班风,能在班级成员的心理上产生巨大的内在激励因素,增强班集体的向心力和归宿感。班风巨大的激励作用,还能使班级中的每个人精神振作,身心愉悦,紧密团结,高度信任,和谐人际关系,班集体由此焕发出无穷的力量和生机,班集体与学生获得共同的成长与发展。因此,班级文化最大可能地成为了塑造学生心灵的栖居地。

第四节　情感秩序下的人文班级

当代著名的教育家朱小蔓女士曾说:"离开感情层面,不能铸造人的精神世界。"建立班级情感秩序,有效地沟通对情感的培养固然重要,但真正意义上的沟通不是演讲,不是喋喋不休地述说,不是一问一答,而是一种态度,一种文化环境,是站在平等地位上的心与心的交流,情与情的碰撞。

当笔者讲述完同窗情、师生情,在沟通中成为一种精神,一种文化之后,如何内化于心,成为一种血液中流动的东西? 我们享受充满生命力量、师生情谊甜蜜的教育意境,但教育的实践并不总是风花雪月,我们需要一种机制让这种教育理想变成一种现实的教育行动。情感要成为一种实在的班级文化,必须要引入合适的"引擎",通过满足学生生命向上生长的需要,赋予所有同学生活的勇气和进取的信心,最终让班级文化新秩序落地生根。

班级文化是由一个班级中的教师和学生在共同的学习、生活中,创造出来的活生生的东西,其间渗透着每一个人的生命与情感。本小节,我们将进一步对情感互动指引班级文化新秩序作探讨,阐释情感的培养不仅仅依靠言语,而是靠情感互动引擎的打造,让师生情、同窗情遍地开花。

1. 需求不止于沟通

农民种庄稼能根据农作物的表征,知道庄稼是缺肥料还是缺水分、缺阳光还是有病虫害等等,他们能真正读懂庄稼需要什么。而作为班主任的我们,多没有想过学生需要什么,他们心灵深处需求的是什么,如此是不应该的。管理的目的,就在于满足他们的需求。我们主张在沟通中上升,很多人心里难免会产生疑问:师生情、同窗情不过就是大家聚在一起,多多交谈,多多沟通而已。这样的想法很片面,沟通交流只是其中的一部分,情感互动的真正目的是,实现情感的共享,促进老师与学生之间,学生与学生之间的交往,它与一般意义上的聊天谈话有鲜明的区别。

在情感互动中,沟通是重要的方式,但绝对不能仅仅停留在技术层面。师生情、同学情的建立与升华不能仅仅局限于一两次的沟通,成功的一次情感沟通仅仅是情感深化的开始,如果这种情感能够持之以恒,形成一种稳固的关系,就需要在一种互相信任、和谐的环境中酝酿,所以,情感要经得起时间的考验,实现长青不老的目的。不仅如此,它还需懂得在何时做何事,注重了解彼此的意见、心理感应,情感需求,并根据对方的情感反应调整自己的行为。只有如此,情感才能够得到健康的发展和延续。情感不止于语言的沟通,它渗透于生活中的点点滴滴,它伴随着学生的成长而成长。

原规则:对人性的理解即是对人之需要的理解,对学生的理解最基本的是对学生需要的理解。

卢梭在《爱弥尔》中写道:"大自然希望儿童在成人以前就像儿童的样子,如果我们打乱了这个秩序,我们就会造成早熟的果实,长得既不丰富也不甜美,而且很快就会腐烂。"其实，就像上一小节所讲，将情感发展成为一种精神，发展成为一种文化，这些完全可解释成，满足儿童成长、成才方才是最终的出发点。

班主任要构建和谐有序的班集体，必须读懂学生的需要，理解学生心灵的需求，只有一切从学生的需要出发，才会激发培育学生的积极情感，进而提升班级精神。

现象纪实
XIAN XIANG JI SHI

学生，其实就像是一粒种子，给足阳光、雨露、水分，满足生成的需要，他才会发芽。在现实的班级管理中，我们经常会看到拔苗助长、好高骛远等现象，这只是一种对学生表面需要的关注，是目的不明确的教育。不理智的反应就在于出发点错了，教师情理的出发点出错了。

在现实中，我们也经常看到，有的班生机盎然，学生积极向上，团结一心；有的班暮气沉沉，学生毫无生气；有的班秩序井然，有共同的奋斗目标，共同的价值认同，班风正，学风浓；有的班如同一盘散沙，师生、生生之间硝烟不断；有的班级同学积极乐观，时时事事彰显着一种精神，一股拼劲；有的班消极萎靡，师生关系僵化，学生情感沙漠化。

➡ 案例4-7

美丽的约定

故事发生在一个小学里，课堂上老师提问的时候，一个同学总是举手，可老师叫他起来的时候他却答不上来，引得下面的同学窃笑不已。

课后，老师问他为什么要这样，他说如果老师提问时他不举手，同学会在课下叫他傻瓜。于是，老师就和他约定，当他真会的时候就高高地举起左手，不会的时候就举起右手。

渐渐地，这名同学越来越多地举起他骄傲的左手，越来越多、越来越好地回答出老师的课堂问题，这个原本极有可能在太多的嘲笑中沉沦的孩子也由一个差生转变成了一个好学生。

案例解读
AN LI JIE DU

举左手，举右手，这只是教育中的一个小小的细节，但它却造就了一个学生的两种人生。老师与学生的一个美丽的约定，给予学生的则是尊重和关爱，这是一种生命意义上的情感互动。这位老师，之所以赢得这位学生的心，是因为他善于读懂学生的需要，找到了打开学生心门的钥匙。学生是教育的主体，是班级管理的主人，作为班主任要顺应儿童的需要，不断满足他们学习生活的需要。一次良好的沟通，虽然只是情感培育的开始，但有了开始才能有继续，才能有进一步的情感沟通。如班级活动、家访、走访、座谈等，及时了解学生的思想动态，安慰、开导、引领学生的前进方向。不过，学生需要什么，这往往是我们关注的弱项。不知我们是否更多地考虑过学生需要什么？我们应该给他们提供什么？我们不少班主任在如何围绕学生的需要思考自己怎样做，对学生需要怎样的班主任、怎样的班级文化、怎样的活动、怎样的教育形式等方面思考研究甚少。在班级管理过程中出现的师生、生生之间的矛盾、冲突，大多是源自教师不能从学生需要出发想问题，做事情。

教育专家李吉林出于对学生情感体验的强烈关注，从心底问自己："教学上的这种弊端是儿童学习的羁绊，是儿童身心发展的桎梏。怎样顺乎儿童天性，让他们健康快乐地成长呢?"那就是"一切从儿童出发"。为了寻找答案，李老师在情境教育的道路上跋涉了30多年，以建立教育的新秩序，打开儿童健康成长的大门。事实上，也只有班主任懂得学生的需要，一切从他们的身心发展需要出发，才能改变班级管理"规则缺失"、"秩序混乱"的现状，营造管而不乱、活而有序的新型班级管理模式，让学生在宽松、自由、民主、和谐、有序的氛围中，懂得尊重、互助、合作、欣赏，进而获得幸福，健康成长。

情感是能够增值，也能够消耗的东西，如果在一段时间内能有意识地去储备去体验去互动，它就会变得越来越厚实;反之，就好比燃烧的木材，最后就可能慢慢地变成灰烬。情感需要时间的积淀和心灵的默契，此时无声胜有声，刻意地寻求不如精心培养。

越是在同窗情、师生情比较好的时候，越是要提醒教师尊重和倾听学生的意愿，不要把一方的意愿凌驾于另一方之上。要试着把教师的需要转化成学生的需要。古人说"汝果欲学诗，功夫在诗外"。我们想改善师生关系，同学之间的关系，不能仅仅依靠研究交流，要尝试着运用多种方式，走进学生的情感世界。在现实中，我们对学生的所作所为，因为没有真正读懂他们的需要，没有深层的心理琢磨，常凭教师个人之见去做审判，所以常常对他们的善意和进取做出曲解，这样，即使教师使出万般解数，也难以到达沟通的情感共鸣。如此这般，又何谈师生建立良好的情感关系呢?

构建班级文化新秩序非一朝一夕之功，它需要我们对人性需要的正确理解，对教育原点的追思，对自我管理方式的解剖。如果种种班级管理文化偏偏是班主任一人一相情愿地"硬压"，无视学生的自觉自愿的需求，又岂能希望班级秩序井然?无论构建如何富有特色的班级文化，无论班主任多么的敬业，班主任都不能游离于学生个体需求之外"擅作主张"。班级管理是什么?是童心的管理。一切都应从学生需求出发，学生的安全、心理、精神等方面需求是教育的起点与归宿，是建立新秩序的要旨。

行动指南
XING DONG ZHI NAN

建构班级文化新秩序，提升学生幸福指数，彰显学生的生命活力，教师要能唤醒学生内心向真、向善、向美、向上的积极情感，引发学生心灵深处储藏着的大量的再生性资源——情感的宝藏。为此，我们给您几个小建议:

一是要努力创设一种教育情境，能使师生、同学之间达到感情融洽和谐。这就要求教师要摸清学生的需要，如情感需要、自主需要、自尊需要、快乐需要、平等需要、成就需要等等。当然每一个学生的需要又不是一样的，特别是要正确地面对有特殊需要的学生，如学困生、优秀生、留守儿童、单亲家庭学生、身心障碍学生等等。其中，单亲家庭的学生多是有着羞辱心理、自卑心理、忧郁心理、冷漠心理、玩世不恭心理等，他们需要的是关爱、自信、自强、温暖、信任、鼓励。我们应用真心去爱每一位学生，在"学困生"和"优秀生"之间摆正爱的天平，促进学生的健康成长。

二是要构建亲密友爱的情感共同体。一个班集体就是一个微型社会，师生、生生之间并非孤立无关，他们应有思想的沟通、智慧的碰撞、行为生活的交往、精神的契约。班主任教师要把班集体打造成为学生情感成长的共同体，在此集体中，是否被同学接纳，是否有亲密的伙伴，谁的学习跟不上，谁生活中有困难，谁不高兴，谁孤单等等事项都应得到关注。教师应以正确的方式引导学生之间常聊聊天、常谈谈心，帮助他们分析学习上的差距，帮助他们克服生活上的困难，帮助他们渡过情感的迷失期，从而了解他们的内心世界，拉近和他们心灵的距离。

三是要建立学生成长情感档案，讲究关怀方法。并非所有的关心都能让学生感觉舒服，并不是所有的关怀都是学生需要的。如何满足学生成长中心理精神等方面的需要，是我们班主任面临的一大课题。不同的学生有不同的需求，因而要区别对待，要讲究方式方法。如爱护性策略，对待每一个学生都应给予呵护，稳定他们的情绪与心态。差异性策略，如单亲家庭的学生与正常家庭的学生有差异性，家庭生活不幸的阴霾困扰着他们，他们大都有着自卑心理，敏感多疑，所以言行偏激。他们心理障碍严重，不可与一般学生同样对待。引导性策略，有些特殊学生，由于心理缺陷与人格的偏差，在思想观念、思维方式、价值取向等方面与正常儿童有所不同，自然他们的需要也不一样。班主任要理性地认识，注意正确引导，适时矫正他们的错误言行，引导他们走上健康的成长道路。建立学生成长情感档案，与他们成为朋友是靠真情打动的。人都是讲感情的，一纸贺卡、一句祝福话、一个关爱的眼神都能让人感动。

2. 打造情感互动引擎

"情感互动"是构建班级文化新秩序的重要部分，它通过在教育过程中，对学生心灵、思想、信念、情感等诸多品质的关注，为学生创设情感体验情境，在与集体以及个体的互动中，促使他们对学习、生活和周围的一切产生积极的情感体验，形成人与人之间的情感共振，进而发展他们的自我情感调控能力，形成独立健全的人格。也许不少读者朋友早已意识到"情感"在文化秩序中的价值，不过，我们本小节的论述的重点是如何让"情感互动"成为一种高效运转的秩序，让学生在一种催人上进的群体氛围中得到成长。

打造情感互动引擎，就是要着眼于学生的需求，以及不同类型学生的需要，然后以此科学合理安排班级内活动的开展，以满足他们的各种需求。简单地说，设计健康向上的情感互动引擎，就是把传统的以规范学生行为核心的班级管理模式，转变成以满足学生成长需要为中心的高效运行模式，建立适宜学生自我完善的有序的班级新文化。

著名教育心理学家罗森塔尔曾经说过："一个好的班主任，应该是一个出色的心理学家。""以学生为中心"是一种理念，也是一种情感互动引擎的方式，也是班主任构建班级文化新秩序的一种心态。班级内每项活动，每个决策都必须以学生的喜好与需求为出发点。如何实现这一点？这些行动并非来自班主任的管理灵感或主观感受，而是直接来自学生家庭、生活、学习等诸多途径的信息。班主任要能智慧地引导学生将此情感信息作为出发点，帮助每位学生建立正确健康的情感关系，确保在班级内情感引擎运行顺畅。

原规则：班级中人与人之间的情感的产生需要一个引发机制，而且产生之后还需要双向和多向的互动得以维持和升华。

雅斯贝尔斯曾经说过："教育的本质是心灵的教育，是一棵树摇动一棵树，一朵云推动一朵云，一个灵魂唤醒一个灵魂。"情感文化的建设则是班级的隐性文化，它不同于班级的制度文化，它彰显着一个班级的班魂，是深层次的东西。优良的师德本身就是一种情感文化，是教师用无声的语言与学生有效沟通的一种表达方式。良好的师德，对学生情感、心灵的呵护，才是灵魂所在。如果忽视学生的需要，不注意情感互动，就是一种浪费时间的表现，更不会培养出什么健康的情感。

现象纪实
XIAN XIANG JI SHI

长期以来，许多班主任常把自己定位为班级的管理者和控制者，过分强调了在班级管理中的"管"，而忽视了"理"。人们津津乐道班级管理的技法，而忽视了心育，漠视了个体情感的诱发与引导。为了维持一个所谓良好的班级秩序，总是指令太多，学生服从太多，学生应该做什么，不应做什么，一切都得按照自己的意志去办，要求学生接受和执行，在这种情况下，学生的主体性、积极性、创新性被挫伤，正常情感被扼杀，师生之间的情感有效互动关系难以建立，班级文化新秩序也就如同空中楼阁。

➡ 案例4-8

走向学生心灵的书信

1995年，银川市十中一位刚从大学毕业的语文老师怀着对孩子们的爱心，用书信的方式和他们真诚地交流。如今，在他的影响下，学校开展了师生互通书信活动，书信成为许多老师和学生心灵沟通的桥梁，帮助老师及时了解学生的心理状态，树立正确的人生观。

"长大了，那些学习好的在社会上凭学识有好工作，有好事业，但那些做痞子的呢，却往往潦倒不堪。你说多划不来啊。永远不要图一时之快啊。"这是这位语文老师杨景朝给学生回信中的一段。在他的桌子上，摆着300多封学生的书信，而他都一一回答。

杨景朝说，青少年是一个思想上很不成熟但有着强烈独立愿望的特殊群体，有着很强的逆反心理，很多孩子在思想上、行为上的错误很难向家长和老师当面说出。为此，银川市十中开展这项活动，目的是给学生一个倾诉的园地。

如今，银川市第十中学"师生互通书信感情互动"的活动从最初的教师与学生的书信来往变得形式更加多样。个别交流是和部分学生保持长期的通信。集体交流是利用一节课的时间让全班学生一起给老师写信。而公开性交流则是专门准备一个本子，老师与学生、学生与学生之间相互写信，表达自己对建设班集体的想法、对集体的感情，任何同学都可以翻阅。日记式交流是通过批改日记，写出沟通情感的评语，引发学生情感的共鸣。赠言式交流是学生学期鉴定写温馨对话式的评语、用精美的卡片写赠言等。"成长袋"式交流，让学生设计成长袋，积累自己成长过程中的作文、试卷、绘画和手工作品等。目前，这项活动涉及整个在校学生，现在学校保存完整、效果较好的师生互通书信有几千份。

通过与学生的书信交流，教师们发现初中生遇到的常见问题可以分为四类：一、学习生活类，即老师在书信中指导学生掌握正确的学习方法和学习态度。二、情感类，即老师在书信中指导学生形成正确的交友观。三、思想道德类，即老师利用书信和经常违规违纪的学生交流，对他们进行正确地引导。四、家庭问题类，即老师同家庭关系不和谐或者离异家庭的孩子进行书信交流，消除他们的苦闷，防止他们走上歧途。

案例解读
AN LI JIE DU

上述案例中，老师寻找学生的问题源头，并适时地引导，获得实效，靠的是书信。书信，表面上看是一种沟通方式，实际上是由此引发情感互动的引擎，促进师生、生生之间的情感交流。对于班级文化新秩序的构建，对于学生的健康成长而言，情感的信息是否经常未经过过滤，原汁原味地随时随地地流泻，这是最最关键的因素，书信仅是情感互动引擎的一个工具而已。

真情是世界上最美的花朵，但并不是每个人都善于去表达自己的情感，秩序紊乱的班级往往也是人与人之间情感冷漠的班级。同样的人，为什么在有些场合表现得热情而另外的场合表现冷漠呢？这说明他没有很好地打造好情感互动引擎。事实上，有了适当的情感互动引擎，就能在一些场合激发出良性的感情氛围。用什么来作为这样的引擎呢？上面故事中讲到的"书信"，在前面我们提到的"小荷"博客，都是很好的载体，当然这些并不是全部。亲爱的读者们，希望你们在自己的班级管理实践中有自己新的创造。构建班级文化新秩序，需要从打造情感互动引擎开始。情感互动如同汽车运行一样，需要用心去保养，正确去使用，否则就会出现故障，导致情感的隔阂。我们常对同学们说，要搞好团结，要有集体荣誉感，但很多学生却不知如何去做。情感互动引擎就是赋予每个学生明确自己的权利与义务，在班级内人与人之间友善相处，为一个美好的愿景而努力。打造情感互动引擎，沟通是一个重要环节，但它所涵盖的范围远不止于此。它需要教师通过日常活动将焦点由自我转向他人，使得班级内情感壁垒得以推倒，促使每位同学都关注他人的需要，从而激发合作精神。

目前，我们经常会听到一些老教师发牢骚说："现在的孩子是一拨不如一拨。究竟是老师跟不上时代了，还是学生的'质量'下降了？"老师们，我们指责之外是否想过，班级的一些特殊群体或特殊儿童，他们自私、脆弱、撒谎、懒惰、敏感、叛逆等等，这些问题的背后是什么呢？是什么导致他们问题丛生？其实，细细分析下来，那些所谓的问题学生，在他们荒诞无稽的言行中大多是心理问题，而不是道德问题。他们也有自己的喜怒哀乐，而在现实中，他们遭遇的却是被漠视、被薄待，被歧视。每个学生心中都有一幢墙，老师如何打开这堵墙走进他们的内心世界，便是我们找寻突破口的门径。班主任只有修好攻心术，在"规则"与"活力"、"自由"与"解放"间寻找结合点，才能构建适应时代发展，符合班级学生特点的新秩序。

行动指南
XING DONG ZHI NAN

每当我们走进文化气息浓厚的班级，常常会被阳光、健康、向上的精神风貌和师生、生生之间关系融洽、其乐融融的气氛所感动。其实，这样的班级都有一个显著的特色，那就是"情感场"的真实存在。班级文化新秩序的构建来自情感的积淀与发酵,一经成熟,将浸润、弥漫于班级的肌体,形成班级特有的文化情感场,发挥它润物细无声的作用,引领着班级里的每一个学生健康成长。为了建立这样的"情感场",我们必须投入工作的热情。

一是要注意情感的双向性,建立情感互动制度。也许不图任何回报的感情只能在爱情小说里面才能寻找到踪迹,生活中真正的情感常常是一种相互沟通的结果。教师与学生之间,学生与学生之间的情感交流是双向互动或多向互动的。因此,良性的情感沟通应该既有教师对学生的情感传递,也有学生对老师的情感反馈。

我们要让师生、生生之间有定期的互动,通过课堂、班级活动能够合作共事,而且打成一片。班规、班约、班团队活动一定要坚守"从学生中来"的原则,在学生自主参与,相互讨论,共同抉择的过程中凸显出学生自我管理的情感态度。同时,要遵循"到学生中去"的班级管理原则,各项制度,各种活动在"共同遵守,一起维护,相互监督,一起进步"的实施过程中,在班级内形成情感文化场的效应。比如,开辟"童言无忌"交流平台,通过"找找优点,说说缺点,提提建议,说说心声"等途径,为每一位学生提供释放情感的场所。

二是要细微处着手,读懂学生的情感需要。古人说,"察言观色,以洞察人心"。见微知著。班主任要做观察者,因为学生会在笑容中书写他的心情,在眼神中闪烁着他的秘密,在哭泣中隐藏着他的伤痛,在转身中透露着他的信息,在回首时跳动着他的心事,在谈吐中显示着他的情绪。教师在打造情感互动引擎前需要思索三个问题:首先是学生的个性特点是什么? 他们需要什么? 他们在想什么? 教师要弄清楚学生属于哪种类型特点,是单亲家庭的孩子,是留守儿童,是内向型、是外向型等;其次是我们如何在班级内建立起师生之间,生生之间的某种情感联系? 第三是教师要转换什么角色? 教师要具备哪些"心通"与"艺通"本领? 我们善于观察学生学习生活中的点点滴滴,以及时破译他们心灵的"密码"。

三是要凸显情感的真实性,进行情感主题教育。这种情感互动是一种真情流露,依托学习、生活、游戏等各种场合,以节日、身边小事、教育教学活动为契机,通过多种方法,利用多种途径尽量为他们创造进行情感体验的机会,对学生进行情感体验教育,让他们置身于一定的情感情境中,诱发和唤醒情感体验,在一种真真切切的情感情境中,在教师的正确引导下,产生心理认同,学会比较、甄别、形成正确的价值判断,逐渐由他律走向自律,促进身心健康成长。如,"三八"妇女节,我们可以组织学生开展以"母爱"为主题的感恩教育活动,在日常生活中培养学生爱妈妈的情感;教师节,我们可以组织学生开展回报教师的主题教育。通过日记、写作、演讲等方式,诱发学生真情的自然流露。同时,教师要对学生的情感互动有一个客观、公正的评价和赞赏。

第五讲 活动，班级新秩序的活性酶

此班级优秀吗？看其开展了些什么活动。

此班级的班主任优秀吗？看其组织了些什么活动。

此班级的学生优秀吗？看其参加了些什么活动。

（一）

什么是活动？做事。

人，往往就是这样，总是在不停地运动。换句话说，人总是在不停地做事，不做好事，就做坏事，不做有意义的事，就做无聊的事，总之都在做事。

当下，班主任最需要的是做一些事，让班级活动得以开展，才可致使其优秀和卓越。

（二）

仿若夜晚游走，总需要路灯。我们习惯于顺着时间这一条绳子，从这一头游走到某一个尽头。而唯有灯光，才使方向更明朗。一群人需要向前走，也习惯于借助灯光的指引。然而，对于我们班主任而言，最先需要的是独立行走，想明白该做些什么，方才真有可能将一群人引向光明。

亲爱的读者，活动几乎就是一个牵动着班级向前走的神经。在笔者看来，活动就是让其管理从黑暗走向光明的一条道。要在黑暗中拥有思想，需要班主任具有给予光明的勇气与智慧，这样，学生才可能在活动中精神倍增。

（三）

更多的时候，班级活动具有特色与生命。因其活动体现独特的行动轨迹，生命的重要性方才体现出来。

你见过大海中的浪花吗？由此，便可想象到活动的作用。浪花是激流的精灵，没有浪花的跳跃，就没有大海的雄壮。在我们的班级中，活动具有很强的带动作用，我们最需要的是能像富有激情的浪花一样，一块与时俱进，一同开拓创新。

（四）

万物都有运动，但只有人才有活动。活动是人类的特殊产物。

开展活动，需要我们了解活动的内涵与外延，需要我们懂得活动的策划，也需要我们精心准备时能有奉献精神，只有这样，活动才会得以有序推进，才会最终发挥其正面的效应。只不过，因为人在活动中具有决定性的作用，对于班级管理而言，也更需要班主任发挥核心作用，诸如监管与掌握。

（五）

班级管理需要体现活动的教育功能。需要我们有目的、有计划地开启教育活动，特别是搞好心理健康教育和体育这两大领域的活动,方才能培养出更多合格的学生。

在本章节中,我们将研讨活动的有效性,以及活动有效性要素的构成,比如活动的目的、形式、过程等,希望能以此提升班主任老师对活动的认识。

第一节　活动与班级秩序的延伸

管理班级,最需要的是什么?通过班主任的行动去点燃班级发展和个人成长的活力、激情。

谈到活力和激情这样的主题,我们有必要从教育领域之外去寻找一些灵感。或许大家对近年遭遇的地震、泥石流、洪灾等自然灾难都不曾忘记,谈及这些并不是想触动大家痛苦的神经,而是想借此引入全国各族人民在大灾大难面前无比团结、心连心的话题,想借此引出让人痛苦、兴奋、团结等的话题。

难道只有大灾大难才能触动人们的神经吗?不,不……还有活动,一些大型活动,如举办 2008 年奥运会,同样能激起人们的兴奋与向往,同样能激起人们的参与热情与自豪感。

平静的生活有时就像微风吹过一样寡淡无味,周一至周五流水般的日子,最容易让教师精神疲软,最容易让学生失去斗志。那么,在班级管理中,有什么办法能调动起一群人奋发向上的神经?为此,我们将在本小节中提及像触动班级神经一样的活动,并就进一步认识班级管理活动的两大“人的因素”,即对班主任的思想构建与学生的精神塑造作论述,希望能引起更多读者对活动促进教师发展和学生发展的重要性的认识。

1. 用活动构建活动思想

> 通过活动,让学生和教师各有所获,才可称其有管理思想。
>
> ——题记

当前,班级活动最根本的问题是活动思想的贫瘠,或者说是班主任对班级活动的认识有问题。关于什么是思想,笔者曾经在《教师不跪着教书》中作过专题论述,指出“思想即解决问题的办法”。同时,笔者在《小学数学多媒体课件思想构建》一文中也谈过,“思想不可离开具体的教育教学过程去谈。只有将思想转化成行为,才具有现实意义。思想产生于具体的教育教学流程中。无行为不能说有思想,无作为更没有思想,只有那些具有操作性、可控性的教学思想,方可称得上真思想。”

谈教育思想构建不能空谈。优秀班主任的凭证是什么?最具有实物效力的凭证便是带领班级的学生参与多项活动,并获得相应的认可(特别是竞赛中获得较好的名次)。其实,优秀班主任与众不同的就是他们具有了班级活动思想,对活动的策划、组织、掌握等有了成熟的认识,对活动所产生的效能有了清醒的认识,最终将活动作为工作成绩的重要支撑。

原规则:构建班级活动思想,是教师走向成熟的开始。

作为班主任,你已经做好构建自我管理思想的准备了吗?提及自我的教育思想的构建,可能读者朋友们会产生"恐高症"。其实，理解思想的构建过程，并非难事，只要我们在遇到新问题和困难时，能找到解决的办法，配套系统的举措，便可称其富有思想。如若加以评判，只可言其"思想的成熟度"。

开展活动，最根本的目的无疑是为了学生个体生命的成长，只不过笔者在这里把教师在教育中的发展提升到了一个比较高的高度。这正是笔者如此看重构建班主任活动思想的原因。在这里，我们不去细谈班级管理中的某一项活动，也不去全面罗列活动的类型，我们真正的目的在于引领。特别需要指出的是，当班级管理中出现问题或困难时，具备班级活动教育思想的班主任，便会抓住教育的契机，从开展一项富有创意的活动着手，寻找解决问题的最佳捷径。如商贩，当他们发现市场疲软时，便会抓住节日或约定时间开展展销活动，以引起顾客的注意。在班级管理中，活动的重要性在许多优秀班级中彰显，人们更是有目共睹。

现象纪实
XIAN XIANG JI SHI

无活动，无教育教学，这多是广义上的活动概念，因为我们把学生的日常生活尤其是学习也作为了学校活动。我们这里的狭义活动，指班级管理中在特定时间、地点，有参与人用心策划，严格组织，有管控甚至有评价等的活动。

仅从班级活动的状况，我们把现实中的班主任分成两种类型：一是没有构建班级活动思想的班主任。这一类班主任在班级活动中，总是处于一种跟随、服从、附和的状态，总是根据教育行政的安排，而组织发动学生参与。这一类型的班主任占大多数。另一类是富有班级活动思想的班主任。这一类班主任，他们在活动中更多的时候占有主动性，其目的性、计划性非常强，他们具有活动意识，善于抓住活动时机，开创性地发起和开展活动。这一类型的班主任所占比例很小。

其实，教师作班主任，最初他们之间的差距并不很大，就因为伴随着教育活动的开展，方才拉开了班主任之间的差距。他们最终一个走向优秀，一个走向普通，几乎全因当初他们的活动意识度不同。从无意识走向有意识的构建，是我们写作的全部初衷。笔者深信，如若一名新班主任，从涉足班级管理，便注重班级活动思想的建构，可以肯定地说，这样的班主任最终会成为优秀之人，其管理对象肯定是优秀的班级。

➡ 案例5-1

一份全国优秀班主任事迹材料

本人自1998年参加工作以来，一直担任班主任工作至今，已有13年，在班主任工作的过程中，我视班级为我家，把学生当做自己的孩子来看待，全身心热爱学生，关注学生的健康成长，用自己的思想去影响学生，教育学生，时时与家长保持联系，使学生的素质得到全面的提高。现将主要事迹总结如下：

一、用爱去树立班级思想

……

二、用心去组织班级活动

只有用心，才能精心准备，只有精心准备，才能做出好的成绩。在班主任工作中，面对学校交给的任务,面对班级自己制订的计划,面对学生个人的各项活动,我都会用心地去组织每一次活动。学生参加的"海南省科技创新大赛",我把中午和晚上休息的将近300个小时都用在和学生的紧张准备之中,如此换来的是一个省一等奖和一个三等奖;学生参加的演讲比赛,一遍又一遍地修改、示范、试讲把我送去医院已经不止一次,但换来的是2个海南省小学生演讲比赛第一名,并代表海南省赴北京人民大会堂参加全国总决赛;学生参加的亚太地区小学奥数比赛,我与科任教师一起,陪伴学生走过一个又一个汗流浃背的中午,度过一个又一个万籁静寂的夜晚,换来的是连续5年都有学生获得海南省赛区前十名,并赴新加坡参加总决赛……只有这样,一次又一次的精心准备,用心地去组织班级的每一项活动,才能使班级在活动中焕发生命力,我所担任班主任的班级,学生参加的各项活动获奖人数多达100多人次,其中县级奖的有30多人次,省级奖有10多次,国家级奖的有3次,我也多次被评为优秀指导教师。

三、用情去感染学生行为

……

四、用理去博取家长支持

……

五、用勤来弥补自己不足

……

——选自《澄迈县永发中心学校周飞班主任工作事迹》

案例解读
AN LI JIE DU

翻开无数优秀班主任的档案,几乎都能从文字中发现,促使他们优秀的都有一个共同的特征,那就是如以上案例中周飞老师所总结的一样,勇于去组织班级活动,善于组织班级活动,并且在活动中取得丰硕的成绩。

抛开功利因素,管理好一个班级,开展活动往往能增添班级活力,让一群人在这一特殊的群体中生命力更旺盛,创造力更强大。能否成功开展班级活动,很大程度上取决于班主任对活动的认识,就像本小节重点讨论的活动思想构建一样,领头羊的作用是有意识地组织和开展活动。在我们看来,班主任构建活动思想,是一个不断提炼的过程,虽然到最后有习惯性的因素。但值得说明的是,并不是只要班主任开展活动就能拥有活动思想,在笔者看来,只有那些针对一个活动或系列活动,就像面对一场战役一样,能站在战略的高度给出合理的决策与安排,并让每组织一项活动就像打下一个漂亮仗一样,最终收获了教育成果。如此反复的磨炼和反思,才能真正形成自己的活动思想。

如果我们的班主任真能形成活动思想,现实最直观的体验就是,此班主任所打造的活动往往会成为一面旗帜。在班级管理中打造活动思想,最需要的是实干,做行动主义者。这就要求我们在开展的活动中,能体现开创性,能率先组织、率先研究、率先尝试,发挥模范带头作用。同时,对于同行而言,系列活动在纵深推进中,能起引领作用,让他人学习与效仿,对于管理对象而言,更让其增添学习的动力。

行动指南
XING DONG ZHI NAN

在班级管理中,班主任提升自我的活动思想,实质上是一种自我素养提升的过程,也是自我主动发展的过程,除了需要有勇于奉献的精神外,更需要能开启自我的智慧,这样才不会因作为班主任而忘记自身发展,才能在班级工作中实现教师自我人生的转型,实现跨越式发展。为此,我们建议:

一是要把握好活动思想产生的过程。在班级管理过程中构建自我的活动思想,即通过班级活动,解决管理能力提升、学生素养提升的问题,并将之转化为解决问题的办法和能力,必须在以下四个方面有所突破。

思想动向:在班级开展活动,具有引领性和适用性。而只有体现教育的目的,才不会单方面体现随从性或适用性。

思想工作:开展班级活动,易于在管理中主次不分,难以把握尺度。而只有结合班级学生需要,并获得学生的支持,才可能真正发挥活动的重要作用。

思想解放:当前,青年教师建立活动思想,积极参与活动组织,竞争意识比较强烈,但必须抓住活动课的教育契机,才能发挥带动作用。

思想境界:只有活动前精心准备,在与学生一起共舞时,才会自觉体现其管理思想,从而解决平时班级管理中的问题。

二是在开展班级活动时应把好"质"和"量"。把好其质,除了活动形式与内容融为一体外,还不能因为活动冲淡学生以学习为主要任务的主题,同时,要让学生因为活动参与从而增添班级自豪感。让学生因有活动而能感受到学校教育的快乐。我们要把握其量。在整个活动开展过程中,学习与活动的主次必须分明,这是一个"铁律"。班级活动思想不代表教育的全部。因此,活动应尽可能不占用上课时间。我们在开展活动时,实现量的控制,才会给活动提质。如果活动太多,太杂乱,也会使人不舒服。我们亟须扭转活动影响教学这样的局面,正确处理好活动和教学的关系。

三是要抓好活动的设计,体现组织特征。班级活动是最常见,但也比较容易被庸俗化的一个教育途径。对活动质量的关注,必须突出体现在对活动设计的关注之上来。对活动设计的关注,必须从对活动流程的关注转移到对活动设计意图的关注上来。班主任是班级的主要管理者,要管理好一个班级,则需要做大量深入细致的设计工作,不断更新活动内容与形式,实现学生自主策划;丰富班级活动的内涵,让学生主动提炼成长体验;提升班级活动的品位,积极开拓发展空间。

2. 用活动激发活动精神

构建班级活动思想,全然集中班级深层次的力量,要像树一样紧紧地用根抓牢,努力地向上生长。如此的行动,带来的会是什么?一种可以传递给学生的力量。我们甚至可将教育理解成为一门创造幸福的艺术,当学生精神焕发时,便成为班主任辛勤劳动后的收获果实之时。班级活动如何做到行之有效?其着眼点就在于挖掘活动的思想内涵,以此激发学生的精神力量,这样的思维链条是我们重新认识班级活动的根本思路。

班级管理,人是第一的因素;活动的价值,在于点燃人的生命活力,助推完美人性的铸造。也就是说,构建班级活动,其活动必然是因人的存在方才存在,让活动为人的发展服务,而不只是为了活动本身的华美。用什么来提升活动的品质? 我们在这里提出一个核心概念,叫"精神面貌"。一种班级活动,如果无关全体学生的精神面貌,这样的活动就毫无存在的价值。

原规则:学生的精神面貌是教师班级活动思想的反映。

班级,作为一种由人构成的秩序,就如前一小节所阐述的那样,教师积极主动建构的班级管理思想,尤其是班级活动思想,是这种秩序最为本质的依据。在这一小节中,我们把关注的目标转向这种人所构成的秩序的外显特征——学生崭新的精神面貌。我们坚信,一个班级的成长,必定是一个热火朝天的过程。一个班级,只有生机勃勃、精神振奋,那才意味着这个班级在努力地向上成长。笔者一直反对把学生的成绩等同于自我的成绩,这与在本章中多次提及用学生的成绩给自我优秀佐证并不矛盾。因为,强大的教师,必然用其教育思想造就强大的班级,培养强大的学生,与此相对应的是,强大的班级与强大的学生,将佐证教师的教育思想。谈及激发学生的精神力量,其实质是指向对活动成效的追求,是对构建班级活动思想及其功能的进一步阐释。

我们从不否定我们研讨的具有很强的实用特色。诸如,如果我们提升班级活动思想,不能给教师带来什么,给学生带来什么,在我们看来这样的活动,近乎已经失去价值。当然,关于精神的探讨,更多时候指向哲学概念,笔者更看重表现出来的活力,一种非常直观的而不是抽象的东西——因班级活动带给学生活力。

现象纪实
XIAN XIANG JI SHI

我们无意于指责,而在于提示如何使班级活动产生功效,生发价值。

现实就是这样,无数班级开展了无数活动,但又有几个真正有效呢? 往往活动的结果是,班主任满身疲惫而并没有收获管理思想,学生参与其中却没有感受到快乐,更别说产生童年或少年时代应有的活力。原因何在?

答案只有一个,那就是活动目标不明确。纵观无数的班级,我们发现,教师因活动而产生一种被牵着鼻子走的感觉,让学生处于一种茫然应对的状态。考究其根源,我们依然发现这是教师的活动思想缺位所致,就像笔者上下班经常目睹的一幕那样:上一任领导走了,随后置于综合大楼天井的沙盘(发展规划)也给搬走了。在原来的地方,一块"为人民服务"牌匾伫立。只要仔细体味,你便会发现两任领导,他们的追求以及工作努力方向于悄然中发生了变化。

班集体的发展,实可称班主任精神体的形象化。有明确的活动目的,有下达的活动任务,以及有带领全体学生奋斗的方向吗? 优秀的班主任,一定要有自我独立的教育取向,为此让他的学生获得从心底里认可的成绩,而那些随风、随雾又随雨的班主任,他们没有明确的方向的活动,结果(结局)怎又不是一种消极的任其自然呢?

案例5-2

让学生在活动中成长
——一个老班的总结

周恩来曾说过:"与有肝胆人共事,从无字句处读书。"生活就是一本书,有的知识记录在书籍中,有的却在生活中。学生的生活以学习和活动为主,有益的活动可以更好地促进学生的学习,让他们热爱校园生活,焕发青春的活力,热爱生命,热爱自然。

一、丰富活动形式,激发学生的学习兴趣。读书影响孩子的一生。这些年来我一直坚持带领学生读书,每天早、午各10分钟,让学生对读书产生浓厚兴趣。在第二届"小学生阅读世界杯"大赛中,我们班的高宇新、刘颖分别荣获一等奖和三等奖的好成绩;在全县读书知识大赛中,高宇新和高婧在学校选拔赛中脱颖而出,代表学校到县里参加比赛均榜上有名;这些年来,在全国小学生语文读写大赛中,我们班的学生更是屡屡获奖,这可真是厚积而薄发呀。我也受益匪浅,不但多读了许多书,还多次获得优秀指导教师奖。

二、认真组织郊游活动,培养学生热爱自然,热爱生命,激发他们的生活热情。今年学校在六一组织了郊游活动,这可是学生盼望已久的。大家一起到郊外去呼吸新鲜空气,欣赏绿色,多惬意呀。我结合这次活动,发动学生自己设计活动形式,班干部分工负责,有的负责道具,有的负责活动安排,还有的负责安全,他们俨然一个个经验丰富的老师,利用课余时间安排活动,组织人员,事情做得井井有条。

三、在比赛中培养学生的集体荣誉感,教会学生做人与做事。这学期,学校举办了广播体操比赛。面对这次活动,我首先为学生树立榜样,亲自在烈日下陪练,我的态度使他们懂得做事就要踏踏实实;在训练中,对于他们出现的错误和不规范的动作,我要求全体一个个指导,有争议的动作请教体育老师,然后再利用放学时间在班中一对一地训练,使他们懂得做事不能含糊,要精益求精;经过一段时间的训练,他们的基本动作规范严谨了,但我知道如果他们的精气神达不到最佳状态,也会功亏一篑。所以临近比赛,我不断地鼓励他们,尤其是对班中的顽劣生,寄予厚望,使他们感受到一种信任、期待,萌发为集体荣誉而努力奋斗的决心,增强主人翁意识。最后比赛,他们果然不负我所望,不但取得了年级组第一名,还成为了全校总分最高的班级。

这一切说明我们的孩子多么可爱呀!不是他们做不好,而是要看我们怎样帮助他们做好。有人说,活动多,太辛苦了。是的,最辛苦的一定是老师。可是没有活动,学生的成长就会受阻;所以适当地开展有益的活动,让我们的孩子在活动中感受成功的滋味,享受快乐,学会做人做事,不正是我们这些教育者该做的吗?

案例解读
AN LI JIE DU

我们可以这样类比:教育,如果说每天的学习是主食,那开展的班级活动就好比是零食,不同的活动就如花生、瓜子、杏仁等。主食是必需品,零食更是提高生活质量的物品。我们的教育,除了需要主食,但也不能缺少活动这样的零食,如此,方才真正让人感觉到教育的甜蜜与快乐。

活动开展的必要性,正像案例中的这位班主任总结的那样,"不是他们做不好,而是要看我们怎样帮助他们做好"。对于在班级开展活动,很多教师并不陌生,然而真正对这有研究的教师却只有少数。在班级管理中,班主任作为活动的设计者和组织者,是学生健康成长的引路人,要想使全班学生朝气蓬勃,班主任就应该有创新精神,激励学生好学上进,尽可能发挥每一个学生的特长,能"创建特色班级"活动,让学生在活动中得到激励,得到发展,得到教育,得到成长。

　　关于班级活动,班主任几乎发挥着领袖的作用,这仿佛就像给一块石头作雕刻而让其具有了人的思考。通过活动所发挥的点化作用在学生身上最直接的反映,便是让其精神苏醒,也就是说,班主任的思想就像那开启智慧的星星之火,借助活动这一平台、抓手,促使学生在班级中学会交往,在追求和竞争中激情燃烧。

　　一个强大的班级需要一个强大的班主任,其强大往往反映在一系列的活动之中。当然,提高班级活动的有效性,并不是一件容易的事,它不但需要我们的班主任能发挥核心作用,更在于班主任能有效地提升班级管理境界,打造切实有效而且系统化的班级思想,建立开放的活动机制。在这一方面,有待改变的情形是:忽视班级活动的育人价值,强调预定事务的完成;忽视学生自身发展需要,强调灌输成人价值观;忽视学生参与的主动性,强调按教师意愿组织;忽视学生参与的广泛性,仅停留于锻炼少部分学生身上。

行动指南
XING DONG ZHI NAN

　　促使所有的人发展,才算是教育的归属。有序、有效地开展活动之前,如若能认真地思考——拿什么来培养我们学生,学生需要我们给予什么样的培养,我们要将学生培养成什么样的人,而后围绕这些问题来开展活动。要解决这些最根本的问题,就像砍柴前需要磨刀一样。思想与精神,其实就是教育这一只斧头上的刀刃,多给打磨,像劳作者举刀砍柴一样,才会顺心、顺手、顺势,从而收获美满的教育。为此,我们建议:

　　一是要加强活动思想提炼。真要给班级提供一些有效的班级活动,更多地取决于自身的教育能力素养。班级活动,提升班级管理的基础,实质是创建班级公共生活的一种形式,哪怕我们的班主任像新车手上路一样,活动操作技术不到家,如若有过硬的驾驶理论素养,依然能安全地行驶在路上。当前,我们不少的班主任教师,近乎没有依靠活动解决管理瓶颈等难题的设想,更无主动修炼提升教育哲学思想基础的想法,如果再少有主动实践,就只能像瞎子牵瞎子一样误撞。其实,提升教育思想也是非常简单的事,要通过活动让学生精神焕发,要善思多思。诸如,有明确的方向,活动应该始终坚持思想领先;有具体的目标,想清楚为什么要搞这次活动;有严密的计划,能对每年每学期的班级活动有通盘的考虑和长远的规划,并将每一次活动的主题、内容、形式、过程都考虑清楚。

　　二是要努力提升自我解决实际问题的能力。学生的精神状态往往是班级管理的晴雨表,当疲软时便是需要教师给力的时候,此时最需要教师能找到合适的活动。有经验的班主任,往往先全面了解学生的实际情况,再去找到有效的提神的方法。值得说明的是,班级活动应选择学生共同关心的问题,能让每个学生都有事可做,有话可说,有情可触,有感可发,能发挥每一个学生的优势,能调动每位学生参与的热情和积极性。不管是主题班会还是实践活动,都应事先调查学生的实际情况,并结合当地的实际来进行才能取得实效。学生的学习、生活中处处蕴藏着教育的契机。班主任在开展教育活动的过程中,应该充分认识到受教育者的内部需要,选择适当的主题,有针对性地进行教育。要"小"中见"大",从学生实际中选择主题;要"大"中见"小",从社会大背景中提炼主题;要"常规"中见"创新",从传统教育中拓展主题。

三是要提升班级活动的品位,积极关注学生的精神层面。学生的精神,教师的颜面,只有达到如此境界,方才可称师生心心相通。关于活动开展,建议更多的在于从开拓学生精神生活领域着手,这样更能使学生主动追求更高的精神品位,让班级活动达到更高的境界。这就要求我们教师在构建活动思想时既有稳定的内涵,又有开放的视野,还有不断提升的追求,有超前的眼光、开阔的心胸,着力对提高学生精神生活品位给予关注。

第二节 活动与班级特色管理

如果说前一小节是作方向性的研讨,即知道在班级管理中开展活动,应朝着什么方向前行,那么,本小节中所谈的便是对走什么路的研讨。方向明确后,还必须知道走哪一条路才是捷径,要不然就出现下面这一则故事所谈的结果:

"只知道方向有什么用?"搜救者不客气地说,"方向固然可以帮你找路,但并不等于路。方向告诉你该往西走,偏偏西边遇到山谷,你下不去;方向又指示你往北走,偏偏遇到一条河,你又无法渡过。到头来,方向没有错,路错了,唯有活活饿死冻死在山里。"

关于班级活动,可以肯定地说涉及选什么路,这与班级的特色管理有着密切的关联。在我们看来,开展班级活动完全可以搞成一项前瞻性的实验,这里不需要守旧,更多的是一种求实与创新的结合,更多的是一种特色展示与教育目标的体验。为此,在本小节中,我们将抛开一些陈腐性认识,对于促进班级特色管理所体现出的两大特征,即对与时俱进的活动和开拓创新的活动作进一步研讨。

1. 开展与时俱进的活动

班级管理中所谈的与时俱进,这与当前政治生活中提到的与时俱进,有更多的相似之处。班级从来不能独立于学校制度、社会信息、政体要求等而成为自由王国。纵观班级管理中的活动,往往过多过滥。只要再细细研讨,便会发现只有那些新型的符合时代节拍的活动,才深受大家欢迎,而且还能取得较好的教育效果。为此,我们认为,观念、行动和时代一起进步的活动,方才可称作与时俱进的活动。

开展与时俱进活动的活动,这实质是对当下教师素养提出了一个新的要求。教育从没有停下研讨的脚步,特别是在当下物质条件丰富,更多新资源进入教育领域之后,涉及班级活动的更新虽不能说是一天一个样,但也像赶潮似的,一波推一波,层出不穷。开展与时俱进的班级活动,既是对教师的素养提出的新要求,也是对传统知识与经验的一种冲击。只有当我们的教师总是以最快的速度接受新型的社会信息,方才可能在教育管理中因有新的储备,而设计出一些新型的活动。

原规则：班级活动的与时俱进，更多体现于现代教育的升级。

涉及班级活动提出与时俱进的要求，在笔者看来，这几乎就像不断给老化的知识注入新的血液，不断刷新一样，如现代计算机的升级，在原有的基础上，不断提出新的元素。就像广播体操的开发一样，从最初的第一套逐渐发展到现今的第八套、第九套。班级管理实际是一种富有个性化的管理，虽然不少班主任都在开展活动以达成教育目的，但最终都因保守式或升级式的开展而见优劣。

在班级管理的路上，路还是那条路，升级版与守旧版，明显的变化便是速度之比。能否开展起与时俱进的活动，关键在于教师大脑里想了什么，眼里看到了什么，而后怎样行动。现代教育从没有因循守旧，班级管理依然如此，"太阳底下无新的事物"，新事物的转瞬即逝促使我们必须推陈出新，方才符合现代教育的需求。特别是在现代信息爆炸、互联网悄然兴起的时代，班级活动更多涉及教育的、教学的、文体的、体验的、科技的、校内的、社会的、家庭的、全班的都产生了一些新的元素，我们的班主任如果善于做一个有心人，不断给班级活动增添新的元素，让组织的活动升级，那么，班级的有序推进、学生的和谐成长、班级特色的创建几乎便是易如反掌之事。

现象纪实
XIAN XIANG JI SHI

在班级里开展活动，做到与时俱进，近乎如面对外面雨夹雪的天气时，突然家里一个电话让增添衣服，而陡增一种暖暖的感觉。现今的班级管理，开展的活动并不少，只是无数的活动，就像吃饭穿衣一样普遍，没有及时增添一点儿生活的情趣。诸如清明节扫墓、三月里学学雷锋、母亲节开展感恩活动、国庆节办手抄报等，全然一个个的按部就班。

其实，开展与时俱进的活动似乎要求比较高，但只要做起来便会像穿衣吃饭一样容易，它往往能增添激情，其关键就在于班主任要能抓住契机。如，前一段时间，有的班主任抓住日本购买钓鱼岛这一事件，在班上开展起爱党爱国的读书演讲活动和增强体质保家卫国的体育赛事。其实，很多传统的活动，因为注入了一些现代的因子，便能达到与时俱进的要求。如因受现代网络游戏的影响，出现同学上网吧逃课现象，有的班主任便借这作为辩论赛题，组织学生从正反两个方面着手进行激烈的辩论。

能否做到与时俱进，往往与班级的特色彰显有紧密地联系。班主任老师在组织和引领时，如果能拓展视野，善于从当下的生活、学习、政治、军事、国防等方面抓出一些新鲜事，融入所开展的活动中，其活动的主题不但会更加的鲜明，活动的效果也将会比老套的活动更有活力。但现实是，我们的教师在班级管理中，似乎忘记与时俱进的要求，为此走的还是昨天的那条老路。

➡ 案例5-3

留守儿童过生日 张轩亲手切蛋糕

"妈妈，我今天过了一个最快乐的生日！"昨天，石柱县冷水小学的留守儿童李鹏程打电话告诉远在杭州打工的妈妈，她与15个同学一起过了一个快乐的生日———市委副书记张轩亲自给孩子们切开了生日蛋糕。

石柱县冷水小学是石柱县高寒山区的一所农村学校，学生中留守儿童占了一大半，坚守在这里的老师们用一片赤诚的爱心，把学校办成了孩子们的新家。

新学期刚开学，冷水小学就为9月份过生日的同学们举行了一个集体生日会，本月过生日的16名学生在操场上围成一个圈，每个孩子都戴着尖尖的"国王帽"，在悠扬的土家音乐中，大家牵着手跳起了土家族的摆手舞，快乐庆祝共同的生日。

每个学生都准备了一份特别的礼物要送给一起过生日的同学。前一天晚上，李鹏程找来一块很大很平整的塑料板，在寝室里用了足足两个小时，精心制作了一个"笑脸"。她将这份生日礼物送给了好朋友秦缘同学，她也收到了秦缘自制的礼物：一个漂亮的风铃。

大家一起快乐地唱啊、跳啊，老师们还给孩子们准备了一个大大的生日蛋糕，当一支支蜡烛点燃时，市委副书记张轩走到留守儿童们旁边，孩子们热情地邀请张轩一起参加他们的生日会。

"大家闭上眼睛，在心里默默地想一件自己最盼望的事情。"张轩慈爱地告诉孩子们，要在生日蜡烛吹灭之前许下愿望，一定会心想事成，随后为孩子们切开了生日蛋糕。

生日会一结束后，李鹏程就跑到"亲情电话室"，把电话打给了妈妈。李鹏程说，很久没有过这么快乐的生日了，一下子收到了这么多珍贵的礼物，在吹生日蜡烛时她许下愿望："爸爸妈妈早点回家，让我们一家团聚"。

——选自《重庆晚报》

案例解读
AN LI JIE DU

开展集体生日活动，多普通的一件事件。上述案例中，一个小小的生日庆祝活动，因为有对留守儿童这一特殊群体的关注，因为抓住了重庆市委副书记到这学校调研的机会，让领导和孩子一块过生日，这样的活动就将会留给学生一生最美好的记忆，其活动的效果自然也就走出了平常之境。

在班级管理中多开展活动，注入一些新的元素，往往是自我追求的结果。比如，我们在开展一项班级活动中，某一些特殊嘉宾的出现，有时虽然是不可求，但却是可遇见之事。班级开展班会活动，班主任老师请来校长参加；班上开展综合实践活动，有的老师请来当厨师的家长前来给学生授课；班级开展野练活动请来退伍军人当顾问等。只要我们教师肯用脑就总能从人、财、物等上找到现代信息、现代科技等新的元素注入进来，让活动真正与时俱进。

在班级管理中，开展丰富多彩的活动，我们老师几乎都能从现实生活中发掘出有价值的课题去研究，并结合学生实际、紧跟时代发展，积极引发学生放飞希望，从而构建德育特色班，形成自己的班级管理特色。

在班级管理中，追求与时俱进，可以放大到构建班级特色管理文化中去加以理解。不知大家发现没有，在现代班级管理中，只要可称做特色活动，其间便已融入了个性与文化的内涵。也唯有如此，方才出现有别于其他班级的色彩与风格，区别于其他同类活动的形式和独特性。

可以肯定地说，开展与时俱进的活动，是当下教育的需要和学生成长的需要。然而现实呢？一些班主任依然用昨日的所谓的活动管理经验应付今日的学生，依然用早已过时的一些理念给活动做指引，这些活动不受学生欢迎，也自然是情理之中的事。

当下，最需要的是，我们的班主任要具备创新意识，要敏锐地把握时代发展的脉搏，敢于站在时代的前沿，跟进学生情感世界的变化，创造性地发现问题、分析问题，并对此进行梳理、改进、完善、提升，创造性地开展班级活动，才会引导学生在活动中品尝到收获的喜悦。

行动指南
XING DONG ZHI NAN

作为一名教师，只有不断地提高学科素养和教育教学能力，才能适应新时期发展的需要；只有做到与时俱进，才会不断地发现新点子，运用新方法，特别是将新课改前沿的新理论、新方法等运用于自己的管理。为此，将作如下建议：

一是要做到管理理念的与时俱进。虽然是开展管理活动，但教育无小事，特别是在新的形势下，能树立素养教育的思想尤其重要。班级活动的开展，如果能做得恰到好处，不但能提高教师的威信，受到学生欢迎，更能让其在智育以外的其它途径达成教学无法达成的育人效果。这就需要我们在组织相应的活动时，最好能渗透竞争意识，以能激发原动力，促进每一位学生奋发向上。此外，树立终身学习的思想，也同等重要。我们只有广泛地猎取其它学科的知识，及时掌握新的信息技术，掌握新的教育学和心理学原理，把握新的教育规律，构建新的知识体系，不断充实自己，提高自身素质，方才能够在组织与时俱进的班级活动中得心应手。

二是要力求组织形式和手段的创新。在信息时代，学生的敏感度与接受能力往往都快于成人，教师只有掌握一定的多媒体使用知识，才可能在很多方面不落伍于学生，特别是当一些现代信息技术融入活动中时，才可能用一些较先进的组织形式和一些有效的活动手段掌控活动，从而进一步激发学生的上进之心。如，紧密结合时代，结合学生生活，形式多样，主题鲜明地开展活动。如"走进新时代"、"e网之家"、"环保伴我行"、"开学第一课"等系列活动，让学生通过辩论、诗朗诵、演讲、调查、撰写报告等多种活动形式，受到教育，得到启发和激励，从而使集体荣誉感不断升华。

三是人际关系要与时俱进。一项活动的开展，需要很多的资源，而资源的获得都需要从不错的人际关系中获取。如，需要建立良好的社会关系。随着社会的发展，学校与外界的交往日益频繁，教师的工作与外界的联系也日益密切。教师的教学、科研、社会调查、班级管理及思想教育工作等无时无刻不与外界相联系，且不少工作必须得到社会各界的支持和帮助。试想，一个教师若把自己封闭在狭小的圈子范围内单打独斗，不与他人团结合作，是很难把活动开展好的。在开展的活动中，与家长建立良好的合作关系，往往更能获得支撑。学生的思想状况、行为方式、兴趣特点等是动态变化的。班级活动是一个复杂的系统性工程，这不仅仅是学校的工作，往往也需要社会特别是家长的密切配合。

2. 开展富有特色的活动

班级管理中，注重开拓性活动的开展是一种明智之举。笔者看来，在班级开展与时俱进的活动，融入新的元素并不断做出新的升级版，往往不是什么不一般的活动，相反，它更多地适合于日常活动。纵观我们所开展的班级活动,大家不难发现,有一些活动就像前面小节中所比喻的零食一样的活动,而诸如那些冠名"级"、"届"等带有竞争性或影响性的活动,对于提升班级影响力和鼓舞学生士气大有益处的活动,在此都被称做开拓性的活动。往往只有那些坚持打破思维禁锢的班主任,并能不断接受新观念、新事物,不断采纳新方法、开辟新途径,不断更新管理思想体系,最终才会将开拓性的活动果实占有。

不知大家发现没有,开拓性活动的开展近乎成为班主任是否拥有话语权的分水岭。往往一些班级能抓住一些赛事,重塑班级精神,打造班级特色,最终让班级管理形成特色,并在同行之中得到认可。其原因就在于所取得的成绩,并非轻易可猎取。为此,开展或参与一些开拓性活动,成为无数班主任的期盼。

原规则:没有一次又一次的活动战绩的影响力,几乎无班级荣誉可言。

一个班级活动开展是否创新有序,班级活动特色形成与否,是衡量班级是否注重特色管理的主要标准之一,是评价一位班主任班级管理工作是否趋于成熟的一个风向标。开拓创新活动的组织、参与和成果,并非某一类班主任所独有,只是在日常的教育生活中,大家被一种可怕的"马太效应"所迷惑,参与活动获得奖励的班级几乎总是那几个,并且他们所获越来越多,层级越来越高。在我们看来,这其实也并非什么不公的原因所致,原因不过有二,一是班级影响力之大,二是这样的班级总有其他班级无与伦比的精、气、神。所言这些,一个根本的目的,是让我们更多的班主任看清本质,而后调整自我的管理,别人所能做的而后自己一定也能做成,别人所拥有的而后自己一定也会将其收入囊中。

开拓性活动的开展依旧具有一个方向性,是一个动态发展的系统,它总是在不断的矛盾运动、整合、创新中发展成长的。班主任的教育思想、管理理念总是借助于活动反映出来。如文体活动开展得比较好的班级的学生给人的感觉是,充满生机与活力,自然班主任的特色管理即是以生为本。创新有序,传承有序。深信发挥自我特色引领,而后引领一个班级的学生勇于朝向某一方向前行,学生、班级和班主任一定会在磨炼中成长与强大。

现象纪实
XIAN XIANG JI SHI

这几乎是一个管理常识,积极参与重头戏,获得认可方才有管理的发言权;产生影响力,方才会有跟随者。然而,在所有班级组织活动中,有多少教师能言他引领学生参与的活动是一些重头戏? 在如今的现实中,提及班级影响力,几乎等于空集。

开展开拓性的活动锻炼,参与一些开拓性的活动竞赛,更多的是师生精力与体能的投入,是一种质的提升。在我们看来,一个集体就是一个独立的个体,都有自我的特色,关键在于发现并下工夫打造,方才会有特色展示。现实是,不少的班主任总是小瞧自己,包括自己的班级,从没有用发现的眼光去找到自我和班级中优于他人的地方,更无有目的的训练过程,如此又能拿出什么能展现于人的活动呢?

积极参与开拓创新的活动,其鹤立鸡群最好的路子,便是对"人无我有、人有我特、人特我创"的展现。只要我们的班主任在管理中下苦功,深信皇天不负苦心人。

案例5-4

汶罗小学的花样跳绳

2012年11月9日晚,历时4个多月的重庆市第四届运动会落下帷幕,隆重、热烈的闭幕式在万州三峡之星体育馆举行。

闭幕式上,万州区汶罗小学的学生们展示了大课间活动。随着清脆的铃声和激情的音乐,120名孩童奔入会场。顿时,整个场馆掌声雷鸣,鲜花涌动。汶罗孩童们规范而整齐的部颁体操,让全场观众仿佛又回到了自己的童年;尤其是花样跳绳(如两人同跳并转体、八人同跳变换队形、四绳同跳等)精彩而神奇,深深地震撼了全场观众,将闭幕式推向了高潮。看,照相机灯光频频闪烁!听,场馆内掌声雷动,一片欢腾!

汶罗小学的孩子们真的很优秀很可爱!闭幕式上展示的精彩,是汶罗孩童,更是万州青少年生机勃发、昂扬向上的一个缩影。

汶罗小学大课间活动在闭幕式上的成功展示,得到了重庆市体育局、万州区区委、区政府、万州区体育局领导的高度评价,同时也提振师生员工的精气神。我们将以此为鞭策,继续从课程体系、训练标准、体能测试、心理健全等方面,开发校本教材,促进学生健康成长,促进学校内涵质性发展。

——选自《万州教育》信息动态

案例解读
AN LI JIE DU

以上这一案例,实是笔者到这所学校参观,亲眼所获的一项因质的提升而获得认可的一个活动。记得汶罗小学的校长曾拿出重庆市体育局领导在观摩他们学校花样跳绳后发给他的祝贺短信让我看,其自豪之情显露无遗。其实,跳绳原本是极普通的一个活动,就因为汶罗小学有几位年轻的体育老师,他们做了学生的班主任,由最初某一个老师和几个孩子兴趣所致而搞起了花样跳绳,最终将这一活动逐渐在其他班级传开,成为了一个富有特色的活动,被推上了重庆市第四届运动会闭幕式的舞台。

开拓创新的活动,真正要在某一班级或学校开展起来,其影响力将会是非常大的。但这更需要我们的班主任朋友在有发现的眼光的同时,还得有相应的组织开拓能力才行。舞台上的花样跳绳能给全场压惊,很多高难的动作非一日之功,可这些就像积累钱财一样,得靠一天天积攒。开展同类的活动,这并不是某几个人、某几个学校的专利,只要有心去做,几乎都可以开展起来。比如,笔者曾经在一所小学任教,就见过一些小孩跳绳时,自发性地表演过一些类似花样跳绳式的高难动作,可就因包括本人在内的一些教师没有开拓的精神,让这一富有特色的活动沉寂而没得到开发。

在我们的班级管理中,很多方面都可以搞起一些富有开拓性的活动。如,平时里的一些文化活动,只要班主任老师善于发现与表扬,学生们便会从琴、棋、书、画等方面进行展示,特别是教师能根据学生的兴趣爱好的发展程度,有目的、有计划地创造一些竞赛或表演活动,甚至是冠名"首届"等定语,孩子们便会在学习之余,除了专攻于教师认可的自己所好,不会再做其他无聊之事。

开拓性的活动开展,都讲究一个层级,比如校级、县级、省市级或国家级。只不过,学生真要能获得较好级别的成绩,需要从班级教师所组织的初级活动开始。在班级中所开展起来的活动,特别是对他们进行相应的指点,无不起到基础性的作用,这样的班级活动差不多也能成为一个发展壮大的摇篮。只是我们的班主任更需要有慧眼和发展的目标才行,特别是像前面所指的那样,用自我最擅长的技能去培养学生,方才会培养出一批优秀的学生。只要是利于学生发展的,都可以从无到有地开展起来,诸如演讲会、诗歌朗诵会、英语会话、辩论会等能培养学生的思辨能力、口头表达能力和阅读理解能力;组织学生到工厂、农村参观,能培养学生的社会实践能力,将学生引向对社会环境的关注,指引学生完成相应的调查报告等,这些都可能获得意想不到的教育管理效果。

行动指南
XING DONG ZHI NAN

如果说开展与时俱进的活动要有一定的基础,并在此基础上不断产生升级版的话,那么开展拓展性活动则是一个从无到有、从有到新、从新到强大的过程,最终强大到成为一个引领潮流的特色。从班级特色管理的角度开展拓展性活动,有一些值得注意的问题。

一是要富于开拓创新精神。首先是活动内容与方式的创新。随着时间的推移,往往会出现一些新生的事物,这就要求班主任能及时发现,并将其引入到班级活动中,和学生、同事或学校等一起给予完善,在方式方法上实现创新。班级活动,需要班主任老师给出舞台,或创建舞台,它包括下放活动策划与组织、管理等的权力。当然,这需要我们的班主任能撕破原有时间、空间等限制,才可能真正给予足够的发展空间,当然更包括教室和学校以外的所有空间。此外,还要求创新活动的境界。开拓创新活动的境界即班级活动的向度与高度,也就是班级活动的终极目标是育人。在组织的活动中,需要班主任以积极的姿态引着学生走出去,特别是获得一些社会组织的认可和支持,这样,学生才能走得更远,获得更大的成就。

二是要善于向榜样学习。榜样的力量是无穷的。在我们的班级管理中,有经验的班主任往往在开拓性的活动中擅长于学习榜样。如,学生们非常喜欢看中央电视台的《非常6+1》,有的班主任便反复观看视频,而后整台节目几乎成了他们班队会和组织班级活动时的模板,从而收到了很好的效果。

三是要给予每个人展示特殊才华的机会。教师需要做有心人,让每一个学生在一个集体中至少有一项才华得到彰显,方才可称其为管理有效。我们在日常班级管理过程中可能会发现这样一个群体:调皮捣蛋、自律性差、学习成绩不佳,但是很有号召力,在集体中甚至能一呼百应。其实在这些孩子身上往往有许多不同于其他学生的潜质。班主任如若给他们信任,给他们权利和自由,你会发现,他们在被信任和被尊重中会竭尽全力,能够在其他一些方面给你一个惊喜。我们要让不同类型的学生都能充分体现自己的价值。

第三节　班级活动的组织领导

秩序的根本特征在于有可预见性,班级活动的预见性充分表现在策划能力和评价监控能力上。班级活动的组织领导力是一位班主任综合素养的集中体现,显现出来的就像是做一项精工细活,如驾驶员掌握了相应的一些操作规程,就能得心应手地驾驶车辆向前行驶。许多班主任对班级活动的操作流程缺乏研习,摸不清活动背后的规律,于是一举行活动就仿佛农民种地靠天收,这样的活动运作无疑是非专业的。为此,我们必须寻找班级活动背后的规律性的东西,重建班级活动的流程,实现班级活动的有序操作。在后面的论述中,我们会借鉴许多相关的活动,望能给朋友们一些启发。

如果说构建思想,催生精神是方向,那么,追求卓越、凸显特色就是选择正确的道路;如果说活动是个体生命的体现,那么,班级活动则是班级活力的体现。在笔者看来,提高班级活动的组织领导力好比驾车上路,不仅要技术熟练而且要明确此行的目的地,并对周围的环境有详细地了解。在本小节中,我们将围绕班级活动的设计、准备、领导、评价等流程所涉问题做进一步探讨。

1. 抓好班级活动的筹备

> 班级活动组织技巧,通过培养的方式往往难以猎取,更多的是靠悟性逐渐强大。
>
> ——题记

秩序总是意味着某种程度的关系的稳定性、结构的一致性、行为的规则性、进程的连续性、事件的可预测性。对于班级活动来说,恐怕这一系列的性质都需要靠科学的活动策划来保障。班级活动千千万万、种类繁多,但成功的活动总有一些相同的规律。可很多班主任常常会认为自己组织能力不强,深受地域等因素的限制,很难开展起一些轰轰烈烈的班级活动。我们通过对那些成功的班级管理案例的考察,明显地感受到,组织活动技巧固然非常重要,但非技术层面的因素更像是加油站,就像现代战争和人们玩游戏一样,人的因素的影响力越来越小,最终起决定因素的是装备的比拼。

懂得班级活动筹备中的关键点,这是现代班主任需要掌握的一项本领。在我们看来,班级活动组织前的筹备可以分成两个阶段:一是设计,二是准备。好的设计就像装备的图纸一样,必须融入创新和智慧的元素,方才可能出奇制胜,达到完美的活动效果。做好活动的准备,表面上千头万绪,其实最终全可解读为自然资源、物质资源、人才资源、信息资源四个方面的开发。

原规则:设计和准备的科学水平,最终决定活动的效果。

开展班级活动,筹备阶段的重要性,更在于对效果的可控性和可预测性。班级活动的筹备就好比开车前选择路线和维护车子一样,哪条路线最好,车子的油是否加满,机器是否保养完好,这一切都将决定后续工作能否顺利开展。在班级管理活动的开展过程中,特别是那些影响力较大的活动设计,产生之初虽然不像某项新产品的设计那样严谨,但多会是教育思想和灵感的闪现,如果能及时捕捉并能由模糊逐渐走向清晰,把意识付诸行动,那么,这一项活动的生命就会像婴儿一样呱呱坠地而诞生。它更像是一项伟大的工程一样,最终在于某一次的决定。

需要指出的是,班级活动的筹备是一项能力,需要班主任老师的不懈努力。班级活动准备,这是对教师综合能力的考量,是一个不断提升的过程,哪怕开展一项小型的班级活动,其筹备都要经历很多的时间和磨砺。经验是积累的结果,各种资源也是积累的结果。诸如各种资源的筹备,往往是从无到有、从少到多的一个过程,往往便会随着时间的推移,从最初的茫然不知所措到最后的驾轻就熟。

现象纪实
XIAN XIANG JI SHI

现实中,我们的班主任也常开展多种班级活动,但为什么没有取得好的效果? 如果你仔细观察活动的背后就不难发现,这问题多半出在活动的设计上。

一项班级活动没有获得预定的效果,几乎都可以追溯到起始阶段。其中一个重要的原因体现于活动筹备的随意性,没有一个刻意追求的项目设计,更不用说用尽一切可利用的资源,为班级活动顺利、有效推进服务。

班级活动的筹备阶段,就是活动的起始阶段。其筹备能否成功,关键在于教师的意识与行动抉择。不过,对于很多教师而言,尽管教龄比较长,关于活动的设计或资源的筹备近乎仍还处于一个初级阶段。在笔者看来,通过班级活动能否取得教育效果,依旧是我们有无教育思想的直接反应,有无上进之心的具体表现,这就需要我们除了有高度的责任感外,更在于能从模仿开始。

➡ 案例5-5

三位一体的互促发

以下是任小艾老师在一次培训会上所举的一则案例:

在一次家长会上。我对全体家长说:"各位家长,你们都希望自己的孩子,通过这三年的学习获得最大的收效。你们不仅是孩子的启蒙老师,还是他们的终生教师,而我只是这三年当中的一个阶段的老师,但是我愿意和你们一起共同努力,让我们的共同的理想和愿望变为现实,让我们孩子在三年里获得最大的成效,虽然我是他们的语文老师兼班主任,但是我个人所知是有限的,我希望全体家长,共同和我一起参与教育。我搞了一项活动,希望大家一起配合。"

我把活动的名称写在了黑板上——家长系列讲座。

"凡是在我们班读书学生家长爸爸妈妈你们两个人选一个人,能说会道,孩子读三年书您给我们讲一节课,讲什么呢,讲你的工作,讲你的见闻,讲你的故乡,讲你的人生,讲你能讲的一切,只要对孩子有益的,我要评选十名最佳家长系列讲座者,全都讲完了以后,我要召开有学生参加的全体家长会,进行表彰,让你的孩子为你戴上大红花。"

我的目的就是形成竞争。

我们那些家长,都非常的高兴。他们因为尊严,所以都认真备课,都希望自己评上十佳,此期间讲天文的,讲地理的,讲海洋的,讲医学的,讲自己的一次出国见闻,还有一个家长讲自己的一次手术经历,以此珍惜人生生命等等。这些无字之书,大大开阔了学生们的眼界,让他们能够在有限的三年时光里获得有字之书和无字之书共融。

教育的连锁反应又出现了。

有一个家长有一天找我,说:"任老师,按照报名排队,该我讲了,我发愁死了,我们家里孩子他爸能讲,驻外三年回不来,该我讲了,我这个人从没在众人面前讲过话,我讲我就哆嗦,一哆嗦我就结巴,我儿子说了,我担心妈你讲完了,我都没脸见人了,所以我现在吃不下睡不着,可怎么办了。"

我当时说:"真不好意思,给你们添麻烦了,不过我可以给你们出主意,凡是自己不能讲的,就找一个比自己能讲的人来代讲,只要对学生有益,无论谁讲都无所谓。"

我们北京是政治文化交流中心,家长又都有自己的社会关系,所以许多不能讲的家长,就通过关系去找那些成功人士去了,一个个在各行各业中出类拔萃的人才,通过家长的关系,来到了"门朝北"的119中学,来到了我们普通的班集体和孩子们零距离地交流。许多记者听说某个名人来了,也都尾随来做报告。

孩子们充分地受益于这种"三位一体"的教育模式,这个期间的教育连锁反应又出现了。

有一个家长有一天找我,说:"任老师我不能讲,我也找不到那个成功人士,这可怎么办,我发愁呢。"

于是我又灵机一动。我不是万能的,但当你用真心去爱学生的时候,你像爱自己的孩子一样爱学生的时候,你教育的智慧就会层出不穷地涌现。但是我给这位家长出了这样一个主意,"凡是自己不能讲,又找不着比自己能讲的人代讲的,就联系你所在的单位,让我们孩子参观一下,您的单位不行,你可以联系一个行的。"

于是通过家长的联系,北京的历史博物馆、军事博物馆、自然博物馆、科技馆、人民大会堂、北京市人民政府、朝阳区人民政府、服装厂、煤球厂、革制品、医疗器皿制品厂、玻璃器皿制品厂、球鞋厂等等,所有孩子们想去能去的家长都给联系了。大大开阔了孩子们的视野,无论是请进来走出去,这些都对孩子终生有益。

我以一个普普通通的班主任的身份,调动起了学校家庭社会三者的力量,共同服务于我们的同学,让他们在有限的三年时光里,获得他最大的成效。

案例解读
AN LI JIE DU

开展某一个项目,都需要走完相应的环节。如,思考活动的负责人。当开展某一活动被确立之后,要相机地确立负责人。班级活动的筹备,如以上案例所讲,任老师进行三位一体的筹备,让班级活动能通过个人、集体、社会,三者形成一个整体,互相促进,互相提高。一个班主任老师调动三者的力量,让他们共同相互作用,产生效果,服务于我们的学生,听起来似乎挺难,但是做起来并不难。从案例中,我们能明显地感到一位教师能科学地筹备一项班级活动,是多么的重要。

班级活动有效开展并不难,活动筹备关键在于抓好两个阶段的工作。即第一阶段的重点是活动设计。活动设计是对班队活动进行策划并撰写活动方案,它是开展班队主题活动的基础,活动设计是否有新意,关系到班队主题活动质量的高低。进行班级活动设计,要求活动量要适当,要求班队活动的内容与活动主题相吻合;活动形式与主题相符合;学生活动与家长活动、社区活动相结合;学生的主持与教师的总结相结合。

第二阶段的重点是做好活动准备。通常包括两个方面的准备,一是做好准备工作的组织,如统筹安排,各显其能;分工明确,各尽其责;指导认真,检查到位。二是把握准备工作的内容,通常朝着两个方向努力,如校内班队主题活动的准备,要求查找整理活动所需资料;培训活动主持人;准备活动用品及设备;邀请来宾;排练文艺节目,准备服装与道具;布置美化活动场地;做好活动预案等。如若是校外班队活动,还应做好另外几项准备,如,安全教育、对外联络、安排交通饮食、租借器材用品、做好活动预案等。

任小艾老师1983年策划让学生体验一次坐飞机的感受,便委托了一位在机场工作的家长,作为这一活动的具体联络人。往往在班级里组织一项活动,依然需要相应的资源作支撑,才可能顺利地推进。对于班级而言,资金和资源更是有限的。可要明白的是,尽管所有的活动永远都缺人、缺钱,但总是可以挖出人和钱来。如果活动由师生共同承揽,还可下达活动任务书。很多班级活动有一个较长的周期,在筹备的结束阶段,还应有一个活动启动的环节。班级活动的组织者、负责人、相关人员应组织召开活动启动会,让所有人员明白活动目标和内容。活动组织者和负责人要设法调动全体参与学生的积极性。

行动指南
XING DONG ZHI NAN

在班级活动中,筹备工作最重要。一个好的筹备会产生事半功倍的效果,这值得班主任下大力气去研究、去思索。除了很多技术层面的东西需要掌握以外,更需要在活动主题、形式和方案上下足工夫。为此,我们提出如下建议:

一是要明确活动的目的。我们做任何事情,只有明确了目的才会在后续行进中不至于迷失方向,班级活动筹备,也必须要有明确的目的,如果随意性太强,活动就达不到预期的效果。提升班级活动主题,通常可从以下五个点进行突破。第一,能从日常的生活中挖掘活动素材。生活是平凡的,但它并不枯燥。因为在我们的周围每时每刻都在发生新的变化。你如果仔细观察,就会发现在我们美丽可爱的家乡,每天都有新事物出现;在我们美丽的校园,时时都有许多新故事产生。同窗好友、熟识伙伴,每天都在追求新的进步,获取新的成绩。这些因素,都为班级活动提供了丰富的素材。挖掘日常生活中的凡人小事,使之成为活动的主题,一个重要的方法就是"小题大做"。通过抓住那些有深远教育意义的典型,深入挖掘,巧妙筹划,就可以设计出相应的班队活动。

二是要筹备好活动的形式。在筹备选择活动内容时,我们尽量能求"近"、求"新"、求"小";选择活动形式时,我们还应充分考虑学生特点,在为活动内容服务的前提下,尽量选择新颖、多样、多变的活动形式,力求能发挥班队同学所长,便于全体同学参与,为了便于操作,还应充分考虑活动形式对时间和场所的要求。在思考设计活动名称时,应集思广益,做到文字简洁、语言形象、语音响亮,能鲜明揭示活动主题,能给人留下深刻印象,能激发学生参与活动的热情。

三是要平衡好表演成分和真实性。在班级活动过程当中,我发现很多老师为了让活动更加成功,在彩排方面花费了很多时间。由此你会发现,这个班级活动无论是学生的表演,还是学生在这个过程当中的发言,或者是在这个过程当中表达自己的感觉,一点儿错误都没有,可以说是天衣无缝。但是,我们觉得恰恰是这些表演成分过多的班会,伤害了班级活动的真实性。因为在这个过程当中,我认为如果过多的表演成分融汇到班级活动里面来,不仅仅是亵渎了班级活动这种形式,更重要的是给学生一种虚假的伤害。本来是一种很严肃的、让人感到很有感触的一个话题,一遍一遍地表演,大家就会对它产生另外一种情感体验,甚至会滋生抵触的情绪。

2. 抓好班级活动的组织

活动的有序进行,并不是简单地设计,而后一步一步地展开,因为这其中还包含着许多的动态变化和实时情况。班主任要加强对活动过程的组织和把握,使整个活动生成的过程显得有条理而不呆板。在班级活动中的组织阶段,班主任是总策划者,应发挥主导作用,要求有建筑家的图纸,剧作家的头脑,画家的眼睛,音乐家的灵感;班主任又是指导班级活动的总导演,还应发挥指导作用;同时,班主任还是参与活动的演员,应发挥诱导作用。

开展班级活动,经过一番周密的准备后,要真正能见到效果并产生影响,还需要强有力的组织管理,这就像开车行驶在道路上一样,无数的考验关键就在于车能否全速安全向前。在我们看来,班级活动的展开阶段,完全可分成组织与评估两个步骤。

原规则:在班级活动中,重评估更能让活动效果凸显。

在班级活动的组织中,我们必须做到有始有终。班级活动的开展,重组织,这几乎是当下教师共同的认识,努力提升组织能力与组织技巧,更是班主任不懈的追求。其实,一项活动的完美推进,还应有组织评价的环节,而这恰恰是当下的人们容易忽略的环节。

我们在活动过程性评价基础之上提出"活动监控"这一概念,是为了大家以此提高班级活动的实效性和科学性。加强活动评价环节的推进,近乎就是一个引领大家在活动结束后,再次分享的过程。因为,注重评估,方能更好地发挥学生自我教育的积极性和主动性,提高学生自我教育的能力,让班级活动的成果得以巩固和交流,让更多同学从中受益,营造相互交流、相互学习、共同提高、携手共进的良好氛围。我们有理由相信,只要充分认识班级活动的两个阶段,就能让活动达成有效教育的效果。

现象纪实
XIAN XIANG JI SHI

在现实中,我们几乎可发现两类不同的班级活动,一个似乎产生了无法估量的效应,另一个似乎随着活动的结束而结束。其中的奥秘就在于我们无数的教师没有真正走完活动的全过程,只知晓活动的组织形式与表现形式,而对于活动的评价方式没有作过多地研讨。

班级活动的开展,当下几乎不缺创意,不缺学生的积极参与,最缺乏的是后期的总结和分享,学生经历了,但是看不到结果,长此以往,学生失去了活动的热情,班级活动也就失去了应有的意义。

该如何组织班级活动呢?笔者以为,做好活动的执行者,除更好的落实设计意图,做好组织和评价外,还应在活动结束时明确几个问题,如活动目的与要求,活动时间、地点、内容、形式、办法,活动评价方法与表彰办法等。

案例5-6

记加强班级凝聚力的一次班会活动

我们班同学来自于原五年级的六个班级。由于是新组建的班级,班级的凝聚力也比较差。根据这种情况,我们举行了"团结、合作、一条心"的主题班会。其程序是:

第一步:同学按组(即第一组、第二组、第三组……)分开,大家一起讨论起组名、提出组口号,并写在事先准备好的长条纸上。组名和组口号必须体现"团结、合作"的精神,并且告诉同学们以后我们将长期使用今天确定的组名。同学们的热情很高,四个小组都围成一圈热烈讨论,每个同学都挖空心思,献计献策,使自己的组名既符合要求又寓意深刻。经过十几分钟的讨论,组名及口号纷纷跃然纸上。

第二步:各小组分别上场。小组成员在组长的带领下齐声讲出组名与口号,然后组长解释组名的寓意。"中子星组"组长说:"中子星的质量大,吸引力大,象征我们组的同学紧紧团结在一起。"口号是:"吸引你也吸引我,十颗心凝成一颗心!""梦工场组"组长说:"我们年轻多梦,并且还在不断制造梦想,为了梦想成真,我们需要努力、团结、合作。"口号是:"4(男生)+6(女生)>10!""太阳系组"组长说:"我组有八名成员,正像太阳系中的八大行星,围绕固定的目标,共同奋斗。"口号是:"遵循合作的轨道,画出最美的弧线。"

第三步:将一根细细的红线打结后构成一个圆圈。全体组员用右脚勾住红线组成一个圆圈,然后环绕教室一周。要走完这短短的距离,需要全体成员密切合作,否则红线将会断开。每组同学均能密切配合,在兴奋、紧张、愉快、和谐的气氛中完成了规定的路程。

现在同学们仍然用那天班会起的组名,许多同学说,用这种名字缩短了同学间的距离感,我们的心贴得更近了。

案例解读
AN LI JIE DU

开展班级活动,通常是因学校校长要求,而后班主任便开始行动。然而,很多班级在这一活动中,通常的方法是班主任滔滔不绝地唱着独角戏,就像出土文物一样,离学生太遥远。那种虚功虚做的东西,怎能入耳入脑入心?而唯有虚功实做才能有效地指导活动,才值得我们借鉴。

为扎实推进班级活动,精心组织无不是最重要的一环。当然,对于班主任而言,依旧涉及活动组织技术的掌握,以及活动组织艺术的展示,否则,难以达成活动预定的效果。在组织班级活动时,我们应该明确:培养情感是基础,抓住规律是原则;组织活动是条件;系列教育是途径;由内到外是目的;由浅入深是方法;利用时机是窍门。

在开展班级活动时,还应做到多个结合,才能真正把活动搞得有声有色。如社会需要、教师需要、学生需要相结合;科学性、规律性、时代性相结合;针对性、预见性、持久性相结合;他助、互助、自助相结合;多样性、艺术性、新颖性相结合等等。

班主任的组织之责就在于把活动还给学生,自己成为活动的参与者、监控者和协调者。

对活动过程的考评主要包含以下这几方面的监控：

首先是对班级活动主题和活动目标落实情况的监控。班级活动的主题必须切合学生实际，活动的目标是促进学生身心健康发展。设计活动时，一定要结合学生特点，反复征求学生意见，设计出具有时代性、符合学生年龄特点又富有新意的班级活动。始终做到，我们组织的活动，要让学生有变化，且向着积极健康、乐观向上的方向发展。

其次是对活动过程的监控。我们认为，活动的过程要实现同学们心灵的参与和震撼的目的，如果达不到深入学生心灵的效果，这样的活动就流于形式！从量的层面上看，班级的多数同学，甚至是全体同学，要在活动中获得益处；从质的层面上看，班级同学获益的面要广，且深，既在知识与技能上获得突破，又在过程中对方法、情感态度和价值观有全新的深刻领悟。正如前文对班级活动价值的阐述那样，真正的班级活动，其过程既应是有趣味的，又必须有意义。

再次是对班级活动的形式的监控。活动设计要新颖独特，能激发学生的参与激情，真正让全体学生成为活动的主人。班级活动次数多了，如果形式不新颖学生就提不起兴趣，学生就没有多大意愿参与，为此，我们要围绕班级活动主题，组织形式多样的、学生喜爱的、乐于参与的班级活动。

最后是对学生参与度的监控。老师在班级活动中多放手让学生去做，学生的主人角色才能真正体现，学生才会对自己设计的活动感兴趣并且乐于参与其中！学生的整体参与情况如何？哪些学生参与比较积极，哪些学生反应不强烈？学生在活动中表现出什么问题？这些都是需要我们认真监控的内容。

在班级活动中，班主任不仅仅要身体力行，还要有思想的参与。因为监控说到底就是观察和思考，真正的活动秩序和班级秩序需要班主任的眼睛和大脑去调节，这是活动组织最朴实，也是最真切的关键。

行动指南
XING DONG ZHI NAN

为了将过程考评渗透到活动的全程，我们应该尽可能掌握较多的评价方式，根据实际对班级活动进行部分的或全面的考评。为此，我们给您提出以下一些参考性意见。

一是要明确考评班集体活动的目的与任务。因为只有考评的目的明确，任务具体，才能选用适宜的方法，有的放矢地进行考评，从而促进班集体活动更完善、更富有教育意义。班集体的活动既有校内的，又有校外的，既有教师组织进行的，又有学生自己组织进行的。有些活动是属于学习文化科学知识、形成基本技能的，有些活动则是属于为社会服务、形成良好品德和集体主义精神方面的。活动的内容丰富多彩，活动的方式千差万别，活动的效果有好有坏。因此，对班集体活动的考评目的和考评过程决不能千篇一律。

二是要建立考评班集体活动的指标体系。建立、健全和完善考评班集体活动的指标体系，是对班集体活动进行考评的中心环节。如果没有科学的考评指标体系，考评就难免走过场，考察过来，评估过去，也没有什么信度和效度。建立、健全和完善考评班集体活动的指标体系，必须坚持做到以下几点：首先是指标与目标的一致。只有与班集体活动总目标相一致，才能保证目标的实现，决不能离开目标而另定考评指标。其次是考评班集体活动的指标应力求数量化、等级化,不能量化的则可用"模糊性标准",即"程度语言"、"文字指标"。例如,对学生操行成绩的考评。第三是指标应具有相对的独立性。对学生德、智、体、美、劳,以及态度、人际关系等的考评指标,都应具有各自的特定的科学内涵,必须防止指标之间产生相互重复或出现内容范围划分逻辑混乱的现象。第四是指标系统应具有相对的完备性。考评班集体活动的指标系统必须反映总体目标的各个部分,能通过达成每一单项指标来确保总体目标的实现,并增强学生对目标的有效情绪的认同感。第五是指标应具有可比性。包括通过与同类班级对比,自身前后的对比而了解进或退的幅度,找出差距,明确改进的方向和措施。第六是指标应具有可接受性。要从班级的实际情况出发,考虑每一指标能被学生认可与接受,只有切实可行,才具有激励作用。

三是要筛选考评班集体活动的方式方法。现在,考评班集体活动的方式方法多是引用社会心理学、管理心理学方面的,急待创设具有自身特点的、行之有效的方法论体系。班集体活动的多样性,决定了考评方式方法的多样性,不可能有一种适合于考评所有班集体各项活动的通用方法。因此,选定考评班集体活动的方式方法,必须依据考评的目的、原则,讲究实效。通常的方法有团体测评法(通过问卷或考试,以考评班集体的价值观念、集体目标、道德品质和学业成绩的方法)、社会测量法等。

第四节　班级活动的两大支柱课题

班级活动的实效性,越来越引起人们的重视。那些表面的花里胡哨的活动,哪怕包含着组织者在技术层面更多的匠心,最终也只是一些中看不中用的东西。班级活动在班级秩序中的价值,必须回到活动最终的目的上来认识。探讨班级活动的有效性,必须考虑活动的教育效果。正如前文所指出的那样,智商需要关注,情商、心商(心理健康)、志商、悟商、健商、逆商等方面的教育也应该成为班级活动的重要目标。

班级活动最重要的两大目的向度:一是向着学生的健康成长;一是向着优秀班集体的铸造。纵观当前可称为有效的班级活动,更多的是一些富有开拓性,体现活力的活动。当前使用频率高,最有代表性的活动:一是促进学生心智健康的,一是促进学生体格健康的。诸如人们正在作探讨的团体辅导活动、文体活动,这近乎成了班级活动研究的两大支柱课题。在本小节中,我们将针对由此生成的两大类特色活动作探讨。

1. 培养心智的团体辅导

班级秩序的要旨在于,达到和谐的境界。特别是人和,一种内心的和谐,一种自然的和谐,更受人们的推崇,这对于当下的班级而言,更是一种不可放弃的追求。说到底,培养学生具有健康和谐的心理已成为班级活动最重要的目标。团体辅导活动作为一种直接面向未来的、关注学生心智发展的班级活动形式越来越受关注,被许多班主任作为活动课题在尝试着向前推进。进入对团体活动的思考,意味着我们快速地走进了班级活动课题研究的最前沿。

心智是人们的心理与智能的集中表现。关注心智成熟的活动,其表现形式,多是在团体情境下进行的一种心理辅导形式,它以团体为对象,运用适当的辅导策略与方法,通过团体成员间的互动,促使个体在交往中通过观察、学习、体验,认识自我,探讨自我,接纳自我,从而调整和改善与他人的关系,产生新的态度与行为方式,激发个体潜能,增强适应能力。

原规则:让学生心智成熟,除了调整授课形式,更在于触及学生的内心世界。

团体辅导通常与班会课整合,成为一项最有效的活动,实可称做教育学生的第一课。不过,那种单调古板、一味灌输和说教式的主题班会早已让学生厌烦。团体辅导活动追求班级团体内心的交融,是有目的、有计划地增进学生有效适应和健全人格发展的一种活动课。实践发现,班会课与团体辅导是相辅相成的,根本目标是一致的,都是为了帮助个体成长、发展与适应,帮助学生心智成熟。

著名教育家马卡连柯说:"教育了集体,加强了集体,团结了集体,以后,集体本身就能成为很大的教育力量。"人与人之间的距离,不由物理长度来衡量,而是心与心的交融度所决定。人们往往看到了"团体辅导"中的"辅导"一词,而忽视了"团体"一词的意蕴。团体的价值在于:体验互助与互利,发展和体验良好的人际关系,增强归宿感;发展良好的适应行为,产生"和别人一样"的体验,矫正了个人错误的看法和假设。让个体回归到良好的团队中,通过团体的力量来激发自我教育的潜力。

现象纪实
XIAN XIANG JI SHI

心智问题得不到解决,最终便会发展成心理问题。现实中,一些班级在开展活动时,往往是"亡羊补牢",即把心智辅导局限于治疗的目标上。其实,班级心智辅导的目标应以预防性与发展性的目标为主,一个班级内的学生大多数还是积极向上向善的,健康活泼的,即使有点小问题也仅是个别现象。在活动中,我们不能把心理辅导等同于或者混淆于心理咨询,也不应把心智问题归于心理疾病。许多人都有一个错误的认识,认为一个学生有心理问题就是心理不健康,这主要是他们没有弄清什么是健康的心理这个概念。从广义上说,心理健康是个体的心理系统及其机能处于一种积极发展的心理状态。从狭义上说,它是知、情、意、行、人格的完整协调,无心理障碍、心理疾病和行为障碍,能顺利适应社会。我们所说的是指广义的心理健康。

如何通过开展活动实行一种积极预防与良性心智发展的目标?客观上说,每个人每天每时每刻多多少少都有心理问题,要么来自学习、个体、同学,要么来自家庭、父母、社会等生活中的方方面面。如何去梳理,去化解?面对这些问题,班主任要以一颗平常心去看待,不可"谈心色变",这样才能真正将心理问题给予解决,确保心智健康成长。

➡ 案例5-7
团体心理辅导活动方案
第一学月　促进认识建立信任

活动一:我爱我家,相亲相爱

一、活动目的

1. 促进相互之间的了解,形成团队;

2. 活跃氛围,激发成员参与活动的积极性。

二、活动时间:

大约 30 分钟。

三、活动道具:

报纸若干张。

四、活动场地:

宽敞的室内。

五、活动顺序:

1.参与者先随意围成大圈,三到四人一组组成"一家人",认识家庭成员,并记住他们;

2.主持人将报纸分散摊在场地上,请每个家庭找一张报纸表示一个"家","一家人"站在这个"家"上;

3.主持人说"散步",大家即分散,打乱家庭组,绕大圈散步;

4.主持人拿掉一张报纸,在说出"回家"口令后,大家停止散步,马上找到"家人",并占据一个"家"。新的家庭成员相互介绍和认识家庭成员。没有恢复家庭组的,或没有找到"家"的,被认为淘汰。被淘汰家庭可以家庭形式表演小节目,也可推派代表表演;

5.几次活动后,请成功家庭和无家可归家庭分别围坐在圆圈的两半,分别谈谈感受。

六、交流分享:

1.怎样才能尽快找到"家"? 有经验可与大家分享吗?

2.当"无家可归"时,你有什么感觉? 你与家庭成员交流过你的感受吗?

3.被淘汰后,你还会关注其他"家庭"的找"家"行动吗?

4.活动中你还观察到了什么? 想到了什么?

七、注意事项:

1.游戏的活动空间要大一些,方便找"家"的过程中跑动。

2.在交流分享环节中,主持人要多关注被淘汰"家庭"。表演环节意图是使被淘汰"家庭"在失败中重生。

3.拿掉第一张报纸前,让大家先有两次组合成功的体验,游戏过程大约持续到一半"家庭"出局时即可停止。

活动二:动物星球

......

第二学月 认识压力积极面对

活动三:我说你画

......

活动四:幸福清单

......

第三学月 释放自我,舒缓压力

活动五:放松操——兔子舞

......

活动六:把压力吹

......

第四学月　调节自我应对压力

活动七:音乐冥想放松训练

……

活动八:时间管理

……

第五学月　同舟共济笑迎明天

活动九:建立支持网络

……

活动十:大团圆

……

案例解读
AN LI JIE DU

以上是一位班主任对一个学期内团体心智辅导的设计和构想。不难看出,班会课与团体辅导的整合不仅需要注重其系统性、科学性,更需要将传统的静态教育变成动态教育。这样才能体现班级团体的发展是个动态过程的特征。班级团体永远都处于一种持续改变的状态中。从团体动力的观点来看,团体可能永远无法达到完全静止不动的状态。既然如此,团体班会课,也应该遵循人本发展的某种轨迹,一个阶段接着一个阶段地开展下去。

关于班级团体辅导的发展进程或发展阶段问题,学术界的说法也很不一致,大多是从一个班级成长全过程的层面(即宏观的层面)来研究班级团体辅导发展进程的,这样一种进程可以长达几天、几个月、半年或者一年。我们根据对一节有具体课时限制的班级团体辅导活动的微观发展进程,作如下的划分,即:团体暖身期—团体转换期—团体工作期—团体结束期。

团体暖身期,与一般团体的初始阶段有明显的不同,这一阶段工作的重点是“情绪接纳”。具体说来包括:通过热身游戏或其他媒体手段,促成团体成员初步的互动;充分展现教师的“尊重、接纳、关爱”的辅导态度;必要时,明确告知团体成员基本规范及辅导活动的注意事项。

团体转换期,是一个创设情境、提出问题、激发成员探索成长困惑的欲求,逐步催化团体动力的过渡时期。这一阶段的工作重点是“展开主题”。具体说来包括:以形象具体的方式提出某一个被团体成员共同关心的问题,引出团体成员中不同观点和不同的认知方式、行为方式的碰撞和冲突,催化团体动力;鼓励全体学生参与互动讨论,积极对他人的意见予以回馈。

团体工作期,是团体基本成熟后进入解决实质性问题的关键时期,这一时期在一节班级团体辅导课中所占的比例最大,大约需占用 20 分钟左右的时间。这一阶段的工作重点是“问题探索”。具体包括:设置更为贴近学生生活实际、更能反映学生成长困惑的活动或情境,引导学生在参与活动的过程中进一步感受、体验与思考;继续催化正向的团体动力,促进学生的自我开放;鼓励团体成员之间不同观点的交换,在支持与质疑之间取得平衡。注重团体的组织调控,引导学生关注团体目标,鼓励学生相互倾听,共同研讨有效策略。

团体结束期,是班级团体辅导历程的最后阶段,它并非是可有可无的,结束阶段的团体经验对团体的成效有决定性的影响。这一时期的工作重点是"问题解决"。具体包括:引导学生总结本次活动的收获,感受团体经验的意义;鼓励学生将认知、经验加以生活化与行动化,使自己的收获向课外延伸;设置富有新意、余音袅袅的团体结束活动,为本次主题探索画上一个圆满的句号。

　　总而言之,抓住对学生心智的培养而开展课题研究,其形成与转换是迷人的,其起承转合的历程,犹如"山重水复疑无路,柳暗花明又一村"的境界,给人耳目一新的感觉。我们只有身临其境,上下求索,方能体味个中的奥秘。

行动指南
XING DONG ZHI NAN

　　无论是主题班会还是团体辅导,关键不在于形式,而在于活动过程中学生的参与度和活动效果。把学生心智培养纳入班会课题研究,我们建议如下:

　　一是要发展与体验良好的人际关系。团体辅导较之传统的班会课能更有效地发展其人际交往能力。在团体中,通过团体成员间的一系列互动,参与者可以观察、体验人际关系如何形成,人际沟通如何进行以及各种微妙的人际反应,学习人际交往的技巧,增进与建立良好的人际关系。

　　二是要增强归属感。在团体辅导过程中,当团体凝聚力形成并增强时,会让团体成员产生强烈的归属感和认同感。成员会明显地意识到自己是团体中的一员,能保持和团体一致的认识和评价,会以团体为荣,爱护和保护团体的形象及荣誉,并且以同舟共济的精神去应对外界影响。这种团体的认同感和归属感也是社会生活中非常重要的经验。

　　三是要体验互助与互利。在团体活动中,成员一直在彼此帮助,互相支持,提出个人的见解和看法,分担相互之间的困难,分享大家的快乐。每一个成员在帮助他人的过程中,会发现自己对别人很重要。的确,对任何人来说,被需要的感觉是很重要的,这种体验会使人感到自己存在的价值,获得欣喜感和满足感,进而增强自信心。助人是快乐之本,受助是成长之源。来自于团体中的互助互利是一种积极的人生体验,这种体验,成员不仅可以在团体中充分感受,而且还会扩展到他们今后的生活中,使他们主动承担责任,并将助人的行为延续下去。

　　四是要发展良好的适应行为。团体是社会的缩影,也是社会的真实反映。在团体中,成员彼此提供行为示范,他们可以通过团体经验进行仿效性学习。在个别辅导中,来访者可仿效的只是咨询员一个人,在团体辅导中除了辅导者外,还可以有其他成员的行为可以模仿和参考。团体辅导能够给成员提供接受反馈的机会,团体中他人的建议、反应和观点往往是很有价值的。在团体辅导活动中,成员间能够有更多的机会听到别人对自己的看法。团体的反馈较之于个别情境的反馈更有冲击力,更能有效地改变自己的不良行为,发展适应性行为。

　　五是要有多元价值观与信息的交流。在团体辅导中,信息和资料的提供是辅导中很重要的一部分。除了辅导者之外,成员之间也常常传递资料,如就业信息、社会资源等。团体成员各自有着不同的背景和经验,对问题也会有不同的观点和理解。这种不同视角、不同立场的多元信息,无疑将为团体成员提供丰富的背景资料,开启他们的思路,拓展他们的视野。

六是要有"和别人一样"的体验。在团体辅导中,要让成员通过经验与感受的分享,产生"和别人一样"的体验。在现实中,当个人遇到困难和问题时,往往会把自己的问题看得很独特,于是感到恐惧、无助和失望。而在团体中,他们会发现别人也有类似的问题,于是他们不再会认为自己是天下最可怜的人,这样,孤单感就会减少,同伴感就会增加,从而及时矫正个人错误的看法和假设。由此下去,他们不仅不会降低自卫心理,更会产生彼此认同与关注。

七是要注重探索与自我成长。团体辅导为参加者提供了一个良好的社会活动场所,创造了一种信任、温暖、支持的团体氛围,使个体处于一个比较安全与温暖的情境中,因此,它很适合培养成员积极面对生命的态度,积极地评估自己的价值观,使自己更为成熟地接受挑战。

2. 凝练班级的文体活动

在做学生的日子里,最值得我们回忆的,恐怕就是那一次次有意义的集体文体活动,以及由此而留下的温馨故事。在班集体的形成与发展过程中,始终与丰富多彩的班级文体活动息息相关。我们知道,班级不仅仅是学习的场所,更是生活与交往的天地,各种班级活动从某种程度上彰显着一个班级的性格。而日常意义上的学习活动,更多的是每个人在独立发展,更多地体现为一种个人之间的激励与竞争关系。

班级秩序不仅仅表现为个人的价值和能力,更表现出成员之间的磨合程度以及互动状况。文体活动是学生比较喜爱的活动,这种活动可以拉近学生的距离,尤其是班级对抗、交流活动能让学生建立集体荣誉感。班主任善于组织(或引导学生自己组织)各种生动有趣、寓教于乐的文体活动,使学生潜移默化地受到集体主义精神的熏陶、感染。

原规则:教师只有把文体活动开展当做课题,其有效性才会更加凸显。

在所有的班队活动中,我们不要小看文体活动,文体活动在班级教育中具有特殊的作用,甚至可以说它就是实施素质教育的催化剂。文体活动多是以集体项目的形式出现,集体项目给人的感觉往往就是两个词:一个是力量,一个是团结。对于教师而言,我们更强烈的感觉是:有效。有意识地开展文体活动课题研究,更是促其达成有效的方法。没有充满竞争意识和团结意识的班集体活动就没有团结奋进的班集体。

学生在一次活动中获得的集体主义情感体验,是教师用任何美妙而空洞的说教难以达到的。教育就是要把美好的精神传递给学生,但这种传输必须有"中介"或"载体"。形象一点说,美好的精神好比是盐,一般情况下人是不直接吃盐的,盐通常是通过食物进入人体的。活动就是集体主义教育的载体。积极开展文体活动研究,不仅可以丰富学校和班级文化生活,寓教于乐,更能促使学生们通过各种形式的文体活动,锻炼身心,增进了解,加强团结,增强班级凝聚力。

现象纪实
XIAN XIANG JI SHI

文体活动从根源上来讲都是对生活的一种模拟,考察这类活动成效的关键指标在于学生在活动中的情感体验,尤其是这些活动对消除人际关系障碍的作用。我们的一些班主任常常缺乏对其开展活动的有效性及其表现形式的真正研究。可以说,这正是我们当下一些教师因开展班级活动无特色无大成果而泄气的主要原因。

开展文体活动研究,是每一位教师必须面临的新课题。新课标提出:"把班级还给学生,让班级成为学生成长的家园,让每一个孩子都能在班级中成长。"一个"还"字,饱含着这样一个理念:班级的主人是学生,班级原本就是属于学生的,他们对这个集体负有一切责任。但是,在我们的班级管理现实中,大多数的班主任是"放不开"的,有的认为学生年龄小,没有什么策划与组织能力;有的怕"放权"就会纵容了学生,怕他们策划出来的活动只是他们喜欢的却不是班主任喜欢的;也有的是怕有些活动存在风险,万一出现意外,班主任要承担责任……种种"担心",致使班主任依然是"一言堂",依然如小脚女人。于是,学生参加什么样的活动,什么时间,什么方式,哪个场地,谁来做活动的领头人,事无巨细地都由班主任来安排。要解决这一切的问题,开展课题研究是最有效的办法,我们的班主任要积极地行动起来,但却不能独揽一切。

➡ 案例5-8

群雁齐飞

一位老师发现班级的学生都比较自私自利,说话做事从不为他人考虑,根本没有集体观念、集体意识,更谈不上共同进步、共同发展。为此他决定要对学生进行集体主义教育,增强集体观念和集体意识,使班级成为一个团结向上的和谐班集体。于是,经过细心考虑,确定了本次活动主题为《群雁齐飞》。

这几天,他经常思考:如何联系学生的生活实际引出活动呢? 这天机会终于来了。上早读时,一个同学因为把手放在口袋里,而把垃圾弄到了地上。同学们不以为意,认为扣分是常有的事。就从这个孩子身上入手,他调查了这个同学扣分的原因:常梦丹在课间回教室取跳绳,不小心把自己吃剩下的方便面碰在地上,弄得满地是碎小的方便面。她怕课间检查卫生的人看见地上的方便面,给他们班减分,她赶紧拿来笤帚、撮箕,立刻收拾起来。刚刚收拾完,预备铃响了,常梦丹又赶紧去上厕所,后来她洗完手想拿纸巾擦手,不小心把纸巾拉到了地上,这下让检查的同学发现了,给她扣去了一分。他得知了事情的原因,不但没有批评常梦丹,还在全班同学面前说:"常梦丹因为为班级着想,才收拾方便面;因为时刻想着班级,才没时间上厕所;因为心中装着班级,在不经意间才把纸巾拉到了地上,被扣去一分,要是我在这种情况下,也可能会把纸巾弄到地上,而被扣分。常梦丹这种一心为老师、同学、为集体着想的集体观念值得大家学习。如果大家都这样,我们的集体才是一个团结的集体,才能共同进步。大家说对吗?"同学们惊讶的面孔消失了,异口同声地说:"对! 只有团结起来,我们才能共同进步。"他乘机说:"大雁渴望高飞,我们渴望共同进步。大雁拥有团结的雁队,我们拥有和谐的班集体。我们的班集体就像雁群齐飞。针对今天的事,我提议我们组织一次班会活动,主题为《群雁齐飞》。至于活动的具体内容、程序编排、具体形式等,一切都要由大家一起来完成。""好极了!"同学们欢呼着。同学们经过商议决定在一周内,以小组为单位,各自寻找材料内容,准备形式不同的节目。顺序编排及连词等报上来之后,由班委成员和老师共同起草,再由大家来修订。并且,在准备过程中,大家可以提出合理化建议。本周五正式召开班会,还要请来学校的领导和一些老师,共同来观赏我们师生的成果。接到任务后,同学们纷纷行动起来。

通过大家的紧张准备,班会开始了,同学的表演博得了学校领导的掌声,同学们更起劲了。"故事大王"带来的故事《团结力量大》讲的是绘声绘色,逗得大家哈哈大笑。活泼新颖的诗歌联唱把大家的积极性都调动起来了。大家随着音乐拍手、歌唱,就连学校领导也参与了进来。大家听着含义深刻的配乐朗诵的名言警句,越听感觉越有道理。课本剧《字典公公家里的争吵》,同学形象逼真的表演,惹得大家哄堂大笑。班会最后,以《假如》为题的演讲将班会推向高潮。班会在一片片掌声中、在一阵阵的笑声中结束了。

通过这次班会活动,这位老师明白了在做任何活动时,都要让学生在活动中体验到自己的聪明才智,发挥自己的才能。这个活动从开始到结束,都真正让学生充分发挥了主观能动性:学生主动参与活动、主动创设活动、主动感受活动、主动完善活动。使学生从被动的局面中走出来,在学习生活中焕发出了新的生命——发挥自主性。

这次活动不仅使学生受到了集体观念教育,还培养了学生的能力。达到了学生动手又动脑,在活动中感受集体力量创造和谐班集体的目的。

案例解读
AN LI JIE DU

文体活动是学生喜闻乐见的活动方式,通过以上的案例更能让人体会到,文体活动更是追求创新的结果,更是智慧的闪现。从上述材料中,我们获得了一个极其重要的信息,那就是我们一直忽视了班级文体活动和其他各种文体活动(尤其是三五成群的朋友自发组织的文体活动)之间的重大差距。生活中朋友间的活动的最高境界也只是止步于体验和分享,而班级文体活动却具备更为丰富的环节。我们从一些优秀班主任的工作经验来看,在实践的过程是,其研讨多应围绕以下一些步骤进行,才更能看清其内核。其步骤如下:

第一步:体验——此乃过程的开端。参加者投入一项活动,并以观察、表达和行动的形式进行。这种初始的体验是整个过程的基础。

第二步:分享——有了体验以后,很重要的就是,参加者要与其他体验过或观察过相同活动的人分享他们的感受或观察结果。

第三步:交流——分享个人的感受只是第一步。循环的关键部分则是把这些分享的东西结合起来,与其他人一起参加探讨、交流以及反映自己的内在生活模式。

第四步:整合——按逻辑的程序,下一步是要从经历中总结出原则并归纳提取出精华,再用某种方式去整合,以帮助参加者进一步定义和认清体验中得出的结果。

第五步:应用——最后一步是策划如何将这些体验应用在工作及生活中。而应用本身也成为一种体验,有了新的体验,循环又开始了。因此参加者可以不断进步。

班级活动是带有一种螺旋上升的模式而进行的,每个活动的开始都是上一个活动的延续,每一个活动的结束都为新的活动奠定了基础,这不仅是教育连续性的反映,更是生活连续性的反映。从五大环节来看,体验是文体活动的基础,这对一切文体活动同样适用。如果参与者缺乏积极的活动心理体验,那这一无聊和乏味的活动是本就不应该发生的。但作为一种班级文体活动,其价值生长点应该在交流、整合与运用上。难道班级活动就是班级成员欢乐地唱唱歌跳跳舞做一下运动吗?不,这些只是文体活动的形式。如果班级活动无法帮助内向的学生融入集体的怀抱,让自卑的学生发现自己的闪光点,让自大的学生发现自己人性中有限的一面,让游离于班级主流活动之外的学生感受到团队的力量,那么这样的活动就需要我们投入更大的力量去反思,由此,我们还需要更多地去研究,去挖掘班级文体活动的潜在价值。

行动指南
XING DONG ZHI NAN

苏联教育家苏霍姆林斯基说:"学习兴趣是学习的动力之一。"同样的道理,学生活动兴趣的大小,是直接推动他们自觉积极地、情绪高昂地参加活动的内部动力。在游泳中学游泳,在实践中才能提高文体活动的有效性。为此,我们建议如下:

一是要运筹帷幄,激发学生的活动动机。不同的文体活动具有其不同的特点,其方案不同,方式也不同,达到目标也不同。动员会上,班主任要对活动的过程进行形象的描述,使学生先从思想上接受所要参加的活动。树立活动的榜样,利用学生好胜、爱竞争、求赞许的特点,激起他们参加的欲望。想尽一切办法调动起全班同学的参与热情,争取一个都不要掉队。总之,有了教师和学生双方的积极性、主动性,就奠定了活动成功的基础。

二是要周密策划,不打无准备之仗,鼓励全员参与。文体活动重在"集体"二字,要让全班学生感到,自己是班集体中的一员,每次班集体文体活动都要以积极的态度参加,而不是仅作"看客"。班集体活动是全体同学的事,其成功与否取决于全体同学是否进行了充分、细致地准备。如果参加的学生只是把活动当做一场热闹去看,只是参加而不是参与,根本没有全身心地积极投入,那活动失败的可能性就比预料中的还要大。在班集体活动精心准备阶段,班主任要善于把自己的教育要求和打算,转变为学生干部、积极分子甚至包括全班每一个学生自我教育的愿望与要求,让学生充分认识"集体"的意义,明确团队的胜利,其意义远远胜于"孤胆英雄"。

三是要身先士卒,参与活动全过程。"榜样的力量是无穷的。"班主任在活动中一定要自始至终地坐镇活动现场,并以饱满的精神和高昂的热情参与每一个环节的活动。班主任亲自参加活动,表明对活动的重视,对学生也是一种鼓励。要对活动的准备情况进行全面地检查,发现有不足之处,也要本着"气可鼓不可泄"的精神,尽量鼓励学生设法去克服困难,力争把活动搞好。切不可抱怨或责怪学生,或者大声批评学生。否则,会削减大家的热情,影响整个活动的效果。班主任要让自己的言行向学生传达一个信息:我跟你们一样,是团体的一员,我们都是必不可少的,"众人划桨开大船"。

四是要及时总结,客观评价。总结巩固是班集体活动的最后一个环节。它不仅为本次活动画上一个圆满的句号,更为下一次活动做铺垫。班主任要引导学生对本次活动做出中肯的评价,以巩固和扩大活动的教育效果,并对下一次活动起好导向作用。"文体"活动起于"乐趣"(体验),升华于"引启"。文体活动的总结,其价值就在于引发集体潜藏的力量,引发个体沉睡的潜在天赋,引发一种昂扬向上的班集体氛围的到来。

第六讲　发展,班级新秩序的生命线

"教育没有多大变化","一百年之内世界的教育理论没有创新","教育是没有用的" ……如此颠覆性的论调,我们已不是第一次听说。面对百家争鸣的教育论说,读懂后便会发现,这些并没有对教育全盘否定。我们之所以不敢懈怠,开展教育原规则研究,并信心百倍地投入,基于教育秩序而展开研究,全在于教育秩序总在不停地发生着变化。

秩序的变化预示着发展,只是更需要我们与时俱进罢了。我们是否可言:"全天下的班级管理之道大同小异?"前面,我们着力于班级秩序的研究,牢牢地抓住班级管理的关键词——情感、组织、规则、活动,分别作了专题研究。在本章节,再次秉持"发展才是硬道理"的思想,对班级"秩序发展"理念作深度阐释。

(一)

发展的班级,以及班级的发展,似乎就像太阳一样,有秩序地起落,并在不断地重构新的历史。在本章节中,我们将围绕班级发展之重点"是什么、为什么、怎么做"等展开论述。

(二)

涉及对班级发展秩序的探讨,我们必须事先搞明白:非序性的发展恰恰是有序发展的根本。复杂的非序性的发展总占主导地位,仿佛这些简单的道理,人们却不能全看明白。诸如对学生人格与性格的认识,很少有人认清两者的联系;我们研讨"精力与力量",因为我们深信发展的基础就在于此,才能真正地理顺班级发展中的纷繁秩序。

(三)

真还不能离开教育与学生去谈发展。在以前的班级管理中,更多的理念指向习惯的养成或形成,无形中带有教条的色彩。当我们融入秩序研究的方法后,猛然发现,习惯给予秩序的守候,而习惯总在不停地发展。我们更是发现"否定必须超越"的道理,即只有超越,才可能否定以前的行为习惯,才能从以前的麻木状态中清醒,而后走向新的发展。

(四)

培养有作为的学生,除了坚持惯性发展和可持续发展外,我们特别建议:在班级管理中弥补信仰教育和人际关系教育,这才适合教育秩序发展的规律。

发展的本质,其实就是给予幸福。我们必须关注班级发展的方向,否则便会如同运动员对兴奋剂的喜好一样,因图一时之效,却误了长远发展的幸福。只有给予幸福,方才会给班级找到真正的出路。为此,我们对全然百花开放的班级发展序列进行研讨,力求找到并提供关于健康、全面、持续、自由等富有发展内涵的规律和建议。

第一节　班主任工作对人格的保证

班级管理必须回答"幸福是什么"这一问题。因为我们在班级管理中不管有多卖力,都必须明白,需要为认同而教育。没有社会、家庭、学校和同行对自我管理的认同,其教育必然会失去色彩,严重时会影响班主任工作的积极性。

用什么回答幸福? 怎样才会得到班级管理的认同? 当发展与幸福两个关键词融入班级管理时,我们便会自然地想到教育的主体对象,我们只有真正培养学生,学生也只有真正地在班级管理中得到了培养,方才可真正称得上完成教育的使命——"教育得到认同"。

我们谈发展与幸福的话题,应该将人格放在首位。著名教育家李镇西有句名言,"用心灵赢得心灵,用人格塑造人格"。在本小节,我们从学生人格塑造谈起,深入无序发展的状态之中,希望能找到幸福的源泉。为此,我们将借助班级管理这一平台,展开对学生性格保护与人格提升之策略的探讨,以及对精神与力量之源的挖掘,希望能让我们的班主任在班级管理时保持头脑的清醒。

1. 性格与人格

性格与人格,都有一个共同的"格"字。由"格"的本义一定能让我们想到凡有"格"组成的词组,肯定多与秩序有关,正所谓人不能任其像旷野中的野草一样无目的地乱长,只有符合相应的要求,方才可称为有"格",即必须让其成为带有理性和品位,才可称为有性格、人格、品格等。其实,人类不断地发展,其表征就在于一个"格"字。因为这一个"格",几乎代表着人类全部文明的缩影。

言班级管理,很多都可指向有性格或有秉性,如班级的性格、班主任的性格、学生的性格等等。纵观以前所有的教育心理研究,都倡导对性格的保护,或即认为性格是最易变形、出格,最脆弱的东西。因而对"保护"提出了新的要求,尊重其性格,引导学生自重与自律等,便可称作有了人格,或对人格有了尊重。我们的整个研究都指向了秩序,即对万物的掌控才可称其秩序。在笔者看来,一名班主任,只有对所涉及的班级管理支撑的学生性格及人格体现的掌控,方才会真正管理好自我的班级,从而真正带领学生在管理中铸造幸福,享受幸福。

原规则:因有对性格掌控的欲望,才真正懂得保护学生。

在这里,我们必须严肃地指出,性格没有好与坏之分(这涉及学生观),重要的在于促进性格的发展,让人之本性入格。相对于学生,性格可以形形色色,但反对采用标签式的方法评定其性格的好与坏。笔者最赞同的方式是,像欣赏一座座各具特色的小山一样,发现其四季不同的天然之美。原始的一切并不美,发现便美,发展更美。班级管理之艰难,最根本的原因就在于相信天性禀赋,而不再去发现学生之美,发展学生之美,最终丧失很多源于教育的幸福,失去很多教育学生的机会。

班级管理更多的时候便会出现这样的局面:在一个人的身上往往潜藏着无数的能量,但因为前期开发不够,导致资源荒废。对于性格的保护性开发,往往能找到打开学生奋发向上的天窗,因为进步可以体现出人格魅力,当学生真正由弱小变得强大的时候,方才可称真正地给自我的教育安魂。当下,对于性格与人格的思想,去除老眼光,融入发展与幸福的元素,这是我们班主任目前需要去弥补的一课。

现象纪实
XIAN XIANG JI SHI

你对学生真正了解吗?你知道他们的内心需求吗?有的教师也许会说,我们对学生的现在很了解。可扪心自问,您真正了解学生的现在吗?了解一位学生,几乎等于对整个人类史的了解。

任何一位学生都有着美好的未来。可眼下的现实是,对学生性格及人格持有否定态度,往往因为教师自我人格的问题,致使预测出现了很大的偏差,因为无数学生后来的发展给教师曾经的结论以当头一棒。现实中,我们最需要的是对学生性格的认可,特别是对他们的未来有更积极地展望,如此,方才会有更多的认可。

打一个不确切的比喻,关于性格的问题,指向发展的问题,多像一个家庭财富的积累,多由祖辈恩泽和自我的努力。我们深信,任何一位学生,当他进入学校之门,进入班级之门时,几乎都怀着一个对未来无限向往的心情。在班级管理中,我们如若能燃起他们这种向上的激情,让其一切向上的元素都被开发,学生不入格现象一定不会出现。

可以肯定地说,当你的学生有性格偏向的问题,直接反映出我们的教师自身的管理方法已经出现了问题。眼下,最需要的就是我们能用发展的眼光给予纠偏,能用发展的眼光找到解决问题的办法。我们深信,只要我们真正能给予学生性格的关照,很多发展的路子便会应时而生。

➡ 案例6-1

不可造就之才与诺贝尔化学奖获得者

奥托·瓦拉赫在开始读中学的时候,父母为他选择的是一条文学之路。不料,一个学期下来,老师为他写下了这样的评语:"瓦拉赫很用功,但过分拘泥,这样的人绝不可能在文学上有所成就。"

第二个学期,在老师的建议下,瓦拉赫改学了油画。可瓦拉赫既不关心构图,又不会润色,对艺术的理解力也不强,成绩在班上倒数第一。学校的评语更是令人难以接受:"你是绘画艺术上的不可造就之才。"

面对如此"笨拙"的学生,大部分老师认为他成才无望。只有化学老师认为他做事一丝不苟,具备做好化学试验的应有品质,建议他学化学。于是,瓦拉赫智慧火花一下子被点燃,在同学中遥遥领先……

后来,瓦拉赫终于成为了诺贝尔化学奖的获得者。

案例解读
AN LI JIE DU

一个孩子的未来里充满着无限的未知数,任何性格都有着无限的发展潜力。正如案例中的奥托·瓦拉赫,因性格的原因,他难在文学与绘画上获得发展,但这并不等于他就是一个不可造就之才。对于他而言,人生最大的幸事,便是遇到了他的化学老师,根据他的性格特点,帮其找到发展的最佳点,因此,他才有了最终的成功。

现代教育,特别是班级管理,最易出现的问题就是对学生的性格特长缺少关注,以自我的喜好泯灭学生的个性,致使所培养出的人才,像笼中鸟、盆中花一样缺少野性,缺乏个性。我国伟大的科学家钱学森先生的"为什么我们的学校总是培养不出杰出人才"之问,问到了我们教育的痛处,也引起了无数专家学者的深刻反思。笔者认为,必须反思我们的教育,这种状况的长期存在肯定是因为我们的教育管理模式存在问题。在广大的中小学中,处于年少阶段的学生除了接受到学科基础知识之外,他们的性格及人格等,差不多也在这一阶段形成。班主任无不是孩子成长过程中的重要他人,对孩子最终的成功和成才无不起着巨大的作用。有些孩子,在班级管理中表现好,而后却成不了才,我们应该反思;有些孩子,因为在班级管理中表现出野性而被我们给予扼制,而后失去了幸福的童年,我们应该反思;而一部分学生在以后的人生中变数之大,贡献更是突出,这同样需要我们深入地进行反思。

21世纪,"人才观"发生了很大的变化,时代倡导教育更多地能承担起培育人类具有创造性的天才的责任,如新的爱迪生、新的丘吉尔、新的毕加索、新的爱因斯坦……在班级管理中,对孩子性格的保护,更多的时候需要用班主任的智慧促其人格高大起来。同时,班主任在班级管理中还需要大气,如果没有对孩子们性格的发展性保护,深信一定不能培育出大气的人。

班主任的一切工作,必须以人才的培养为前提。对学生的关爱,需要依照不同的性格而后施加影响,并且需要做到有序,才会收到较好的效果。作为班主任,除了能以锐利的眼光观察到每位同学的性格特征并了如指掌外,还要有一个长远的教育管理规划,如扬长避短,最终才可能化腐朽为神奇,促进学生良性发展。否则,培养的过程中除了阻力重重,更会导致自己的教育得不到认可。

在现代的教育中,人们往往会过多地认为性格的形成往往有先天的因素,但我们也决不能排除后天因素的影响。特别是学生人格的张扬,更与学生的性格特质方面的努力彰显分不开。当因促使学生在奋进中获得成功,即有成绩便更有人格,便可充分的说明我们面对学生能做到点对点地培养。值得注意的是,关注性格而给予教育,从而提升学生的人格,我们绝对不能采用"驯兽师"一样的方式面对学生,尽管面对学生依然需要在摸清他脾性的基础上,温顺地梳理,解开他心中的结,但必须要明白,我们培养的是"人",是大写的"人",是有人格,有个性的"人"。

行动指南
XING DONG ZHI NAN

学生性格的存在决定着我们的教育方法。引领学生从性格走向发展的道路,走向班级秩序优化的美妙之境,笔者认为可以从以下几个方面入手。

一是要走进学生内心。兵法云:"知己知彼,百战不殆。"虽然教育不是战争,但要真正促进学生的发展也不是一件简单的事情。发展,只有在了解的基础上,才可能谈起。"不打无准备的战争","凡事预则立,不预则废"。充分了解学生的性格特征是搞好班级管理和推进班级发展的重要前提。促进班级秩序的发展,需要老师深入到学生之中。当然,了解的途径是多样的,比如,在学生不注意的情况下观察,开展问卷调查,找学生谈心,深入学生宿舍和学生聊天,开展班级活动等等,在和学生共同参与的班级活动中,与学生共处的时间多了,对学生的了解自然也就更深入了。班主任一定要静静地,真正走进学生心中,特别是对其人性的把持,只有全面了解学生的动态,班级管理时才能做到心中有数,促进学生的发展也才不会"强扭",他们才会最终收获甜甜的"成长之瓜"。

二是要注重对学生的引领。性格虽然在很大程度上源于遗传,但它也可以在后天的影响中发生变化。我们发现,人的性格往往会因为修养的提升而发生变化,比如人的文化修养的提升往往就能影响性格的变化。在班级管理中,给予文化方式的渗透,无不是教育学生的良策。比如通过书香班级建设,营造良好的班级读书氛围,让学生在书香熏陶中自觉与不自觉中去褒扬好的性格特质,抑制不良性格的滋长。通过有效的激励机制,调动大部分同学的积极性,让他们自觉把自身的优势发挥出来,在班集体中学会调节自己的性格特质,积极融入到班集体当中。可以肯定的是,对于人的全面改造,再也没有比文化影响之大的武器。我们如若对学生人格给予尊重,对学生性格给予发展性的保护,把他们引向书籍的草原,无不是最有效的办法。

三是要因势利导,全面培养。从人性的角度来看,优秀品质、优秀性格始终占有主导位置。在我们的眼里,如果用发展的眼光看待学生,可以肯定的是,他们每一个都是可塑之才。而且我们观察事物的角度和方式不同,那么,学生的性格对班级秩序的作用也必然会不同。因势利导,全面培养每一个孩子,全面培养孩子各方面的特长,可谓是我们当下教师应有的责任。只有当我们全身心地投入智慧和精力让每一个孩子都得到最大化、最优化的发展,方才可称得上我们对教育担起了应有的责任。

2. 可提升的精神与力量

苏格拉底说:"未经省察的人生没有价值。"在现实生活中,我们很多人从来没有思考过何为人生,从来没有思考过人生究竟有什么意义和价值,从来没有用哲学的眼光审视过自己的人生。这不能不说是我们曾经教育的失误。

"奴化",这恐怕是管理中最让人感到可怕的一个词语。这让我们想起了一个小故事:一位学者在陕北农村考察访问,夕阳西下,见一孩童骑在牛背上哼着陕北小调,悠然自得,甚至颇有些诗情画意。于是展开了一场这样简单的对话——问:娃,你在干啥?答:我在放牛。问:放牛为啥?答:放牛挣钱。问:挣钱为啥?答:挣钱娶媳妇。问:娶媳妇干嘛?答:娶媳妇生娃。问:生娃干啥?答:生娃放牛。这就是可悲的"奴化",生命的价值就在这毫无登高望远的死水潭中周而复始,生命的意义丧失殆尽。

被"奴化"后最直接的反映,便是再也没有改变自我命运的想法与行动。包括思想、理念、知识、技能、关心、关怀、关爱等等将会随之泯灭。现在的教育中,作为班主任的我们,必须明确我们将要把学生引向何方。如若没有让学生通过学习与教育,产生觉醒的意识,产生新的精神与力量,这只能称做是被"奴化"的体现。

原规则:一个有思想的人,能够用强大的理智驾驭顽劣的情绪。

一个人活在世上,最重要的不是拥有万贯家产,而是拥有自己的思想,拥有独立的精神。金生鈜著的《理解与教育》一书中曾说,"在人受教育的历程中,人的成长表现为精神的成长,教育培养人就是培养人的精神。可以说,精神构建是教育的绝对使命。"我们坚决反对用教育"奴化"人。前面小节中对于性格的保护性发展,最终体现出来的那便是让我们培养一群有主见、有追求、有朝气的未来之人,这才真正可称我们的教育达成了目标。我们教育的目的,全在于让学生在精神层面自省,在力量层面自觉,让他们有能力改变自己,改变世界,能打开心智的屏障,能发现一片充满阳光朝气的新天地,能做一个有灵魂的人,做一个有尊严的人,做一个能把握自己命运的人,做一个精神优秀的大写的人。

在笔者看来,班级教育虽不是万能的,但它在可以创造一个世界的同时,同样也可以毁灭一个人。这其中最核心的武器,便是对于一代人的精神与力量的掌控。对于每一位班主任而言,现实需要我们必须要有把自我当做一位教育家的勇气,在明确自我责任的同时,真正将自我的使命传递给学生。

现象纪实

试问,在我们培养的学生之中,有多少是有主见之人?有多少是聪慧之人?有多少是富有开创精神的人?也许还有不少的班主任依然停留在叹息没有遇见天资过人的学生,真是这样的吗?

"认可才有世界。"学生的一切表现都可通过其面貌得以反映,促成学生今日之状况,其真正原因得益于受其长久的耳濡目染。没有教师的开导,一块石头依旧只能是石头,能自我巧夺天工之事,那多只能是凤毛麟角。可能有人依然会说严师出高徒,在笔者看来,更会是"明师"出高徒。

优秀与平庸学生间的区别,更多的时候是其精神层面透射出的状态。只要我们不奴化学生,赋予孩子们积极进取的思想、远大宏远的目标,那就如在茫茫大漠中赋予跋涉者希望的曙光,这样,他们往往能自觉约束自己的行为,理智地驾驭自己的情绪,调整自己的言行,朝着目标奋勇前行,并且越战越勇,越挫越勇。

案例6-2

杨昌济先生的故事

杨昌济(1871－1920 年)又名怀中,字华生,湖南长沙县清泰乡板仓冲人。他在青年时期就立下了"改革以图存"的志向。杨先生以发展教育为己任,"强避桃源作太古,欲栽大木拄长天"。他认为,救国首先在于人才,而人才则在于有人识拔和培养。因此他非常注意对学生的考察和培养。杨先生很器重毛泽东、蔡和森、陈昌等学生,师生们一起无所不谈,社会、政治、学术、理想、人生。他多次教诲学生,人贵在有志,"人患无肯立志身,精神一抖,何事不成"。中国共产党党建理论家蔡和森和伟大领袖毛泽东是他最钟爱的两个学生,他们实现了导师的"欲栽大木拄长天"的宏愿。

案例解读

给学生精神与力量,他们方才会踏上征程。学生的未来之路,更多的是从今日的班级里扬帆远航的。我们虽然教育的是一个学生,或几十个学生,但我们要教育我们的学生有敢于面对世界的勇气,让其有征服世界的力量与决心。

很显然,目标对一个人的成长发展有巨大的导向作用。作为教师,我们应有立培王之志,应该将未来之师作为首要目标。没有一位成功的教育家不富有自己的教育思想,没有一种先进的教育理论不蕴涵理想的教育主张。教育理想是教育活动的指南,是教育行为的向导,也是人们为之努力的精神力量。

教育本来就是一项具有理想性的事业,没有理想的教育是不存在的。理想是一种追求,是一种不断变化的过程。作为一名未来之师,应当把教育作为有独特意义的一种目标、一种方向、一种使命。教师生存的意义就是在自己的教育中实现自己的教育理想。

"欲栽大木拄长天",何等的气概,何等的豪迈!现代的未来之师,就要有这样的胸襟,有这样的抱负,有这样的理想,为未来的社会培养卓越的建设者和领导人。纵观古今中外,许多教育家都有这样的气概和主张。孔子,对教育寄予很高的热情和期望,他希望通过教育活动培养君子贤人,治国平天下;陶行知向虚伪的传统教育宣战,"千学万学学做真人";古希腊的柏拉图寄希望于教育,立志培养理性国家的"智者";法国思想家卢梭通过"无目的"的教育,培养有民主意识的公民和建立民主的国家……他们的教育理想不仅是其教育行动的指南,更是他们奋斗不息的精神动力,也是使人高山仰止的力量源泉。

行动指南
XING DONG ZHI NAN

"思想产生行动,行动形成习惯,习惯决定性格,性格决定命运。"让我们的学生赢得未来,那么未来之师就应该富有远大的教育理想和浪漫的教育情怀。为此,我们建议:

一是要有长远眼光。"如果我们今天不生活在未来,那么明天我们就将生活在过去。"作为未来之师,如果不能为未来的社会培养人才,那么一定就会给未来的社会增添麻烦。立足今天,着眼未来,是未来之师的义务,更是未来之师的责任。未来之师,应该是未来社会人才的策划师、经纪人。能够针对学生的个性特点、专业特长、未来的发展方向,主动承担起培养明天生活中的建设者和领导者的重任。针对未来社会的特点,培养出具有创业意识、组织才能、领导艺术、包容性和高度的团队责任感以及自我牺牲精神的人,培养出作为组织协调者所应该具有的道德素养与心理结构的人,对于事物发展有着良好的预见能力以及相应的决策能力的人,造就出能有力量在未来世界领跑的人。

二是要赋予精神力量。人无精神必将萎靡不振,班级无精神必将松懈散乱。作为班主任,我们要特别注重班级及学生精神的培育。具体体现在,一要整洁:班级环境就像一个人的脸,人如果不洗脸,满面污垢,何谈精神?要做到班级卫生是最好的,班级桌椅的摆放特别整齐,给人一种心清气爽的感觉。二要精神:每位同学都要做到精神饱满,坐有坐姿,站有站相,上课神态自若却毫不分心,走路器宇轩昂。三要口号:班训、班级格言、班级目标不能只是写在纸上,挂在墙上,而要让学生挂在口上,记在心里,深入骨髓。要在班级活动中不时渗透这些思想与理念,让班级精神真正显现出来,为班级秩序的建立提供强有力的精神保障。

三是要善于拨动向上的那根弦。学生为什么精神不振,为什么失去进取心?知心姐姐卢勤在其《告诉孩子你真棒》这本书中有关于男孩子教育的一段话很有深意:

"很多孩子名字都发生了变化,过去的男孩子,大都以钢、铁、江、海、鹏、山等阳刚之气十足的字命名,现在男孩子的名字,竟多为阳阳、多多、贝贝等洋娃娃用的名字。这从一个侧面表明,家庭对男孩子的期望值发生了变化:过去,靠男孩子"传宗接代"的陈旧观念作祟,人们常常把男孩子看做是家庭的根本和支柱,对他们寄寄着深切的希望,因为,家庭未来的担子要靠他们来承担。现在，由于每个家庭只有一个孩子，很多家长便把男孩子当成了宠物，不再对男孩子委以重任了，他们觉得，仅有的一个孩子很难以稚弱的肩膀承担任何责任。"

看似简单的一句话，确实让人震惊，道出了一种可怕的现象。在现实生活中，不仅很多女孩子被当成"宠物"的来养育，不少男孩也同样被家长当成"宠物"宠爱着、娇惯着，从而失去了男孩子应有的阳刚之气，失去了男孩子应有的责任和义务。更为可怕的是，如果不引起注意，这将可能发展成为一种流行趋势。在我们的班级管理中，笔者深信只有给予孩子们精神层面的东西，拨动学生向上的那根弦，才会激发他们对未来的向往，焕发出他们本应有的活力。如狼性的回归式的教育，深信未来的孩子们方会像图腾的狼一样雄霸。

第二节 力促"惯性发展"态势

我们都有过这样的经历：因为事多，因为繁忙，生活仿佛就像那高速运转的机器，忽然某一天想休息，可当真的停下来后，便会感觉十分的不习惯。蓦然回首，自己早已属于停不下来的那类人。

班级管理依然如此。哪怕偶然现象太多，哪怕无序干扰太多，当一切杂念抛开后，很多复杂的问题最终都将因简单化的处理得到认定，整个班级运行的轨迹更会像前行的列车一样，向前，向前，再向前……

以上这一切，被笔者冠名"惯性发展"现象。我们的班级，最先几乎就全然一艘客船，班主任一如船长一般，随着客船的全速起航，以及船长的指挥，便会自然地随着班主任留存心底的那条航线走远。对于班级而言，没有向前的发展，可以肯定地说就会像停泊在港湾的客船，再无现实意义，只有在远航中方才会有生命的迹象。在本小节，我们将围绕发展这一关键词，对涉及"惯性发展"的内核做进一步的发掘。

1. 否定中超越才会发展

其实，涉及社会层面的发展，真还不像物体的位移那么简单，即从一个地方移动到另一个地方。班级属于见习型社会，言其发展，特别是涉及人的发展，也几乎不可能是用几个简单的公式便可画出其运行的轨迹。

追求高效的班级管理，已经成为天下教师的期盼。我们回过头来再次审视那些已经"高速前行"的班级，"惯性发展"现象还真让人回味无穷。从诸多的现象中归一，班级管理中出现的"惯性发展"，近乎便从否定开始发展，从否定开始超越，即班级中每一步超越式发展，都是经过否定后再向前推进。

原规则：否定开启发展的进程，但前提是否定必超越。

班级发展的过程，能说是新陈代谢的过程吗？在笔者看来，班级如若是一个生命体，有时就是一个推陈出新的过程。只不过班级的发展，更多的时候便是对无知的否定，就像前面小节中所谈的"格"一个样，真正致使班级管理无序而不入"格"的主要原因，就在于无知。

班级管理中，从无知开始给以整饬，从无知开始给予否定，从无知开始给予发展的指点，这并不是一件容易的事。学生的无知是一个相对的概念，甚至具有历史性，有些甚至根深蒂固。真要改良,除了是对教师管理目标明晰程度的考验,同时也检验教师是否将培养出什么样的人才的教育目的贯穿其中。能在管理实践给予验证,更在于我们的教师必须拥有更换无知的储备,其过程就像是有一只碗,已经装满了无知的水,要给予更换,这过程绝对不是像倒掉那样的简单,整个教育的否定过程,就像是用大量带有新营养的水给填充,慢慢地、逐渐地通过中和的过程,将原有的无知之水给排挤出去,最终剩下带有新营养成份的水。教育学生倒掉无知的过程,和倒掉一碗无知的水一样,真还不能一蹴而就,否定必超越,否则几乎就不可能对无知进行否定,一切努力更多的时候将是徒劳,不可能因班级管理,让学生赢得发展后的一个全新的面孔。

现象纪实
XIAN XIANG JI SHI

如今,班级改革依旧在如火如荼地进行。为何我们很多班主任带着满腔的热情投入到班级管理中,却没有收到好的结果?特别是那些看似大刀阔斧的改革,折腾了学生,结果却没有看到学生朝向我们需要的方向前行。这其中的真正原因就在于,他们的行动是一种无基础的行动,是一厢情愿,没有从学生的需要出发而实施教育。

试问,有多少人能从学生最根本的实际出发而给予教育?诸如学生性格,原本来到世间时,就是一张白纸,可能因为多种原因而伫立于班级时,交给班主任的这张白纸已经受到污染。而我们的班主任却仍然采用简单的办法,将自我的教育意图在污染的白纸上描绘,以期待用覆盖的方式给予解决;或是采用粗暴的办法,将原来的那张白纸给全盘涂抹,似乎让以前的一切颜面荡然无存,最终引起了一系列强烈的反感。

眼下在我们的教育管理中,依然存在着一种应该受到批判的现象,那便是我们的班主任不停地给学生否定,但却并没有给出新的发展方向,并没有将学生引向一个新的天地。如此的教育,其结果是,学生在不断地被否定中,早已伤失奋进的勇气,变得无限的颓废。

班级管理,发展才是硬道理。努力而得不到发展,否定而不给予指点,两种教育方式已明确地给我们的管理方式敲响了警钟。从否定开始超越,即需要新的发展,必须找到原来应该否定的东西,有针对性地进行教育,指明发展的方向和方式,即超越发展必须从否定开始,真正需要否定时又必须给出超越的方向点,我们的教育才可能收到真正的效果。

案例6-3

达维多定律

"一家企业要在市场中总是占据主导地位,那么就要做到第一个开发出新一代产品,第一个淘汰自己现有的产品。"提出者便是英特尔公司副总裁达维多。

要保持领先,就必须时刻否定并超越自己。英特尔公司在产品开发和推广上奉行达维多定律,获得了丰厚的回报。英特尔公司始终是微处理器的开发者和倡导者,他们的产品不一定是性能最好的和速度最快的,但他们一定做到是最新的。为此,他们不惜淘汰自己哪怕是市场上卖得正好的产品。例如486处理器,当这一产品还大有市场的时候,他们有意缩短了486的技术生命,由奔腾处理器取而代之。英特尔公司运用达维多定律永远把握着市场的主动,把竞争对手甩在背后,把供货商和消费者吸引在周围,引导着市场,也掌握着市场。

达维多定律告诉我们:只有不断创造新产品,及时淘汰老产品,使成功的新产品尽快进入市场，才能形成新的市场和产品标准，从而掌握制定游戏规则的权利。要做到这一点，其前提是要在技术上永远领先。企业只能依靠创新所带来的短期优势来获得高额的"创新"利润，而不是试图维持原有的技术或产品优势，才能获得更大发展。

案例解读
AN LI JIE DU

作为老师，我们的教育对学生产生了多少影响？可以肯定的是，世间从来没有一个教师不对学生实施影响。只是我们得再次质问，真正促使学生成才或成大才了吗？以上虽然只是一个涉及企业的案例，而我们的教育又何尝不是这样，你授给学生有用的东西而让他们占据教育的主导地位了吗？我们的教师真让学生能从否定自我开始，给其武装了先进的思想了吗？大量的事实证明，一个人只有超越了自己，才能真正成长。

穷则变，变则通，通则久。何为超越自我？我们以为，超越自我是一种对旧我或者旧我的一部分的批判与否定，它需要反思，需要变革，需要创新。历史如此，企业扩张如此，学生的成长也如此。唯有"取其精华、去其糟粕"，唯有敢于否定过去，才能创造出"新"的、有价值的东西。

否定别人容易，否定自己却是艰难的。在班级管理中，要让学生改变和超越自己真还不是一件容易的事。学生之所以才干彰显，是由很多因素决定的，但有一点可以肯定，就是其性格的形成也好，人生观、世界观的形成也罢，其实都是我们对其多次否定而后给予认同的过程。诚然，否定是一个痛苦的过程，可正如凤凰一样，如果没有涅槃，就无法变得更美丽和坚韧；我们如果不超越自我，就会停滞不前，甚至落后。

当下，培育天下英才而后教育，这是我们共同的理想。对于学生的无知给予否定，其实也是一件容易的事，但我们必须想清楚否定之后让学生朝着什么样的方向超越，需要指明靠什么支撑方才可能超越自我。我们要能带领着学生一边否定自我的原有无知，一边重新装点新的知识。

行动指南
XING DONG ZHI NAN

班级管理，从否定开始超越是基础，因为超越而否定这是关键。为促进学生有效成长，促使我们的学生真正能成为天下英才，我们要努力让他们进入惯性发展阶段。为此，我们作如下建议：

一是要不断审视目标。"目标的坚定是性格中最必要的力量源泉之一，也是成功的利器之一。没有它，天才也会在矛盾无定的迷径中，徒劳无功。"但一成不变的目标，总会使人倦怠。当一个目标达成之后出现偏差，就必须及时审视、纠偏，这样才会不断上进、不断在否定中实现超越。要想让学生上进，只有在否定中超越，学生才会真正明白下一步需要接近的目标。给予否定，更重要的在于有新的知识给予武装。查士德斐尔爵士曾说：学生否定自我频率如果与超越自我的频率一致，方才会健康地向前发展，其中，否定与超越的频率过快，方才会看到一个满意的效果。

超越自我，方才会记得未来。在否定中我们必须注意的是，否定学生的过程，只能是一个激发斗志的过程，绝对不能因为否定学生却让学生进步的意识变得全无。所以，否定的过程是一个慎重的过程,是一个点燃他们心灯的过程,必须切合班级实际,触动学生的心灵,积极营造良好的班级氛围,强化励志教育,这样的教育过程才会真正地出现"惯性发展"现象。

二是要及时给予跟踪、指导。否定是开启学生上进的钥匙。尽管学生的否定点会是千差万别,超越的点也可能各有千秋,但科学的督导方法却是有规律可循的。学生因为思维受一定的限制,考虑问题不一定全面、周到,因此,班主任的指导必不可少。在否定中创新,在创新中超越,我们在班级管理中的核心价值观,是必须真正影响运作的精神准则。每个人都有权利追求自己的追求,每个人都要明确自己所处的环境,要有勇气选择自己的选择,当我们能迈出一小步的时候,日久我们便会发现,我们的学生已经朝超越点跨出了一大步。

"授之以鱼,不如授之以渔。"在班级管理中,在给学生否定时,科学的指引不能仅仅停留在学习方法的传授上,更要深入学生实际,有针对性地解决学生新的发展中的一些问题,这样才不会让学生迷失前行的方向。作为班主任,我们一定要"眼观六路,耳听八方",不是把方法讲完就了事,而要做好跟踪,适时干预,特别是防止反弹。

三是要为学生成长搭建平台。在一个人的发展途中,特别是在某一个阶段,不可能是无止境地给予否定,也不可能给予全盘的否定。真当引领学生否定了一些无知时,当其在否定中实现了部分超越,最直接的体现便是学生精神层面与以往相比会给人士别三日刮目相看的感觉。不论如何,在管理中从否定开始,但我们必须遵守一个定律,即需求理论。根据心理学家马斯洛的需求理论,尊重的需求和自我实现的需求是最高的需求。基于此,我们需要为学生展示自己搭建平台,让他们在科学的平台上实现自我,快乐成长。总之,要让成长氛围在班级中浓郁起来,要让比学赶超为受人尊重的重要指标之一,让高雅和优秀成为自我价值提升的一个重要标志。

2. 优势集成

班级发展,从根本上讲,我们可说成是班主任工作的产品。优秀班主任的学生观是尊重客观实际和人才培养的规律,是指导学生成才的实践化和科学化的发展理论。学生培养是不是反映客观教育规律,是不是按照客观教育规律办事,是衡量和检验教育是否科学的重要尺度。对培养学生之规律的探讨,笔者非常赞同优势集成,它就像"计算机"一个样,在原有的基础上不断升级,最终提高了整体的运行计算能力。这与我们现代的班级制也有相似之处,如一年级读了升入二年级,小学读了升入中学。

班级中涉及发展的话题,更多的带有阶段性,加强优势集成的研讨,无不是一条捷径。从能力发展的特点来看,人的能力发展是个长期的渐变过程,而优势集成有一定的内在规律,也切合教育规律。"惯性发展"现象,并不是说我们发展必须是快速地向前推进,哪怕就像前面所言,从否定开始超越,关键就在于能否真正做到优势集成。不过,这需要各个方面的努力,才有利于优势积累效应的叠加。

原规则:"升级版"是引领学生发展中的优势集成,"换代版"更是优势的叠加。

从某种程度上说,学生是环境的产物。在学生阶段性的成长过程中,总要受到方方面面因素的影响。如果这些因素对学生的影响是积极向上的,必然会加速学生的成长。谈及班级管理,其管理理念必须是一个"换代版",即以最前沿的教育理念作发展引领,这样才可能真正培养出符合时代需要的人才。我们应当明白，当下的班级教育正是应试教育向素质教育推进的换代版，与时俱进是第一要求。培养学生的过程中注重"升级版"效应，实是各个阶段优势逐渐积累，最终实现量变到质变的飞跃；而"换代版"更是教育管理理论的优势叠加效应的体现，它更能为学生成长提供有力的保证。

"惯性发展"现象，在个体成长发展上，差异性非常明显。每个人的能力发展进程不完全一致，但能力发展的规律总会在起作用，如果不按照规律进行培养，那就收不到好的效果。虽然让学生真正获得发展，带有无数的不确定性，就像前面章节中所探讨的那样，带有很浓的模糊性，但我们仍然要遵循发展的规律。上一小节中，我们对发展基点（否定与超越）进行了探讨，在本小节，我们将就"惯性发展"的阶段集成性作进一步的探讨。

现象纪实
XIAN XIANG JI SHI

打造优秀班集体，阶段优势集成是最直接的反映。当下，很多人都能根据自我的标准给评判出印象中的优秀班级，这其中有一点值得肯定，那就是都会将目光集中在学生素养发展之上，并加以横向比较。

为何有的人强调一个班级的优秀，而忽视了单个学生？不知人们发现没有，在一个班集体里，只有一人或几人优秀的现象非常少见，通常的现象是群体优秀或群体拙劣。

一群孩子和一位班主任组成的班级，在打造及发展的历程中，近乎都与优势集成相关，特别是给予学生阶段性的开发，就像给予种子阳光、雨露、土壤和空气，不但给他们生长的条件，更需要悉心的照料，有时更是长时间的照顾，如整个小学阶段的坚守。其实，致使群体优秀的原因就在于，给予孩子们发展时，不但在于提供种子，更在于集成性地提供优势发展平台，并为其保驾护航。

案例6-4

两个效应

共生效应：自然界有这样一种现象，当一株植物单独生长时，显得矮小、单调，而与众多同类植物一起生长时，则根深叶茂，生机盎然。人们把植物界中这种相互影响、相互促进的现象，称之为"共生效应"。事实上，我们人类群体中也存在"共生效应"。英国卡迪文实验室从1901年至1982年先后出现了25位诺贝尔获奖者，便是"共生效应"一个杰出的典型。

顶端优势：顶端优势是一个生物学术语，生物学家把植物的生长规律与社会生活实践相结合，在实践中充分应用植物的生长规律，构建出美丽的生活环境，建设出美丽的家园。即如果我们需要使一些植物纵向生长，我们就应该对它进行管理，把阻碍它往高处发展的枝叶去掉，从而使它顺利地纵向生长，成为栋梁之材。反之，如果我们需要使一些植物横向生长，我们也要对它进行管理，把阻碍它往横向发展的顶端去掉，从而使它顺利地横向生长，成为我们需要的造型。事实上，人的成长过程与植物的生长规律有着极其相似之处。因此，在班级管理过程中，如果我们在对学生进行教育时，能运用好"顶端优势"原理对学生进行教育管理，将更快更好地把学生培养成德、智、体，美、劳全面发展的社会主义建设者和接班人。

案例解读 AN LI JIE DU

以上两个效应，近乎是致使班级管理优秀的捷径。事实上，在我们人类群体中，也存在"共生效应"。我国曾出现有"医学乡"、"教授县"、"人才市"。江西盱江（今名抚河）流域为我国历代名医辈出之地，盱河流域有"医学乡"的美誉。除了著名的"教授县"江苏宜兴县外，湖北蕲春县也是闻名的"教授县"。浙江东阳市有"百名博士汇一市，千位教授同故乡"的称号，名为"人才市"。考究一个班级整体发展，最终集体优秀，这样的现象真还不少见。在共生关系上，班级管理与自然界也有所不同，自然界往往是原始的、初级的和被动的；而班级管理则往往是创始的、高级的、能动的和主动的。能否在我们的班级管理中出现共生现象，这几乎是对班主任能力素养及班级管理能力高下的考证。

班级中产生共生现象，通常需要三个前提条件：一是班主任效应。学生成长与班主任密切相关。只有班主任能带领学生人人崇尚读书，个个好学上进，才能形成共生人才的基础。二是学校效应。好学校才可能留住好的学生，出台激励学生成才的具体措施，才能形成共生现象的外部环境。三是团体效应。一个好的班级团队多像人才共生的优良土壤，只有人才团聚，才会形成众星捧月之势。

在班级发展中，形成优秀共生现象，这多有像形成气场一样，但发展的过程中更多的带有竞争的意识，一切都是指向教师有意识的培养所致，更多涉及教育管理中的细致活，也全然如借助"顶端优势"一样，把握住生物发展的关键点而后依样培育。大多数植物都有顶端优势现象，但表现的形式和程度因植物种类而异。顶端优势强的植物，几乎不生分枝，如向日葵等许多品种。在我们班级管理中，我们要借助消除或维持顶端优势的方法控制学生的生长，以达到教育的目的。

关于学生的发展，其生物学现象中的"顶端优势"，"植物顶芽旺盛生长时，会抑制侧芽生长。若由于某种原因顶芽停止生长，一些侧芽就会迅速生长"，这与管理学生何其相似。也就是说，我们在班级管理中，只有真正把握住学生发展的关键点，才可能真正将学生的全部精力集中起来，朝向需要发展的点努力，从而实现快速的发展与成长。

行动指南 XING DONG ZHI NAN

优势集成，开启制胜之门，需要我们在班级管理中能紧紧地抓住发展理念，并能整合优势、发挥优势，有效集成，创造优势，促进整体优势、新优势、局部优势生成，方才真正能在竞争中体现实力。为此，我们作如下建议：

一是要既"扬长"又"补短"。我国流行这么两个词语：一个是"扬长避短"，另一个是"扬长补短"。它们虽然一个强调避短而另一个强调补短，但是都主张扬长，而扬长就是发挥优势。发挥优势固然重要，但也不能只知道发挥优势，因为发挥优势本身存在着两个局限：一个局限是只能获得单项或局部优势，不能获得整体优势。大家知道，凡是说"我们要发挥优势"的班级，一般都是指要发挥自己的某项或某几项优势，至于其他优势就不提了。在这种思想指导下怎能获得整体优势呢？第二个局限是只能获得现存优势，不能获得新的潜在的优势。大家知道，能够发挥的优势只能是现存优势，新的优势不是发挥出来的，而是通过采取其它措施得到的。要使班级优势得到最大限度发挥,就必须充分发挥班级优势,把这种"长"发挥到极致,同时也要关注个体的差异,适时地补"短",使二者相得益彰,和谐发展。

二是要学会两条腿走路。这里的两条腿是指两条途径。首先是创造优势。许多先进班级不仅在进一步扬长,而且在有重点、有计划地补短,补短的过程就是创造新优势的过程。大家想一想:海尔从前有多少优势,现在有多少优势? 现在的许多优势是不是不断创造出来的? 从某种意义上讲,班级发展中,学生的很多优势发展,都是通过刻意追求,而后通过勤奋与努力才创新出来的。其次是借用优势。获得新优势的途径不能只靠创造,还可以借用,即借用别人的优势。借用别人优势的方式可以是联合,也可以是合作,这样能促使大家更好地发展。如现今不少的班级走出地域的限制,与校外或国外的学校建立联盟。

三是要无限放大优势。集成优势并不断扩展,无疑是班级管理中最系统的发展理念在实践活动中的具体应用。被集成的优势既应该包括现存优势,也应该包括新的优势;新的优势既应该包括创造的优势,也应该包括借用的优势,同时,这些优势是被有效集成在一起的。现今,许多集成优势的工作需要认真研究,许多集成优势的理论需要认真探索。从引领学生发展,到集成优势可说是班主任管理的一次飞跃,这次飞跃的意义很大,困难也很大,我们要知难而进。

第三节 教育带来可持续发展

凭什么认定您的教育是成功的教育? 二十年之后再看吧,二十年后看您给社会培养了一批什么样的人。虽然学校教育及班级管理有阶段性,但可以肯定的是,只有让我们的教育能促使学生可持续发展,才能称培育出合格的人才。

谁能给孩子们可持续发展的动力? 我们的教育只有关注未来,关注学生的需求,引起学生对自我命运的关注,他们方才能在我们的影响下自强不息。现今,我们必须明白的是,班主任的工作关系着学生的未来,就像笔者曾在一书中所指出的那样,一个人的命运多在 10 年甚至 20 年前便开始给决定。然而,我们不少的班主任只关注眼前的管理,而忽略了对未来的思考,更少给予引领,这不需要好好自责吗?

一位班主任需要有做教育家的勇气,才可能有立足眼前,放眼未来的思维。时下的班级管理,不但需要阶段性的产生共生效应,更应箭指未来,给予憧憬,能将期待的种子种在学生心田,哪怕离收获之时节还早,但这样的教育能让我们有更多的期待,并从期待中增添向上的动力。在本小节,我们将围绕两个给予可持续发展的方法作进一步的探讨。

1. 用好"自我实现的预言"

神秘的玛雅"世界末日预言"没有实现,世人真有被愚弄一场的感觉,这是因为,关系着人之命运与生死的预言谁都会非常在意。在教育教学中,深入探讨预言,这并不是笔者对迷信的倡导,更在于从心理角度对未来给予暗示,产生积极地可持续发展的动力。阅读一些名人传记或者了解身边人的成才故事,通常能够听到一些有关自我实现的预言成为其人生的线索,或许这就是人成长的内在秩序吧。

可能至少一半以上的中国人，在小的时候都被父母算过命吧。虽然笔者并不迷信，但想说的是，很多人现今的命运都受其影响。比如笔者有一位小我 4 岁的弟弟，小时候可说两人长相近乎相似，父母也曾找人给我们兄弟俩预测未来之命，因我生性忠厚老实，先生便预言我的未来多可能从事技术类的活，因我弟弟生性聪慧果断，先生便预言他的未来多有"官运"。如今，当回过头来再次审视我们曾经走过的路，便惊讶地发现，"先生的预设，近乎成了我们兄弟俩努力拼搏的方向。"原本没有的，通过 10 年甚至更长时间的努力，目标便渐渐的清晰起来。

再次重申，笔者并不是在鼓吹算命那玩意儿，只是想借此引出关于长远发展给学生"伟大预言"的话题。为何算命先生只凭几句"有福之人毛脚杆，无福之人脚杆毛"一路察言观色似的路数就对人的发展产生深远影响，而我们的教师就不可借鉴，给孩子们以更科学的预测呢？可能这所给定的预言，是一种期望，一个不够恰当的预测，甚至是一个善意的谎言。笔者非常坚信此类预言富有很大的魔力。

原规则：未来需要加倍的努力方才可触摸，美好的预言往往能生成可持续发展的动力。

实现学生的全面发展并不是一件易事。教师与学生的对话上升为自我实现的预言，这其实是有很多讲究的。给学生未来画像，必须体现人的全面发展的本质要求，方才可能真正产生教育意义。因为，只有在班级管理的过程中真正能让学生自我意志获得自由体现，各种需要、潜能素质、个性获得最充分的发展，学生的各种社会关系获得高度丰富，才会真正得到学生的认可，并为此而追逐。

一个有责任感的教师，应当关注学生的长远发展。苏霍姆林斯基曾经说过："孩子在离开学校的时候，带去的不仅仅是分数，更重要的是要带着他对未来理想的追求。"教师人人皆可成才的理念，方才可能对学生未来预言。只有心中装着每一个孩子，并且认为每一个孩子都是独一无二的，这种对话才能进行；只有和学生处在平等的高度，这种对话才能有效，我们才能播下希望的种子，点燃学生的自信，才会对学生产生深远的影响，甚至会成为改变他们人生命运的转折点。

现象纪实
XIAN XIANG JI SHI

有时候，老师的一句话能改变学生一生的命运。试问我们班主任，在你的印象中有没有这么一句话呢？班主任老师给予学生评价真还不少，真正能产生正面效应的又有多少呢？有意识地给学生未来画像的又有多少呢？相反，更多无意识的批评指向未来，挫伤学生的上进之心的还真不少见。

笔者永远相信正面评价远远大于负面评价的作用，对赞美之词吝啬的人，永远成不了一位优秀的教师。"一句话，一辈子。"关于学生的长远发展，一句话可能从此让学生走向新生，也可能让学生从此注定失败一生。现实是，我们的教师真正给学生正面影响的并不多见，尤其是不断地给予正面的影响，因为缺乏长远的发展意识，美丽的预言不经意间便隐藏了起来。

对于孩子长远发展的影响，如若真给遗忘，这样的教师也不是一位优秀的教师，其管理的班级也不会是优秀的班级。因为在笔者看来,很多优秀的班级所培养的学生,无不对未来雄心勃勃,对未来充满"野心"。哪怕所教育的对象是幼儿园里的孩子,几乎也是如此。事实也是这样,如若从幼儿开始,便给优秀等次的认定,并用未来预言的方式进行认定,那么,每一个孩子定会更加自重而向前。

案例6-5

摄影师的神奇预言

临近毕业,又开始流行制作摄影光碟作为自己大学生活的纪念。格雷姆既高兴又兴奋,一直以来,他都希望自己也经历那神圣的一刻。早在入校那天,他就听人说,学校门口有一家神奇的摄像馆,摄影师不仅能辑录一个人的过去生活,还能预知未来,非常准确。格雷姆曾不止一次想进去体验一番,可总被拒之门外,格雷姆不是毕业生,他还没有什么未来可预测。

随着时间的推移,学校门口的那家摄影馆终于又开张了,老板还是打出了那条广告横幅:"未来摄影,梦想成真!"格雷姆同许多同学一样,排队守在了摄影馆的门口。

终于轮到格雷姆了,摄影师将他带进里屋,拍照、刻盘、制碟,一切与其他摄影馆相仿,并无什么特别之处。格雷姆非常纳闷,这时,摄影师交给他一张光碟,嘱咐说:"你的未来全在这张光碟里面,不过,要等到七七四十九天后,你才能观看。否则,我的预言就不准了!"格雷姆道了声"谢谢",高兴地跑出了屋。

接下来的日子是忙碌的,许多事情要办,格雷姆一忙,竟将光碟的事淡忘了。直到三个月后,他才想起这张预示着自己未来的光碟。没想到,摄影师竟说,他的未来是一个作家。

作家?格雷姆笑了。这个摄影师真会开玩笑,作家是他先前的梦想,可现在自己已在一家国际性大公司上班,收入颇丰,怎么还可能会拿笔写作?更何况作家的收入不高,前景并不看好。

于是,格雷姆将光碟扔在了一边,并不当回事儿。

可是没过几年,格雷姆所在的公司突然倒闭,他不得不重新找工作。几次碰壁后,格雷姆突然记起了摄影师的预言。难道自己真会成为一名作家?格雷姆在心里不止一次地问自己。终于有一天,他静下心来,全身心地投入到了写作中去。

刚开始,一切都异常艰难。格雷姆整整写了半年,连一个字都未发表。每当心灰意冷、万灰俱灭时,摄影师的预言就会出现在他的脑海之中,使他精神抖擞,重新振作起来。

凭着这种韧劲,天资聪颖的格雷姆终于一书成名,成为名动一时的作家之一。

十年后,同学聚会。言谈中,许多同学纷纷说起了自己的事儿,他们中不乏政府要员、企业富翁、社会知名人士。当谈到摄影师的预言时,大家都众口铄金,说自己正是顺着摄影师的指引,坚持不懈,才有了今天的成功!格雷姆也不例外!

兴奋之余,大家决定一起去找当年那位具有特异功能的神奇摄影师,感谢他的预言。

这时,一直坐在墙角默默无语的史密斯教授说话了:"你们不用去找了。那个摄影师根本就没有什么过人之处,你们今天的成功,完全是归功于你们自己的努力!"

史密斯教授说着,一脸的坏笑,他将一本同学录摆在桌面上,一页一页地翻开。格雷姆清楚地看到,自己在梦想那一栏上写的分明就是"作家"二字!

史密斯教授说:"其实我就是那家摄影馆背后真正的老板,我只不过通过摄影师,将你们自己的梦想赋上神秘色彩罢了。"

大家忽然记起来了，史密斯教授是一位心理学大师，他曾在毕业前夕，要每人填过一份特别的"表格"。原来，他是借神奇预言之名，让他们始终坚信，只要自己不断努力，终会梦想成真！

案例解读
AN LI JIE DU

细细品一品上面的故事，在我们的心里不会没有一些新的感悟。一句话，竟可以改变一个人的一生？真不可思议！皮尔保罗之所以说出那句话，是出于偶然吗？绝不是！有位老师对学生特别严苛，平时不仅经常批评学生，有时还挖苦讽刺。班上有位学生很淘气，学习成绩差，上课还时常违反纪律。一天，这位老师正在讲课，忽听见教室里有一种奇怪的响声，学生中一阵骚动。老师走下讲台巡视，发现那位平时最淘气的学生，正偷偷地玩一只癞蛤蟆玩具。这位老师气坏了，不仅没收了玩具，还厉声对这位学生说：你朝讲台上看！你看到了什么？"黑板。"这位学生回答。"黑板是什么颜色？"老师又问。"黑色。"学生答道。"是的，你的前途比黑板还黑！"老师的话音刚落，泪水便从这位学生眼里流了下来。从此，这位学生便自暴自弃，表现更差了。走上社会也屡屡犯事，终因犯杀人抢劫罪被关进监狱，不到20岁，却被判刑20年。

我们不否认，每个人追寻梦想的路上都可能布满荆棘与坎坷，但成功的都是那些坚信理想，永不言弃的人。不过，如果没有摄影师的预言，学生在人生十字路口徘徊的时候，就找不到前进的方向。当代的老师，除了教学生知识、教学生做人之外，还应该了解学生心中的梦想，激励他在梦想之路走得坚定、走得更远。

教师给学生积极的预言，全然符合一种自我实现的预言理论。在现实生活中，如果一个人对另外一个人怀有某种期望值，这种期望值将会（不自觉地）引导着这个人对另外一个人的行为，这一系列的行为将最终导致另外一个人也朝着这个原先的期待值前进，最后这个预言便得以实现。这种说法指的是以没有确凿证据的预言为契机，唤起一种新的行动，这种行动最终使起初的预言变为现实。现实往往也是这样，当你对一件事进行预言或者解释之后，你往往就会把事情的发展按照自己预言和解释的方向推进，结果预言就这样由自己实现了。所谓自我预言的实现，其实，这就是心理学上所说的"罗森塔尔效应"或"期望者效应"。

在人际交往中，你是否听到过像"我看他/她就不顺眼"，"他/她对我有意见有偏见"等等这样的抱怨呢？怎么才能很好地融入到人际交往当中去呢？或怎么才能运行好一个和谐的人际关系呢？这些问题已经超出这篇文章的范围，但是根据自我实现预言理论，至少我们可以说，一个对别人的好的期望值和一系列朝这个期望值引导出的行为是很重要的。慢慢地你会发现，那个人正接近你理想中的那个人。这样一个良性的人际关系的自我实现的圈就形成了。简单地说也就是：你希望别人对你好，首先你要正确地对待他们——对他们好。

德国诗人海涅说得好："一个孩子就是一个世界，这个世界随他而生，随他而灭。"这样的故事太多了，看似两件关于鼓励和批评的小事，但对学生的影响却非常深远。古人说："一字之褒，荣于华衮；一字之贬，严于斧钺。"老师看似不经意的一句话，有时会在学生稚嫩的心灵深处留下深深的烙印。"爱人者，人恒爱之；敬人者，人恒敬之。"这是古今中外亘古不变的真理！

自我实现预言理论能形成一个良性循环的圈,也能形成一个恶性循环的圈。自我实现预言理论得到了西方学术界的普遍认同,并广泛为公众所知悉和应用。但也有学者认为,这一理论流行的原因在于其"实用性"而非其科学性。对于学术界的争论,我们可以不做过多的追究。评判这是不是一个好的理论,更多的还在于是否适用于你。

行动指南

XING DONG ZHI NAN

品一杯好茶,留满齿余香;教师给定预言,促半身修行。为此,我们特别建议:

一是要让爱的预言成为激励学生的催化剂。善于赞美他的学生的教师,更容易获得好的教育效果。一句看似平淡的赞美,可能就是在预言学生的成功。正如有副对联这样说:"说你行,你就行,不行也行;说不行,就不行,行也不行。"虽有戏谑的成分,倒也包含了心理学教育学的深刻原理。对学生充满期待正是教师的爱心和对学生人格尊重的一种体现,需要教师有极高的耐心和坚定的信心。"我一看你修长的小拇指就知道,将来你一定会是纽约州的州长。"此话出自美国纽约大沙头诺必塔小学校长皮尔·保罗之口,话语中的"你"是指当时一名调皮捣蛋的学生罗杰·罗尔斯。

爱是一种极为重要的教育因素,可以说是事关教育成败的心理基础。心理学研究发现,如果有意知觉对方,有意或无意地寄予期望,对方就会产生相应的反应。教师对学生表示好感,学生就会在学业、品德、习惯方面表现进步。教师如果对学生表示厌恶或失望,学生心理就产生负效应,表现为退步。因此,教师应学会赞美,掌握赞美的艺术。不过,在学生的缺点、问题,甚至是错误摆在我们面前时,不是要求我们违心地去粉饰,美化他们的缺点和错误,而是不要忘记爱护和尊重学生的人格、个性和身心。

二是要多给学生可持续发展的营养。每个人都希望得到别人的理解、信任和尊敬,这是人之常情,也是一个人保持愉悦的心情和旺盛的工作热情的需要,赞美就能满足人们的这种需要。作为教师,我们就应懂得这项育人的原则,不要总把精力集中放在专挑学生的毛病,专批评学生的缺点上。"毛病越挑越多",绝不会越挑越少。教师应把注意力集中到发现和赞美学生的真、善、美的闪光点上,"美"的东西越赞越多、越赞越"美"。赞美不等于对学生不严格要求,也不等于不批评。否则,就不利于学生健康心理的形成,会使他们精神脆弱,听不进批评,一听批评就消极或暴跳如雷。那样实际上是害学生,是"棒杀"。批评是为了让学生懂得什么是真、善、美。总而言之,赞美是成功的预言家,教师要用欣赏的眼光看学生!微笑也是一种魅力,教师的笑是学生心中最灿烂的花!

学生如幼苗,老师的预言似阳光。世间万物都具有向光性。在我们的教育教学中,班主任真可以让每个学生每学期都写出自己的梦想。在学生毕业的时候,班主任根据平时的观察了解和各自的梦想,预言每一个同学将成为医生、科学家、音乐家、企业家……也许有人认为,这样做未免有点小题大做。但是,年龄愈小,心灵越纯真,老师的话分量愈重,在学生心中植下的种子愈能生根发芽。

三是要给予可支持发展的支撑。我们应该立足于眼下,给学生相应的教育。如教他们做人,因为一个人的成功,往往先是做人的成功,而后才有做事的成功。教学生做一个好人,让他们能做到知书达理,文明礼貌,尊老爱幼,知恩感恩,互相谦让,自尊自爱,懂得廉耻,无不是给未来成功的准备。如教他们生活,让他们学会照顾自己;教他们竞争,奋发努力;教他们吃苦,明白学习没有捷径,只有刻苦才可取得好成绩。

2. 教育的疯子与学生的弯路

班级管理中给予可支持发展的动力,这本身就是一次教育的伟大实践,需要班主任做更多的事情,甚至以超越常规教育带来培育伟大学生的行动。所谓培育伟大的学生,哪怕我们只给学生几年的教育,需要的是我们有给予他们几十年影响的思考。

埃里希·弗洛姆曾说:"在每个人的一生中,对知识的渴望,都亲身体验过的,但对智慧的追求,却是痛苦的。"换句话说,培育伟大的学生,传授知识是非常非常容易的事情,可真正要把学生培育成智者,却不是一件容易的事情。真要让学生实现可持续发展,除了对学科知识教育之外的思考,更需要有对学生知、情、意、行等全盘的关注,全盘的纳入教育范畴的视野。哪怕就像前面小节中倡导开启"自我实现预言"的实践,让学生形成一种向上的状态,同时,也需要我们在班级管理中对其成长过程中点滴的关注,特别是"疯子教师"似的疯狂行动。

原规则:教师疯狂,学生疯狂;教师伟大,学生伟大。

培养伟大的学生,这本身就是一次创新的举动。可以肯定地说,所设定的目标就像是引领学生攀登高峰一样,整个征程充满着无数的考验。只不过,对于如何保驾护航的思考,这便是教师的职责所在,是必须引起的思考。这近乎就像打仗,需要我们有提前对征程路途的勾画,以及粮草先行的准备。笔者试图与天下的班主任勾兑,似乎更想激起教师拥有培养伟大学生的疯狂举动——就像《西游记》中的唐僧西天取经一样,给定九九八十一难,方可促使其修成正果。

笔者将整个思考的点引向对学生的抗挫教育的思考,因为在我们看来,人生的旅途中,有一条路是必须走的,那便是年轻时候的弯路。这其间需要无数理性的思考,诸如对征程中弯路的思考。在笔者看来,这就像给设定爬向山顶一样,需要更多的弯路前行上的辅助,其行程才会走得更顺。笔者深知,"故天将降大任于斯人也,必先苦其心志,劳其筋骨,饿其体肤,空乏其身,行拂乱其所为,所以动心忍性,增益其所不能。"在本小节中,笔者围绕弯路一词产生无数疯狂的行动的想法,这近乎笔者感知到了教育的心跳,感知到教育也需要如此的疯狂,学生才愿意和我们一块疯狂。

现象纪实

XIAN XIANG JI SHI

班级管理中,什么样的班主任最受学生拥戴? 什么样的班主任才可能培育出伟大的学生?

可以肯定地说,像孔子一样的智者,像苏格拉底一样的疯子,才能培育出伟大的学生。然而,在当下物质丰盛的时代,世人都乐于过上平稳的生活,像智者一样,像疯子一样创设挫折,可以肯定地说,这真还不是一件容易的事。

为了培育伟大的学生,遵循可持续发展的规律,疯子一样的教师,一定会给学生的征程中设定弯路。其实,人生的长远发展,从稚嫩到成熟是一个必需的过程,自我实现预言这其实便像是人生理想的实现过程。

现实生活中,有给孩子们成长路上设弯路的智慧与疯子吗? 现实是,很多班主任朋友如笔者一个样的"过来人",走过太多太多的弯路,感觉疲倦了,困乏了,碰壁,摔跟头,有时碰得头破血流,因不停地走,终于走过来了。面对学生,为此不停地唠叨,总以自己吃过的苦说事,总希望他们不走弯路,少走弯路。

我们的教育,需要像苏格拉底似的疯子,需要智者。这些,或许是笔者一相情愿地说辞,但愿能给身处迷茫的你一丝微光。

➡ 案例6-6

走弯路的河流

地理老师把一幅世界河流分布示意图挂在黑板上,问:"同学们,这幅图上的河流有什么特点呢?"

"都不是直线,而是弯弯的。"同学们回答。

"河流为什么不走直路,而偏偏要走弯路呢?"老师继续问,同学们七嘴八舌地议论开了。

这时,老师说:"其实走弯路是自然界的一种常态,走直路反而是一种非常态,因为河流在前进的过程中,会遇到各种各样的障碍,有些障碍是无法逾越的,所以它只有取弯路,绕道而行,从而避开了一道道障碍,最终抵达遥远的大海。"说到这里,老师突然把话题一转,"其实,当你遇到挫折时,也要把曲折的人生看做是一种常态,不长吁短叹,不停滞不前,把走弯路看成是前行的另一种形式,这样你也可以像河流一样,抵达遥远的目标。"

➡ 案例6-7

"教育疯子"王曜君

浙江省特级教师王曜君老师有着一段的传奇经历。三十年,换了十多个工作单位,用他自己的话说,每在一个工作岗位,都是从"疯子"到"人"的过程。从"疯子"开始,慢慢转变成"人"的时候,就是离开该工作岗位的时候。"疯子",是那种独特的个性,不断创新的思维历程,与众不同的做法,几乎疯狂的不懈追求人生规划,诸如:

很多班主任可能会制订班级目标,或者根本就没有。但是王老师不一样。他制订的是三年的班级规划。制订规划是在开学第一天的时候,他先把白纸发给学生,叫学生自己写:这个世界上怎样的班级才是最好的?(一稿)学生写完后,他收上去整理,再打印出来,给学生,同桌讨论,然后修改后上交(二稿)。又收上去,整理,再发给小组学生讨论修改(三稿),同时听取任课老师意见、部分家长意见……一共要反复修改六次。参与的人从个别的学生,到小组、大组、任课教师,然后是家长。一连10天没有上过语文课都在讨论班级规划,有时也会遇到问题,比如有一届讨论到第4天时,就遇到了两个同事的孩子要从他班换出去。人换走了,但王曜君老师还是选择了坚持,继续把目标制定出来,同事们称他为"疯子"。

要开家长会通过制订的目标,可是家长不一定全到,有的家长还很难请。他就写了一千多字的"致最最亲爱的家长的公开信"。怕家长没耐心看,布置学生当做重大任务读给家长听。怕学生读不好,影响效果,在班上指导学生读:什么地方该停顿,什么地方该重音……于是原先不来的家长都来了,来的特多,教室都坐不下,因为一家来了两到三个!他与家长讨论目标,在家长面前给出承诺,也把自己逼上到了墙角!他被许多任课老师叫做"大疯子"。但是他成功了。就是这种不懈追求的"疯子精神",带领着许许多多的小疯子、疯子家长、疯子同事与他一起努力、一起奋斗,才成就了他的霸业。

王老师敢说别人不敢说的狂话。诸如三年总目标:"把96(4)建设成为一个言行规范、勤学好问、自主探求、自强不息的杭州市先进班集体。"把96（4）这个普通班级建设成"杭州市先进班级"，这是在制订班级规划时被家长逼出来的"狂"话。家长会结束后王老师查了资料发现"杭州市先进班级"是两年一评，轮到他班只有初二时一次机会，为此他根据评选要求，运用他不懈追求的"疯子精神"，带领着"小疯子"们实现了这一目标。

具体目标："行为上向规范生学，学习上比民办班好。"家长发问："中考时上重点高中几个？"（学校历史上最好一个班上重点高中16人），王老师想了想说18、20、22三选一，没有人举手；24、26有几个人举手；28人才绝大部分举手通过，王老师又问了一个没举手的家长："几个才会举手？"这时这个家长小声说："王老师，30个行不行？"王老师说："行，就30个"。大家都举手通过了。这虽然是一句"狂话"，但更是一种承诺，是一种追求。要做不同凡响的成绩，就要有非同一般的手段，为了孩子，王老师不能"活在自己的生活里"要"活在学生的世界里"，有目标还要有思路，王老师给不同年级定下的行为目标是：初一静，初二勤，初三竞，层层递进，不短视，不功利。三年后，全班48个孩子有35人考上了重点中学，其中18人考上了杭州学军中学。

案例解读
AN LI JIE DU

顺境易让学生获得成绩，逆境更能让学生获得大成。鹰只有经历断翅的磨炼才能飞过陡峭的山崖，河流只有经过不断的前行才能穿过绵延的山谷，人生只有经历曲折才能走出平常的人生。看上去很弯的路，以百倍的勇气和过人的智慧走过去，却让人能最快达到成功的顶点。

给学生远大的教育理想，教师如若能像案例的王老师那样，有着一种不懈追求的"疯子精神"，给每个孩子的成长制订一个长远的目标规划，并让他们珍视自己的每一次机会，敢于为自己的教育目标不懈追求，像"疯子"一样去努力奋斗、去拼搏，如此还能培养不出优秀学生吗？当下的中国教育，无数"疯子"似的教育者，用"疯子精神"演绎着教育的神话，诸如杜郎口中学校长崔其升、北京昌平区长陵中学校长李雪涛、兖州一中校长杜金山、昌乐二中校长赵丰平等。

作为教师必须明白，教育能结出硕果，不过需要我们给出智者一样的行动，同时拥有"疯子精神"。作为智者，反思我们曾经年少时走过的路，便会发现老师及家长给的地图往往会让我们迷失方向，可能最需要的便是长者能与我们一块同行。作为疯子，我们曾经走过很多弯路，但这个困难险阻背后都包含着一个圆满的结局。我们曾经最大的希望那便是在人生征程经过千难万阻之后，能得到一个好的结果。在我们的教育管理中，开启挫折教育是非常有必要的。在班级管理中，我们所拥有培育伟大学生的行动，如若能将教育与教学、生活与生存、现在与将来等联系起来设置一些弯路，这样的教育一定充满着智慧，同时也更会让教育变得疯狂。

成为教育的疯子，就没有不成功的教育，就没有培育不出的伟大学生。当下，需要我们开启挫折教育，因为这能让受教育者在受教育的过程中遭受挫折，从而激发他们的潜能，以达到切实掌握知识的目的。在教育过程中，对受教育者进行挫折教育是非常有必要的。许多到达光辉顶点的人往往不是最聪明的人，而是那些在生活中遭受挫折的人，这是因为，那些自认为自己聪明的人往往会选择走一些所谓的"捷径"，这些所谓的"捷径"往往会丧失一些非常有意义的锻炼机会;而那些生活在逆境中而且饱经风霜的人,才更能深刻理解什么叫成功。因此,在教学中,对学生进行挫折教育是挖掘学生潜能的一种很好的方法。

行动指南
XING DONG ZHI NAN

培育出伟大的学生,需要无数对教育疯狂的教师。唯如此,方才可能拥有无数智慧的行动计划,方才可能将学生培育成智深勇沉之士,文经武纬之才。开启挫折教育,我们特作如下建议:

一是要着眼当下,充分发挥挫折教育的作用。挫折教育能够激发学生的潜能。在正常的现实生活中,人总有一种潜能不能被激发,这种潜能只有在一些非常的情况下才能被激发。对于学生而言,当其遭受挫折时,其潜能便容易激发出来。比如,越不容易找到答案,就越能激发学生的潜能和探究精神,从而进行研究性学习,切实掌握知识。如用挫折教育能打击学生的骄傲情绪。有些学生由于受到年龄、经历、学识等的影响,往往会产生一些错误,如,粗心大意、骄傲自满等。在这种情况下,人为地设置一些挫折让其遭受失败以打击其骄傲情绪是非常有必要的。当然,这种挫折应当有一定的限度,应当在事后给学生说明,并且不是以真正打击学生为目的,而只能是通过这种人为设置的挫折,让学生受到教育,使其明确挫折对自己的作用,并正确认识自己的能力,消除自己的骄傲情绪,戒骄戒躁,从而取得更大的进步。

挫折教育能够使学生更好地适应现代社会。现代社会是一个充满挑战的社会,在这样的社会中,不遭受挫折是不可能的。如果学生在学校中没有经历遭受挫折的洗礼,没有正确对待挫折的思想,就好像是温室里的"花朵",是不可能很好地适应社会的。而只有让学生不断遭受挫折(无论这种挫折是主动的还是被动的),并掌握应付挫折的方法,他们才能慢慢地提高适应社会的能力。

二是要在学生前行的路上给予及时点拨。挫折教育实施的过程,除了需要给学生勇气,更需要培育智慧,孩子们方才可能走过一程,再走过一程。这一切正如一个故事所讲:

一个青年背着个大包裹千里迢迢跑来见无际大师,他说:"大师,我是那样的孤独、痛苦与寂寞,长期的跋涉使我疲倦到极点;我的鞋子破了,荆棘割破双脚;手也受伤了,流血不止;嗓子因为大声呼喊而暗哑……为什么我还不能找到心中的阳光?"大师问:"你的大包裹里装的是什么?"青年说:"它对我可重要了。里面装的是我每一次跌倒时的痛苦,每一次受伤后的哭泣,每一次孤寂时的烦恼……靠了它,我才走到了你这儿来。"于是无际大师带青年来到河边,他们坐船过了河。上岸后,大师说:"你扛着船赶路吧!""什么,扛着船赶路?"青年很惊讶,"它那么沉,我扛得动吗?""是的,你扛不动它。"大师微微一笑,说:"过河时,船是有用的。但过河后,我们就要放下船赶路,否则它会变成我们的包袱。痛苦、孤独、寂寞、灾难、眼泪,这些对人生都是有用的。它能使生命得到升华,但须臾不忘,就成了人生的包袱。放下它吧! 孩子,生命不能太负重。"青年放下包袱,继续赶路,他发觉自己的步子轻松而愉悦,比以前快得多。

关爱学生前行的全程,将是一个系统的工程。唐僧九九八十一难修得正果,全得力于菩萨的及时点拨与帮助。为让学生在前行中,能顺利地通过弯路的考核,就需要拥有"疯子精神"的教师,智慧地对学生征程给予全程掌控。

第四节　关系发展的两大教育

教育必须关注民族的命运,必须关心人的发展,才可能使学生真正地快速发展,真正地持续发展。其实,教育全是教师的责任担当。也只有教师敢于担当,孩子们才会有榜样,才会朝着我们期盼的方向前行。在这一节,我们将回到我们立足的土地,围绕中国大地上最受人们关注的"信仰"和"人际关系"这两个词对秩序话题做最后的引申。

当下,不知人们发现没有,我们的教育已经出现了很多问题。诸如,越来越多的孩子不再爱脚下的这片土地,无数孩子像经温室培育的花朵一样其社会适应能力非常差,无数孩子对我们苦心经营的教育不再心存感激……

是什么原因致使教育变得如此脆弱?再次回首我们的教育,猛然发现很多矛头最终便指向我们的班级管理。如今的教育,执行教学大纲计划,履行校纪班规义务,似乎除了教科书上的内容按部就班地实施,再没有给学生人生价值观教育。其实,我们的班主任便是一本活的教材,是一本百科全书,当教科书变得渺小时,班主任便是填补窟窿的补天石。为了培育出全面发展的人才,在全书的最后一节里,我们将针对常规班级管理中已经忽视的关系教育或需要加强的信仰教育做简要阐释,望能引起班主任朋友的关注,唤起广大班主任培育英才的责任心。

1. 弥补缺失的信仰教育

教育学生,不管时代如何在发展,我们都必须给学生讲清楚从哪里来,需要到哪里去,如果这一问题都讲不清楚,我们的教育一定会备受责难,学生的一切发展都将归于零。毕竟未来是孩子们的,脚下这片土地是他们的,未来的一切都需要他们去坚守。虽然,讲信仰的问题感觉空泛,甚至有些古板,但如果我们的班主任真正像一位教育家,思考如何培育出一群卓越的人才,就真还有必要全盘思考清楚关于信仰教育的问题。

有信仰的人,即使一生成不了大气候,但至少会小有作为。信仰之大,关乎着对待人类、民族、国家、种族、土地等的态度;信仰之小,关乎着立人、立世、立德等生活、学习以及工作等细小入微的事。人之身体得之于父母,人之信仰得之于教育,现代的教育对于科学文化的重视,而最容易忽视的莫过于对信仰的教育。可以肯定地说,前面因为忽视而现在不再亡羊补牢,整个一代都成了没有信仰的人,这将是多么可怕的局面!

原规则:教师无信仰,难成为大师;学生无信仰,难有所作为。

关于信仰的教育,更多的时候是一种传承,这几乎是一个不陌生的话题。诸如今天幸福生活源于什么的话题,很多教师在生活中都以绕开政治话题而不谈,但真要教育好学生则必须给予涉及才能最终培育出真正的人才。不论是以前还是将来,一个人真正要想有所作为,如果没有明确的政治倾向,除了发展的缓慢,最终真还难成大器。有很多学生由于受到教师不愿意提及政治话题的这种观点的影响,最终便与老师一个样,成为了空集。事实是,有明确的政治信仰并不可怕,可怕的是不朝向信仰努力前行,甚至背信弃义。

涉及信仰的内涵并非简单。笔者以为,信仰教育中除了明确传递着政治倾向性的话题,更包含对民族、故土之爱的话题，其中也包括忠诚。给予信仰教育的最佳时期是在中小学时代，而进入成人阶段再给授教，几乎是不可能的事情。这正如笔者曾听的一个小故事，据说藏獒是最勇猛的动物，并且也是最忠诚的动物，可藏獒一生只忠诚一人，那便是他从娘胎里出来睁开眼所看到的第一人。如何给孩子信仰的教育，其实也并不是一些悬浮而无边际的闲谈，诸如红色教育，一个班级便应是一个阵地，诸如家乡教育，一丕黄土便可引起孩子们终生的热爱。眼下，最关键的是我们必须提及，而不能等孩子们走向社会后，再去思考从哪里来，要到哪里去。

现象纪实
XIAN XIANG JI SHI

什么是信仰？诸如尼采喊出的"上帝已经死了"。一代人如若信仰出现问题，那可说是巨大的悲哀，其后果不敢设想。现实是，谁能回答什么是信仰？在班级管理中，我们几乎不涉及民生、民族等话题，但信仰的话题却不得不提及。以前，人们对人才流失的话题非常关注。而今，人才依然在流失，究其原因，其实便可追溯到我们曾经的教育，我们的教育并没有传递人从哪里来、应该到哪里去的问题。想想新中国成立初期多少留学国外的华人放弃优越的待遇，冲破敌人重重阻拦依然投身祖国的建设，这是对祖国无限的热爱，这便是他们最大的信仰。

眼下，可能说中国的教育正面临着一个比人才流失更为严重的话题，即十年或二十年后中国的农村大量土地该由谁去耕作的话题。大量的农民背井离乡，家庭教育一下子从几千年的传统教育中弱化了，如果我们的学校教育又不能及时跟进，补上这一课，信仰的问题便残酷影响着后世。同时，在城镇一体化制度等的快速实施中，人们生存方式发生了新的改变，加之又没有对孩子们施加何去何从的关于信仰的教育，到那时一定会扯出更多的问题，有时更会让人难堪，真不知该如何对症下药了。

关于信仰教育，这其实是与我们的教育相离不远的话题，如果我们真正要培育出有所作为的学生，就要做一个伟大的教师，让你的班级能产生人才共生现象。这种现象如果加以重视，十年或二十年后一定能见到回报。

案例6-8

我们的问题源于信仰问题

有这样一个故事：一个中国留日学生和他的日本女朋友一起过交通路口，虽然红灯亮，中国留学生闯过去并向日本女孩招手快点过来，日本女孩认为不遵守交通规则的人不值得爱，于是分手；留学生回国后，处了一位中国女友，同样是和女友一起过马路，女孩闯过红灯，向男友招手，他这次吸取教训，等灯绿后才过去，女孩以为男友是傻帽，于是"拜拜"。关于遵守交通规则问题，我还读过一位先生的文章，他说，儿子到德国留学前，他教育儿子如何遵守德国的交通规则，儿子遵守规则，相安无事，学成回国后，仍然遵循"红灯停、绿灯行"，可是在中国的交通路口常常遇险。这时做父亲的又不得不教导儿子，见机行事，不必遵守交通规则。我曾经就交通法则与英国和加拿大的外教交流，他们说，哪怕是深更半夜，在无车无人的夜晚，他们一定会"红灯停、绿灯行"，而不是看有没有（电子）警察和行人。这种正常心理状态，在很多国人看来是不可思议的。要不，你怎么理解前年在北京街头一外国妇女敢于舍命阻挡乱停车的中国市民。是什么力量，是什么精神，驱使他们严守规则，与违规者抗衡。是自律的道德，最高境界的道德，这关乎他们的信仰。

→ 案例6-9

作家王蒙先生的感叹

著名作家王蒙先生在2001年"两会"期间对青少年中出现的信仰危机以及对于信仰问题冷漠的现象发表了自己的看法，他说："中国社会发生了巨大变化，占有关系调整了，带来许多诱惑，社会固有的价值标准和道德标准受到挑战。比如，顾全大局的集体主义被肆意张扬的个人至上论调质疑，一直推崇的勤俭节约美德正在接受消费主义和物质主义的挑战，婚姻和睦的基础遭受新式生活观念的冲击，等等。究竟如何理解观念领域产生的困惑？当务之急，需要激浊扬清，明晰主流价值的追求和价值的判定。不解决这个问题，必然导致青少年的信仰危机，使社会未来的发展产生危机，和谐社会的构建无从谈起……"

案例解读
AN LI JIE DU

亨利·梭罗曾说："人，无法选择自然的故乡，但可以选择心灵的故乡。"可我们回头再看眼下的一些社会问题，其实就像案例中所折射的道理一个样，我们当下的问题全可归纳成是信仰出现了问题。诸如随着社会的发展，像能源短缺、环境恶化、官员腐败、游戏婚姻、局部战争等越来越多的问题也随之出现，就是人们最关心的社会经济发展问题中的看病难看病贵问题、教育收费问题、社会治安问题、贫富差距问题、食品安全问题、社会保障问题、房价物价飙涨问题，都难以很好解决。问题多多，实际上我们诸多的问题皆源于信仰问题。

信仰是什么？信心瞻仰之意。信，信奉。仰，仰慕。梵语sraddha译作信心、信解、信仰。"生无信仰心，恒被他笑具。"信仰具有巨大的动力。一个具有信仰的人，会在工作中时刻保持旺盛的激情，面对困难挫折始终信心百倍，他不会因为自己暂时胜利而沾沾自喜，也不会因为一时的挫折而怨天尤人。正是由于信仰的存在，人类才得以从生活狭小的时空范围的限制中超越出来，从生命本身的客观缺陷和束缚中解脱出来，为自己的生存和发展开辟出新的航向，相信神圣的生命帷幕之后存在着一个有意义的、一个崇高而又神秘的精神生活空间，为人类勇敢地奋斗提供勇气和持续的动力，提供强大的精神支柱和行动指南。

人生来就是一个寻找者，只有活出了生命的意义，一切便变得更积极。信仰是内心的核动力，它能使人焕发出强大的驱动力，这种内驱力足以战胜一切困难。人的信仰越坚定，越高尚，他的内驱力就越强大，越持久。信仰作为人的精神支柱和行动指南，它对个人的人生定位和成功有着重要的影响，对个人乃至整个人类的发展都将起到重要的作用。信仰一旦形成，一个人就具备了巨大的精神力量和前行的动力，他就会为自己的事业或人类的事业不懈地努力。

信仰教育是当前中小学教育面临的一个重要课题。在我们的班级管理中，信仰教育要让学生心存敬畏，懂得真、善、美，把这一切变成自己行为的标准。学生具备这样的认识和行为，不是全靠父母的遗传，后天的教育，尤其榜样的示范必不可少。榜样的力量是无穷的，率先垂范、敬业精神是每个教育者都应具备的素质。教师以奉献精神激励学生，学生在激励中乐学勤学，提升自己的素质潜能，学好本领回报社会。

策略与创新

CE LVE YU CHUANG XIN

给予信仰教育，即解决"价值根本"的问题。对于我们班主任老师而言，必须建立"让一个灵魂唤醒另一个灵魂"的理念，方才可能真正的实践信仰教育。高尔基说："智慧是用来做事的，对于灵魂来说，靠的是信仰。"为此，我们特别建议：

一是要把信仰教育作为班级建设的重要内核。一个人是不是有所作为，更多的是在于后天的教育。学生信仰的缺失是教育出现了问题，我们必须高度重视信仰教育。纵观今天的教育，我们发现，一提及信仰教育更多的成了说教，我们时常抱怨学生不明事理，不懂真、善、美，其实这是教育方式出了问题。要让学生有信仰，教育方式必须进行更新。要让教育深入学生的内心，感召他们的心灵，从而把信仰植入他们的内心，变成他们的行动。

二是要推动促人行动的信仰教育。信仰是人们的行动指南，而行动则是受思想支配表现于外的活动。信仰是行动之母，一个人有怎样的信仰，他就会在这个信仰的支配下产生怎样的行动。信仰教育最终目的就是要将信仰转化为行动。方永刚说："对真理最大的尊重，就是运用它；对真理最大的信仰，就是用一生去践行它。"毛泽东说："如果有了正确的理论，只是把它空谈一阵，束之高阁，并不实行，那么，这种理论再好也是没有意义的。"如何让信仰促进个人的行动？这就必须做到学以致用、知行合一，把科学的理论、科学的真理落实到自己的行动中去。引导人做真事、做好事，真正形成良好的氛围，让学生在其中受到熏陶和感染，从而达到"润物细无声"的目的。

三是要通过对社会的再认识夯实信仰教育的根基。如今，信仰的缺失与社会大环境有很大的关系，要加强学生的信仰教育，就必须重新认识社会，在社会大环境中找到信心和力量。如今的社会大环境，确实存在信仰缺失的问题，而且这已经是现代全球背景下的一个通病，在这样一个社会重新建立信仰，本身就是对社会一个重新认识的过程。社会还是那个社会，这就看人们从什么角度去认识，如何去认识。无论如何，采用一种建设性的眼光，从不利中寻找希望，做社会的"点灯者"，更有利于在这样一个社会中安身立命，获得心灵上的和谐，从而重新建立自己的信仰。

2. 弥补缺失的人际教育

一个人长足发展的目的是什么？在走向成功的众多因素中，可以肯定地说，良好的人际关系几乎与自身能力素养平分秋色。关于人际关系的重要性，可谓人人皆知。关注学生的发展，关注学生的未来，可能人们除了对自身过硬素养的看重，还会有对良好人际关系的向往，甚至会因此产生羡慕、嫉妒、嫉恨等。从关系型教育角度看，我们有时候觉得，一个教学业务很好的老师，与一个能把班级同学间关系调理得很好的老师，对一个班级发展来说，其贡献同样重要，而且后者对这班学生的长远发展的功效往往会更大一些。

教育的目的是什么？能想尽千方百计，让受教育者会学习、工作和生活，能给他们以成功的捷径，促其获得"关系圈"内的认定。在班级管理中开启人际关系教育，这里的"关系"，绝对不是被社会里庸俗化了的"走后门，拉关系"的关系，更不是人们所说的"潜规则"。这种关系型教育是以生活本身为取向的，以让每个人生活得更美好为目的，教育就在这美好的生活中行进。大量的事实证明，在学校里开启人际关系教育，更利于学生在建立的友好关系和学生之间的相互学习中,真正地学习到该学的东西,学到对生活真正有价值的东西。

原规则:做人成功方才有做事成功,教师的首要责任就是教会学生做人。

人际关系是指人们在社会交往中发生和发展起来的人与人之间的心理关系,它是人们在直接的物质与精神的交往中,通过相互认知、相互体验和相互交流而形成的一种以情感上的满意或不满意为特征的心理联系。它普遍存在于各种接触群体或基层组织中,并表现在人们的交际行为上。人际关系是在人们产生一定感情的基础上形成的,其主要特征是以感情为基础。它是社会关系总体中最普遍、最活跃的层次。

社会是由人构成的,在社会生活中,人不可避免地要与各式各样的人相互往来,不断地受他人的影响,也不断地影响他人,从而形成纷繁复杂的人际关系。人际交往能力和人际关系是在人的社会化活动过程中逐渐形成、发展和维持起来的。人际关系的质量对青少年的学习态度、自我意识、学习成绩和心理健康有着重要的影响。有研究认为:学生行为习惯的初步形成时期是在小学三年级前后,中学时期是青少年人际交往能力形成的跨度时期。因此,对中学生人际关系特点的研究和总结在理论和实践上都具有重要的意义。

现象纪实
XIAN XIANG JI SHI

在班级管理中,我们更多的是在加强纪律教育,而对于人际关系的教育却被忽视了(只有当影响教育教学,带来不良效果时,教师才会追究是哪些坏孩子纠缠在一块搞坏事),这差不多成为普遍规律。

为何人际关系教育不被重视呢?一项调查研究表明:在中国成功获得一份职业,80%的人靠的是人际关系,只有20%靠的是自身的能力。人际关系教育具有两面性。一般而言,拥有良好人际关系的个体会在竞争中拥有较大的优势。不知人们发现没有,一个拥有良好人际关系的学生,当其走出校门后社会适应能力更强。在教学过程中,我们要想更好地提高我们的教学效率,让学生能够更好地成长,师师关系、师生关系、生生关系是我们教育教学上要维护好的最基本的人际关系。当下,在我们的班级管理中,只要认真思索便会发现,开设此方面的教育,加以正面引导,对班级及学生的长足发展所起的作用都是巨大的。

一直以来,把人际关系纳入教育却近乎被忽视。我们发出弥补人际关系教育的倡导,一个根本的原因就在于这是当下教育的需要。特别是当下家庭教育逐渐弱化,因为父母外出务工,以前多由其父母言传身教的人际关系教育,而今则必须由学校教育把接力棒接过来,悄然施之教育。

需要指出的是,可能有很多班级已经开始对人际关系教育有所涉及,已经像开设的其他学科一样进行教学式的探讨。但凡涉及教育,便不可能通过几节课就能将事情解决,必须长远规划,长期施教。人际关系教育,也应如此。

➡ 案例6-10

56号教室的奇迹

2012年3月神奇教师雷夫来到中国,先后在北京、上海、深圳做了数场报告。中国教育媒体集中优势兵力进行了大肆地报道,一夜间这一头黄发,满脸胡须美国小学教师雷夫红遍了全中国。

雷夫头上有太多耀眼的光环,美国"总统国家艺术奖"、"全美最佳教师奖"、英国女王颁发的不列颠帝国勋章等。就是这样一位具有杰出成就的老师,这所位于洛杉矶市霍伯特小学的生源全部来自贫民区,那个街头充满了毒品和暴力。雷夫的教室屋顶常年漏水,下雨的时候需要用几个桶来接。雷夫却让更多的孩子远离了毒品和暴力,成为社会上有用之才,更多孩子顺利进入哈佛、斯坦福等世界名校。雷夫的教育是怎样的? 20几年如一日坚守在56号教室,给孩子们排莎士比亚剧。雷夫曾动情地说:"当大幕拉开的时候,舞台上每一个丑小鸭立刻变成白天鹅,他们都是舞台的主角!"

有的孩子英语基础不好,为了排练他主动地向别人学习英语;有的孩子表演不到位,影响了团队的整体表演效果,就对孩子们关切地说:"慢慢来,一定会做好!"有人教他动作,有人教他发音……很多雷夫以前教过的学生也都参与到其中来,音乐学院的教授、法学院老师、计算机学院的高材生,他们一起参与剧情的排练,设置精美的舞台、音效。如今雷夫和孩子们已经组建了一个非常出色的乐队,一起排练的时间超过5000小时,先后到世界各个地方演出,世界各地的人都来参观。雷夫为什么会常年让孩子们坚持排练莎士比亚剧? 那就是让孩子享受成功的喜悦,在排练和演出的过程中让孩子无形中接受了良好的人际关系的教育。

案例解读
AN LI JIE DU

雷夫的成功秘诀是什么? 是他把56号教室打造成了孩子们的天堂。这间教室原本十分可怜,屋子依然漏雨,孩子们都来自贫民窟,吸毒、打架是他们常做的事情。但是20年的成就足以说明雷夫是一位伟大的教师,这个教室唯一少的就是恐惧。雷夫20年长期坚持排练莎士比亚剧,一方面相信艺术能给人以熏陶;另一方面排练过程中培养了孩子们主动学习、相互协作、团结的意识,更重要的是让人际关系得到和谐发展。

一切教育和学习活动都是在关系中发生的,并且在其中学习建立和处理这些关系。在我们的教育活动中,不妨时不时地用梅森的名言提醒自己:教育是关系的科学。我们要反思过去学习中的关系经验,观察现在的教育活动,从而努力处理好这些教育和学习的关系。

任何有实用价值的技巧与技能,都应开设相应的教育。人际关系教育,更是以人为本理念的体现,是心理健康教育的一个重要方面。我们的教育真还不能与社会脱节,否则会把孩子培养成书呆子。提前加强社会适应能力的教育,开启被忽视的人际关系教育,对于提高学生学习效率,提高将来走向社会后的成功率,无不显得非常的重要。

雷夫的成功便是在教育过程中很好地处理了教育和学习的关系,在教学中很好地渗透了人际关系的教育。也许很多老师抱怨现行体制下的考核依据是学生的分数,哪有时间和精力对学生进行其他方面的培养,殊不知,美国的教育考核依据也是学生的考试成绩,对全州的教师都要排名。不要忘了我们教师的职责是为未来培养合格的人才,不要忘了提高学生适应社会的能力也是教育的一大目的。我们不难发现,过分关注学生成绩的老师往往很难取得长久的发展,只有那些注重孩子全面发展,培养孩子各种能力的老师才会在教育中取得惊人的成就。

对学生进行人际关系教育,立足于眼前,让同学之间搞好关系这无不是捷径。因为同学关系也是一种人际关系。我们的人际关系教育应该从娃娃抓起,因为童年期的人际需要,诸如包容需要、支配需要、感情需要，这些是否得以满足以及由此形成的行为方式，对其成年后的人际关系有决定性的影响。学生能有良好的人际关系，这多是教育的结果。

行动指南
XING DONG ZHI NAN

人际关系的好坏，是学生是否具有完整人格的体现，也是是否具有良好道德的体现。每个人都有其独特的个性，有其特有的行为模式，这也是健全人格的特征之一。人际关系教育是心理健康教育的一个重要方面，对人际关系的教导应该引起我们足够的关注。

一是要在班级活动中渗透人际关系教育。 提及教育，仿佛更多的是说教，这是目前教育最大的弊端。任何教育，要想对孩子产生长久的影响，必须引导学生去亲身经历。因此，要渗透人际关系教育，就必须让学生积极投身于其中，教师和学生的交往应该突破"工作交流性质"，产生一种健康和谐的人际关系氛围。师生关系总以上下级关系、工作关系、管理和被管理或者形式化关系出现，这必然会使学生对人与人之间关系的理解产生负面作用。一个优秀的班主任，他会懂得"亦师亦友"的高妙，善于用朋友般的真心与热情让学生感受到人与人互动的美好。

二是要在生活细节中培养学生人际交往的主动性。 主动、热情是人际关系建构的前提，尤其是血缘关系之外的一般社会关系。人际交往中的被动、害羞、恐惧绝不是"老实"、"单纯"，而是其社会功能的萎缩。如果说这一缺陷对以个体形式为主的学习活动的危害还不太严重的话，那么，在学生走上社会以后的事业发展和日常生活中，其消极影响就会暴露无遗。在班级工作中，班主任要通过多种措施迫使学生变被动为主动，学会对他人主动打招呼，热情相待，笑脸相迎，学会有技巧地展示自己，表现自己。

三是要帮助学生形成移情习惯和技能。 善于理解他人，是个人形成良好人际关系的重要特质。对他人的理解，来自于个人移情的习惯和技能。所谓移情，就是设身处地地体验别人的内心世界。在人际交往过程中，很多时候需要将自己变成他人，去体验对方所思、所感和所为，这样才能取得更好的交流效果。人际冲突的产生，有时并不是什么原则性对立，而是我们不注重移情，不了解对方的需要和感受，才使"好心"变成了"驴肝肺"。我们要教育学生注意倾听他人的言语，注意观察他人的非言语活动，从而培养对他人心灵世界的敏感性，并习惯于把自己对对方的理解表达出来，提高交流成效。

四是要强化学生的沟通意识，提高沟通能力。 沟通是人际关系的关键技能。相对于见面打招呼、待人热情、分手道别等初级技能而言，沟通是较复杂的高级交往技能。人际沟通，能增进人们之间的相互了解，深化情谊，消除误解，避免冲突。教师要注重培养学生的沟通习惯，帮助学生掌握并熟练运用沟通技巧，使学生在与他人的交往中，能大胆地表达自己的观点，委婉地、有说服力地拒绝他人不合理的或自己难以满足的要求，适时、有技巧地弥补友谊的裂痕，善于吸纳别人合理的意见，从而优化自己的思想和行为。

后记 敢于否定 敢于超越

一群人，历经半年的努力，几易其稿，才使这一本书稿终于尘埃落定。向精品奋进，是我们一贯的主张与行动。为此，敢于否定，敢于超越，一路伴随着书稿的成型过程，也正因为如此，我们才颇感身心疲惫。不过，我们累并快乐着！

我们深知肩上的责任，所以，一直不忘"盼天下班主任尽优秀"的目标。在写作中，仿佛身为读者朋友们的你就在眼前一样，我们在用文字与你有针对性地展开了一次深入心灵的长谈。

为写出高质量的书，我们一直在努力；为践行敢于坚守"否定必超越"的理念，我们也因此付出了很多。我们的班级管理也是如此，只有敢于坚持并坚守"否定必超越"的理念，并为此全力付出，才会开拓出一条属于自我的成功天路。

没有团队的协同作战，没有团队成员的精诚团结，《班主任工作新思维》不可能在短短的半年时间内脱稿。我们的教育原规则研究团队，2006年成立，最初只有张朝全、代安荣与我三个人，能走到今天非常不容易。在此，非常感谢我们的团队总编———一位体弱多病的"2011年感动重庆十大人物"之一的张朝全老师，无论是学问和才华，无论是职业道德和人品等，都永远值得我和大家敬重。也感谢团队顾问———代安荣老师，因为他的鼓励才让我坚持了下来。

在我们这个团队中，可以说人人都是教育精英，个个都具有超强的、自身特有的、他人无法比拟的特长。他们之间，最大的特点便是具有互补性。如钟乐江（四川广安）扎实的文字功底，肖凯（华中师大博士生）深厚的学术造诣，杨宏杰（甘肃庆城）、张爱敏（河南新乡）等强大的洞察力等，其特长在策划、初稿及后期的修改中，都得到了很好的发挥。

实实在在地说，书稿中的一些观点，多源于主编的经历与长时间的积累，但最终成为文字性的东西，是团队中十多位成员近半年夜以继日劳作的成果。因为团队一贯有精品写作的要求，为此，完成这本书稿，付出心血最多的还是团队的朋友们。在此书写作的过程中，我们每一章节里的稿子，差不多都经由两位主编的精细策划，然后交由团队成员完成初稿，再由主编钟发全一修或重写，主编肖凯二修，副主编杨宏杰、冯丽三修（肖克文参与了部分书稿的修改）。最后，书稿经由主编统稿后，再交给钟乐江进行了一次完整的大修改。真可谓，巨大的工作量，苛刻的写作流程，要是没有团队成员们的坚强毅力，几乎就没有这一本书稿。

严格地说，本书每个章节中的内容已经不再专门属于某一个人了，它已是我们教育原规则研究团队集体智慧的结晶。因为，每一个章节的内容，都已经过团队中3-5人多次修改而最后完成。同时也特别申明，在版权页中署名的每一个人，他们都曾参与了书稿中的某一部分内容的写作与修改，都拥有这本书的著作权，都拥有全书的署名权。

当然，能完成此书，还和众多朋友的帮助分不开，和众多编辑的支持分不开。在此，我向所有关心着我们这个团队的朋友们，向为此书稿出版与发行做出巨大贡献的北京时代盛佳文化传播有限公司表示最衷心的感谢！

钟发全

二〇一三年二月

郑 重 声 明

为保护广大读者的合法权益,打击盗版,本图书已加入全国质量监督防伪查询系统,采用了数码防伪技术,在每本书的封面均张贴了数码防伪标签,请广大读者刮开防伪标签涂层获取密码,并按以下方式辨别所购图书的真伪:

电话查询:8007072315

短信查询:编辑 FW + 密码发送至 1066916018

网站查询:www.707315.com

如密码不存在,发现盗版,可直接拨打 13121868875 进行举报,经核实后,给予举报者奖励,并承诺为举报者保密。